Führung auf festem Grund – mit Sinn

Bernd Ahrendt · Nina Bürklin ·
Paul M. Ostberg

Führung auf festem Grund – mit Sinn

10 Impulse für eine wertebasierte
Führung

Springer Gabler

Bernd Ahrendt
Leipzig, Deutschland

Nina Bürklin
München, Deutschland

Paul M. Ostberg
Puchheim, Deutschland

ISBN 978-3-662-71108-8   ISBN 978-3-662-71109-5   (eBook)
https://doi.org/10.1007/978-3-662-71109-5

Die Deutsche Nationalbibliothek verzeichnet diese Publikation in der Deutschen Nationalbibliografie; detaillierte bibliografische Daten sind im Internet über https://portal.dnb.de abrufbar.

Springer Gabler ist ein Imprint der eingetragenen Gesellschaft Springer-Verlag GmbH, DE und ist ein Teil von Springer Nature.
Die Anschrift der Gesellschaft ist: Heidelberger Platz 3, 14197 Berlin, Germany

Geleitwort

Die von Viktor E. Frankl begründete Logotherapie ist eine sinnzentrierte Psychotherapie, die sich im klinischen Alltag bestens bewährt. Damit ist sie ein Spezialgebiet und integrativer Bestandteil der angewandten Medizin. Das Besondere an der Logotherapie ist jedoch, dass sie noch viel mehr als dies ist. Frankl hat eine Fülle an philosophisch-psychologischen Weisheiten aus der Menschheitsgeschichte zusammengetragen und zu einem umfassenden Konzept des „imago hominis" gebündelt. Unter dem Dach dieses Menschenbildes erhalten andere Wissenschaftsdisziplinen gleichsam ihren „letzten Schliff": Sie werden aufgewertet durch eine weise und würdige Sichtweise auf sämtliche Umstände, die eben Menschen berühren und beschäftigen.

So ergeht es auch der Kunst und Lehre vom erfolgreichen Management in Firmen und Betrieben. Zu funktionierenden Wirtschaftssystemen und effizienten Führungsriegen gibt es zahlreiche Anleitungen, bessere und schlechtere, aber der entscheidende Faktor bleibt immer der einzelne Mensch selbst, der in die Welt hineinwirkt. Er ist einerseits der Träger jeglicher Verantwortlichkeit und andererseits stets die unbekannte Größe, mit der man trotz aller guter Anleitungen rechnen muss. Deshalb ist ein Gedankengut wie das von Viktor E. Frankl, in dessen Zentrum die Basissäulen urtümlicher Menschlichkeit stehen, eine ideale Ergänzung zu jener Vielfalt an Anleitungen, die in der Theorie so einleuchtend erscheinen, aber in der Praxis ihre Achillesfersen haben.

Das Plus des vorliegenden Buches ist, dass sich die Autoren intensiv mit der Frankl'schen Logotherapie auseinandergesetzt haben. Sie wissen, dass es zum innersten Wesen und Willen des Menschen gehört, nach Sinn im Leben zu suchen und zu streben. Sie wissen, dass es nicht primär das angenehme oder lustvolle,

sondern das sinnvolle Leben ist, dass zutiefst befriedigt und beglückt. Unter dieser einzigartigen Implikation sind sie imstande, die Frage von Motivation und
Engagement, die ja ein Dauerbrenner in sämtlichen Einrichtungen ist, in denen
alles Gelingen von der Kooperation ihrer MitarbeiterInnen abhängt, konstruktiv
zu beantworten. MitarbeiterInnen sind dann kooperativ, wenn sie von der Vision
ihrer Führungskräfte beeindruckt sind, wenn sie vom Sinn ihrer eigenen Tätigkeit überzeugt sind und wenn sie ihre Tätigkeit in einem Klima der gegenseitigen
Empathie ausüben können.

Es gibt nichts schönzureden: Arbeit ist oft schwer und mühsam. Arbeit
ist nicht immer ein Honiglecken. Insbesondere monotone oder stressige Arbeit
erschöpft und macht müde. Dennoch: Wenn sie erfolgt im Bewusstsein, dass man
„für etwas oder für jemanden da ist, gut ist, wichtig ist", kurz, dass die eigene
Arbeit in irgendeinem Sinn-Kontext *wertvoll* ist, dann weckt sie die physischen
und psychischen Kräfte, die man für sie braucht. Zumindest laugt sie nicht aus
bis zum Kollaps. Menschen in einem Arbeitsprozess, den sie im Prinzip bejahen
können, sind vor Burnout- oder Boreout-Phänomenen weitgehend geschützt.

An dieser Stelle sei noch eine der vielen Erkenntnisse aus der Frankl'schen
Logotherapie herausgegriffen. Sie betrifft das „ewige Thema" Liebe, das ja neben
der Arbeit zu den Grundpfeilern menschlicher Existenz zählt. Frankl hat die Liebe
als ein doppeltes Erschauen des geliebten Menschen definiert: Nämlich als ein
Verstehen von dessen realem So-Seins im Hier und Jetzt, und gleichzeitig als
ein Erahnen von dessen besten Seiten und Potenzialen, die in ihm knospenhaft
schlummern und noch entwickelbar sind. Man kann es allen Eltern, Lehrern,
Arbeitgebern bis hinauf zu den Topmanagern von Riesenkonzernen nur dringend
ans Herz legen, ganz genauso, also quasi mit „den Augen der Liebe" ihre Schütz-
linge, ihre Crew, ihre Belegschaft usw. anzusehen. Das heißt, sich keine Illusionen
zu machen über die gegenwärtigen Fähigkeiten der Einzelnen, und dennoch das
Gespür dafür zu intensivieren, was an Kreativem und Positivem in ihnen steckt.
Der Mensch wächst, wenn an ihn geglaubt wird. Der Mensch streckt sich geistig
in die Höhe, wenn ihm Höhe zugetraut wird. Frankl pflegte gerne das folgende
Wort von Wolfgang von Goethe zu zitieren: „Wenn wir die Menschen nehmen,
wie sie sind, so machen wir sie schlechter. Wenn wir sie behandeln, als wären
sie, was sie sein sollten, so bringen wir sie dahin, wohin sie zu bringen sind."

Mir scheint dieses Wort nicht nur für das psychotherapeutische Wirken, sondern auch für die Arbeitswelt mit ihren vielfältigen Herausforderungen von
essenzieller Bedeutung zu sein. Meines Erachtens besteht die optimale Führungskompetenz just darin, die „Geführten" vorwegnehmend in ihrer besten Gestalt
wahrzunehmen und entsprechend zu fördern. Allerdings nicht nur die „Geführten". Wie die Autoren dieses Buches sehr klug bemerken, setzt Führung allemal

Selbstführung voraus. Und so mögen denn all jene um ihre eigene beste Gestalt ringen, die eine hohe Verantwortung für das Wohl und Wehe vieler an sie ausgelieferter und von ihnen abhängiger Personen tragen, sei es in Politik oder Wirtschaft. Mögen sie sich sinnvolle und liebevolle Entscheidungen abtrotzen in einer Welt, in der es daran mangelt.

Vielleicht kann ihnen das vorliegende Buch dabei eine kleine Stütze sein.

im Februar 2025   Elisabeth Lukas

Vorwort

Führung ist ein Thema, das uns alle betrifft – ob als Führungskraft, Mitarbeitende oder als Teil einer Gemeinschaft. Doch trotz unzähliger Bücher, Seminare und Konzepte bleibt die zentrale Frage bestehen: Was macht Führung wirklich wirksam?

Dieses Buch geht über gängige Führungsratgeber und Systeme hinaus. Es baut auf einem Fundament, das tiefer reicht als bloße Methoden und Techniken – auf der Sinnorientierung. Inspiriert von Viktor E. Frankl, zeigen wir, dass Führung nicht nur ein anspruchsvolles Handwerk, sondern eine persönliche Haltung ist.

Wir haben dieses Buch geschrieben, weil wir überzeugt sind: Führung auf festem Grund beginnt mit Selbstführung. Erst wer sich selbst versteht und aus innerer Klarheit handelt, kann auch andere wirksam führen.

Unsere zehn Impulse laden dazu ein, Führung aus einer neuen Perspektive zu betrachten – als eine Frage von Sinn, Verantwortung und Beziehungsqualität. Es geht nicht um einfache Antworten, sondern um eine Auseinandersetzung mit den wesentlichen Fragen:

- Wie kann ich als Führungsperson Orientierung geben, ohne zu kontrollieren?
- Wie schaffe ich ein Umfeld, in dem Menschen sich entfalten können?
- Und wie kann ich selbst wachsen, während ich andere begleite?

Wir laden Sie ein, sich auf dieses Abenteuer einzulassen und den Weg zu gehen. Führung auf festem Grund ist keine Technik, sondern eine innere Haltung – und wir hoffen, dass dieses Buch dazu beiträgt, Ihre persönliche Führungskompetenz zu vertiefen.

München und Leipzig   Bernd Ahrendt
im März 2025   Nina Bürklin
                                                       Paul M. Ostberg

Inhaltsverzeichnis

Prolog: Auf der Suche nach guter Führung – auf festem Grund

1

Zusammenfassung

Was macht gute Führung aus? Trotz unzähliger Führungskonzepte bleibt die Antwort oft unklar. Häufig liegt der Fokus darauf, wie andere geführt werden – doch entscheidend ist, ob die Führungsperson sich selbst wirksam führen kann. Das Fundament wirksamer Führung ist ein stabiles Menschenbild: Der Mensch wird nicht als Ressource, sondern als sinnorientiertes Wesen betrachtet. Das Buch setzt genau hier an und zeigt, dass Führung nur dann tragfähig ist, wenn sie auf Sinn und Werten basiert – eine „Führung auf festem Grund".

Die Frage nach guter Führung ist wahrscheinlich so alt wie die Menschheit selbst. Zu allen Zeiten und in allen Kulturen haben Menschen darüber nachgedacht, wie Führung gestaltet sein muss, damit sie nicht nur wirksam ist, sondern auch dem Wohl aller dient. Und doch scheint die Antwort darauf bis heute nicht eindeutig zu sein. Wir befinden uns in einer Welt voller Führungskonzepte, Seminare und Schlagworte, die uns alle eine Lösung versprechen. Aber haben wir sie wirklich gefunden? Oder übersehen wir etwas Grundlegendes?

Vielleicht liegt der Grund für die anhaltende Unschärfe in einer inadäquaten Annahme: Führung wird fast immer als ein Prozess beschrieben, der sich auf andere richtet – auf die Menschen, die geführt werden sollen. Damit gerät aber eine entscheidende Perspektive aus dem Blickfeld: die Person, die führt. So wird zwar danach gefragt, wie Mitarbeitende motiviert, inspiriert oder gesteuert werden können, aber der Zusammenhang mit der Frage, wie die Führungsperson sich selbst führt, wird oft nicht gesehen. Was ist der feste Grund, von dem aus sie

© Der/die Autor(en), exklusiv lizenziert an Springer-Verlag GmbH, DE, ein Teil
von Springer Nature 2025
B. Ahrendt et al., *Führung auf festem Grund – mit Sinn*,
https://doi.org/10.1007/978-3-662-71109-5_1

führt? Welche Werte legt sie zugrunde? Und kann es überhaupt gelingen, andere zu führen, wenn man nicht in der Lage ist, sich selbst wirksam zu führen?

Noch tiefgreifender ist die Frage, welches Menschenbild einem Führungsverständnis zugrunde liegt. Oft wird der Mensch entweder als Ressource gesehen, die es zu optimieren gilt, oder als Widerstand, den es zu überwinden gilt. Was aber, wenn wir Führung auf ein anderes Fundament stellen – auf ein Menschenbild, das den Menschen so (an)nimmt, wie er ist? Als ein Wesen, das sowohl Gutes als auch Böses bewirken kann? Das im Laufe seines Lebens nicht nur Positives erlebt, sondern das genauso mit Leid, Schuld und Tod konfrontiert wird? Ein Menschenbild, das den Menschen im organisatorischen Kontext nicht nur als Mittel zum Zweck betrachtet, sondern als Wesen, das nach Sinn strebt und bereit ist, seiner Verantwortung gerecht zu werden? Als eine Person, die frei und selbstbestimmt entscheidet?

Dieses Buch geht genau diesen Fragen nach. Es geht den Weg zurück zu den Grundlagen und zeigt, dass gute Führung im Sinne einer wirksamen Führung bei der Selbstführung beginnt. Es stellt die Verbindung zwischen Führung der eigenen Person und Führung anderer in den Mittelpunkt. Dabei stützt es sich auf die zeitlosen Einsichten Viktor E. Frankls, dem Begründer der Logotherapie, und auf dessen Menschenbild, das die individuelle Sinnorientierung als menschliche Grundmotivation erkennt. Ein Menschenbild, getragen von Sinn und Werten. Denn nur auf einem solchen Fundament wird Führung tragfähig:

Führung auf festem Grund = Sinnzentrierte Führung

Doch was bedeutet das in der Praxis? Sinnzentrierte Führung ist nichts Starres, kein einmal erreichter Zustand. Sie ist vielmehr – wie wir auch in unserem Buch „Wege agiler Führung – mit Sinn" darlegen – ein dynamischer Prozess, eine ständige Beziehungsgestaltung zwischen einem Ich und einem Wir (vgl. Abb. 1.1).

Führung auf festem Grund entsteht immer im Dialog – in der bewussten Auseinandersetzung mit sich selbst und mit anderen. Sie gleicht die individuellen Werte mit den organisationalen Werten ab und kreiert auf Basis eines Werteabgleichs einen Werteaustausch zwischen dem Organisationsmitglied und seiner Organisation, der zu einem lebendigen Miteinander und dadurch zu einer lebendigen Organisation führen kann. Insofern erfordert sinnzentrierte Führung gerade auch von Führungspersonen die Kompetenz, Beziehungen aufzubauen, die von Vertrauen, Wertschätzung und Integrität geprägt sind. Und sie braucht einen klaren inneren Kompass, der Entscheidungen leitet und dem Handeln Orientierung gibt – auch und gerade in schwierigen Zeiten.

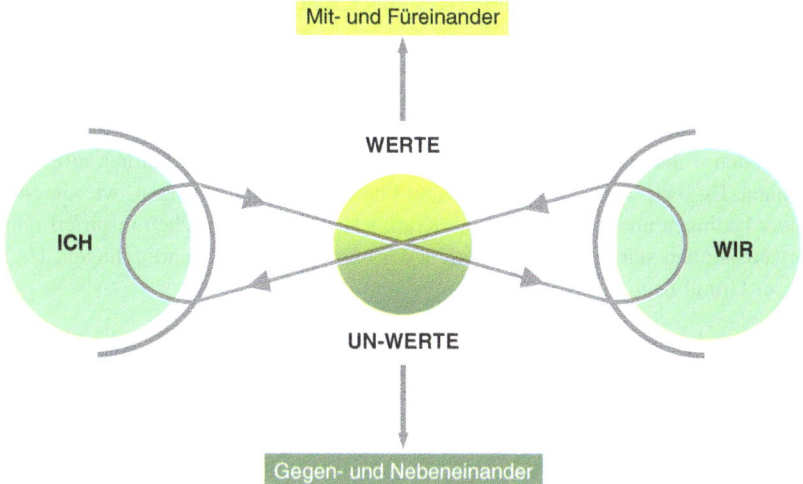

Abb. 1.1 Zusammenhang zwischen dem Ich und dem Wir. (Quelle: Ahrendt et al. (2024), S. 21)

Ausgehend vom Frankl'schen Menschenbild haben wir in diesem Buch zehn Impulse entwickelt, die den Weg zu einer Führung auf festem Grund aufzeigen. Sie beginnen mit der Einsicht, dass Führung immer eine Frage der Beziehungsgestaltung ist. Denn ohne Beziehungen, die auf Vertrauen und Respekt basieren, bleibt Führung oberflächlich. Daraus ergibt sich die Notwendigkeit, zunächst bei sich selbst anzufangen.

Von hier aus öffnet sich der Blick auf das größere Ganze: auf die Frage nach Sinn und Werten, die das Handeln leiten – auch und gerade in der Arbeitswelt. Sinnzentrierte Führung schafft Räume, in denen Menschen ihre Potenziale entfalten können. Sie orientiert sich nicht nur an kurzfristigen Ergebnissen, sondern auch an langfristiger Verantwortung. Und sie bleibt immer ein Prozess, der durch Lernen und Entwicklung geprägt ist – für die Führungsperson ebenso wie für die Menschen, die sie begleitet.

Das Buch lädt Sie ein, diesen Weg nach Ihren Präferenzen zu erkunden. Sie können mit den jeweiligen Kernaussagen beginnen, um einen schnellen Überblick der Themen zu gewinnen. Oder Sie steigen mit den theoretischen Grundlagen ein, die wir in jedem Kapitel als „Basiswissen" benannt haben. Vielleicht aber sind Sie auch gezielt auf der Suche nach praktischen Impulsen, dann empfehlen wir die „Folgerungen für die Praxis" am Ende eines jeden Kapitels. Oder Sie lesen das Buch in einem von vorne bis hinten durch – es ist Ihre Entscheidung. Unser Ziel ist es, Ihnen Orientierung zu bieten, wie eine Art Landkarte für die teils unübersichtliche Führungslandschaft. Und wir möchten Sie dazu inspirieren, Ihren eigenen Weg zu Führung auf festem Grund zu finden.

Dieses Buch ist für (angehende) Führungspersonen, die mehr suchen als Methoden – die ein Fundament suchen, auf welchem sie ihre Führung aufbauen können. Es zeigt, wie Selbstführung und Führung zusammenhängen, wie sie einander bedingen und gemeinsam eine Kraft entfalten, die Menschen inspiriert und Organisationen stärkt. Denn Führung kann nur auf festem Grund gelingen. Und dieser Grund beginnt bei uns selbst.

Literatur

Ahrendt B, Bürklin N, Ostberg PM (2024) Wege agiler Führung – mit Sinn. Praktische Grundlagen für lebendige Organisationen. Springer Gabler, Berlin

Erster Impuls: Führung ist Beziehungsgestaltung

2

Zusammenfassung

Führung ist mehr als das Steuern von Prozessen – sie bedeutet, Beziehungen zu gestalten und Menschen zu inspirieren. Dieses Kapitel beleuchtet, wie personale und organisationale Führung ineinandergreifen, warum Beziehungsqualität der Schlüssel zu Resilienz ist und wie Selbstführung zur Grundlage einer sinnorientierten und wertebasierten Führung wird.

2.1 Kernaussagen

- Führung kann entweder in Form von direkter Interaktion zwischen Menschen oder indirekt über Strukturen, Prozesse, aber auch über die Organisationskultur stattfinden. Personale Führung bezieht sich auf die unmittelbare Führung von Dritten oder sich selbst, während organisationale Führung bzw. Leitung die Rahmenbedingungen schafft, die das Verhalten in einer Organisation beeinflussen. Selbstführung ist ein zentraler Aspekt direkter Führung und beschreibt die Führung der eigenen Person.
- Es ist zentral, zwischen organisationaler Führung (im Folgenden auch Leitung genannt) und personaler Führung (im Folgenden als Führung bezeichnet) zu unterscheiden. Leitung konzentriert sich auf die effiziente Gestaltung von Abläufen und Ressourcen, während Führung das Miteinander und die Möglichkeit zur Sinnverwirklichung der Mitarbeitenden im Fokus hat. Führung bedeutet, die Motivation von Menschen zu stärken und sie auf gemeinsame Ziele auszurichten, während Leitung sich stärker auf die Organisation und Steuerung von Prozessen bezieht. Beide Rollen sind unverzichtbar, doch erst Führung ermöglicht es, Werte zu verwirklichen.

B. Ahrendt et al., *Führung auf festem Grund – mit Sinn*,
https://doi.org/10.1007/978-3-662-71109-5_2

- Führung entsteht immer im Kontext der Beziehungsgestaltung zwischen Menschen und setzt eine bewusste, direkte Einflussnahme voraus. Führung orientiert sich am organisationalen Zweck, während Selbstführung die individuelle Sinnorientierung betont.
- Moderne Forschungsergebnisse zeigen, dass eine hohe Beziehungsqualität ein Schlüsselfaktor für Gesundheit und Resilienz ist, sowohl im beruflichen als auch im privaten Leben. So fördern stabile, sinnvolle Beziehungen nicht nur die genetische Gesundheit, sondern auch langfristiges Wohlbefinden, wie die Harvard-Studie belegt.
- Verschiedene Faktoren sind zentral für eine gute Beziehungsgestaltung. Verletzlichkeit fördert tiefe Beziehungen, indem sie Authentizität ermöglicht, während das Unterdrücken von Gefühlen zu Isolation führt. Emotionen wirken bei Entscheidungen mit und können die individuelle Werteorientierung beeinflussen. Empathie und Mitgefühl stärken Beziehungen, indem sie Verständnis und Unterstützung fördern, ohne sich im Leid anderer zu verlieren.
- Erfolgreiche Führung basiert auf der freiwilligen Akzeptanz durch die Mitarbeitenden und erfordert vielfältige Kompetenzen, darunter personale, fachliche und soziale Fähigkeiten. Selbstführung spielt eine zentrale Rolle und ist notwendig, um die eigene Haltung zu reflektieren und damit andere effektiv zu führen. Sie ist jedoch nicht Selbstzweck, sondern dient als Mittel, um gelingende zwischenmenschliche Beziehungen und eine sinnorientierte Führung zu erreichen.

2.2   Basiswissen

2.2.1   (Selbst)Führung – Eine grundsätzliche Orientierung

Bevor wir die 10 Impulse für sinnzentrierte Führung genauer betrachten, ist es zunächst wichtig, dahingehend Klarheit zu schaffen, was wir in diesem Buch unter den Begriffen „Führung" und „Selbstführung" verstehen.

Grundsätzlich ist festzuhalten, dass es *die eine* Definition von Führung nicht gibt. Denn je nachdem, wie der Forschungsfokus auf dieses Phänomen gelegt wurde, wurden unterschiedliche Aspekte betont (zu einer Übersicht ausgewählter Definitionen aus mehreren Dekaden vgl. etwa Blessin und Wick 2017, S. 29). So werden auch wir es uns erlauben, eine Definition der beiden Begriffe vorzunehmen und (direkte) Führung von dem Leitungsaspekt abzugrenzen.

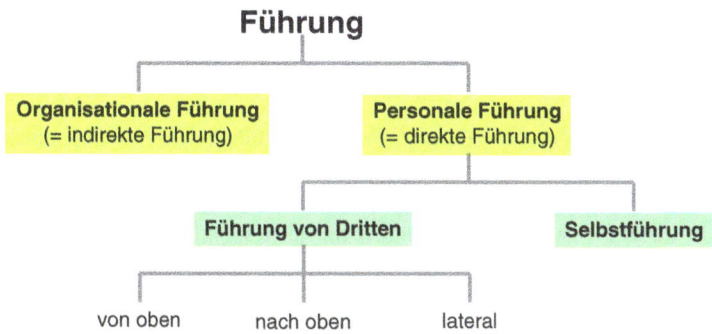

Abb. 2.1 Systematisierung des Führungsbegriffs (Quelle: Eigene Darstellung)

Führung ist nicht gleich Führung. Wenn in der Umgangssprache von Führung gesprochen wird, meint sie häufig die unmittelbare Führung von Mitarbeitenden. Wie die Systematisierung in Abb. 2.1 zeigt, ist das jedoch nur ein kleiner Ausschnitt.

Führung (in einem weiten Sinne) tritt immer dann auf, wenn mehrere Menschen zusammenkommen, um gemeinsam etwas zu erreichen (vgl. Comelli et al. 2014, S. 84). Denn dann sind Entscheidungen zu treffen, und die Handlungen dieser Menschen gilt es zu organisieren und zu koordinieren, um diese Entscheidungen auch zu realisieren.

Es sind nicht nur andere Menschen, die Menschen in ihrer Ausrichtung auf das Gemeinsame führen, sondern es sind auch Strukturen und Prozesse, die – einmal eingeführt – eine bestimmte Richtung vorgeben und die einzelnen Handlungen aufeinander abstimmen. Ferner beeinflussen sowohl die Arbeitsumgebung als auch die -mittel das Verhalten der Einzelnen. Und schließlich gibt es neben diesen formalen Aspekten auch informale (etwa gelebte Werte und Geschichten über die Organisation), die das Handeln der Einzelnen beeinflussen, so auch die Organisationskultur. Alle diese Facetten einer solchen apersonalen Führung bezeichnen wir im Folgenden als **organisationale Führung**" (synonym „indirekte Führung"), da sie nicht aus der unmittelbaren Interaktion von Menschen resultieren, sondern das System der Organisation und das Miteinander der Organisationsmitglieder grundsätzlich gestalten.

Im Unterschied zur organisationalen Führung bezeichnen wir als **personale Führung** jene Führung, die aus der unmittelbaren, also persönlichen Interaktion von Menschen entsteht (synonym „direkte Führung"). Hier können wir mit Blick auf unsere 10 Impulse diese direkte Führung danach differenzieren, inwiefern die führende und geführte(n) Person(en) genau einen Menschen oder mindestens zwei Menschen umfassen.

a) **Selbstführung:** Direkte Führung, bei der die führende Person identisch mit der geführten Person ist, bezeichnen wir im Folgenden als „Selbstführung" und unterscheiden sie von jener direkten Führung, bei der diese Person nicht identisch ist. Vielleicht denken Sie jetzt spontan an die Führung von Mitarbeitenden, doch das ist nur ein Aspekt direkter Führung.

b) **Führung von Dritten – von oder nach oben:** Wie Sie aus dem Schaubild erkennen können, kann Führung in alle Richtungen erfolgen: Neben der Mitarbeitendenführung, die hierarchisch betrachtet auch als „**Führung** *von* **oben**" oder „Führung nach unten" bezeichnet werden kann, gibt es auch die „**Führung** *nach* **oben**" oder „Führung von unten" (vgl. Becker 2015, S. 6; Wunderer 2011, S. 254). Eine solche Führung ist in der Regel informaler Natur und auf die Beeinflussung einer hierarchisch höherstehenden Person gerichtet (vgl. Domsch und Ostermann 2020, S. 330; zu Formen der Führung von unten vgl. Wunderer 2011, S. 255).

c) **Führung von Dritten – laterale Führung:** Und schließlich kommt es vor, dass Menschen Einfluss auf andere Organisationsmitglieder nehmen, die hierarchisch unabhängig sind, zum Beispiel Führungskolleginnen und -kollegen oder Kunden und Lieferanten (vgl. Becker 2015, S. 7). Diese Form der direkten Führung wird als „**laterale Führung**" bezeichnet und ist ebenfalls informeller Natur.

Wenn wir im Folgenden somit von „Führung" sprechen, so meinen wir damit grundsätzlich die personale Führung Dritter. Denn es geht ja nicht mehr darum, in welche (hierarchische) Richtung geführt wird, sondern dass Führung stets aus einem Mit- und Füreinander und Umsetzen von Zielen und Verwirklichung von Werten entsteht.

Führung erfolgt im konkreten Augenblick und ist mit Blick auf den organisationalen Zweck auf das geordnete, soziale und sinnorientierte Handeln ausgerichtet. Im Mittelpunkt steht somit die/der einzelne Mitarbeitende oder die Gruppe im Verantwortungsbereich der Führungsperson.

▶   Die Fragen „**Wer soll handeln, wie und wozu?**" sprechen Kernaspekte der Führungsarbeit an. Diese schlagen sich in einem „Führungsstil" nieder, der geprägt ist von mitarbeitenden-orientiertem und motivations-begründetem Verhalten und Handeln.

Führung ist ein kooperatives Zusammenwirken, bei dem alle am Leistungsprozess Beteiligten „auf einer Ebene" gesehen werden, und nicht die hierarchischen Funktionen bei Entscheidungen den Ausschlag geben. Wir können auch sagen: Das bessere, begründete Argument, die wirkungsvolle Möglichkeit soll gewählt werden und zur Anwendung kommen. Führung fragt nach Werten, die verwirklicht werden können, und nach Sinn, der in der Aufgabe steckt, nämlich Sinn für den einzelnen Mitarbeitenden, dessen Realisierung sich auch für die Gemeinschaft positiv auswirkt.

Demgegenüber ist **apersonale** Führung mit ihrer (betriebs)wirtschaftlichen Ausrichtung für jede Organisation von hoher Bedeutung. Sie wird in der Literatur auch als „Management" oder „Leitung" bezeichnet. Hierbei geht es vornehmlich um das geordnete, strukturierte Gestalten von sachlichen Abläufen und um beschreibbare Prozesse. Leitung fragt: „Was soll sein, wie soll der methodische Prozess ablaufen, wie gehen wir vor um … zu erreichen?" Leiten soll also klären, bereitstellen, systematisieren, vorberechnen, aber auch anordnen. Böckmann bringt es wie folgt auf den Punkt (1987, S. 28): „Leitung bedeutet Handeln unter Kosten- und Nutzen-Bedingungen, heißt handeln unter objektiv messbaren Ablauf- und Ergebniskriterien". Entsprechend können wir in Orientierung an Hinterhuber und Krauthammer Leitung wie folgt charakterisieren (vgl. 2015, S. 13):

Leitung

- vollzieht sich innerhalb des gegebenen Rahmens (Arbeit im System);
- setzt Menschen und Technik/Arbeitsmittel ein [oder „in Bewegung"], um die Ziele zu erreichen;
- nutzt vielfältige Instrumente und Methoden, um die anstehenden Herausforderungen kreativ zu lösen;
- zeichnet sich durch eine Einstellung des „Machens" aus.

▶ Während bei der **Führung die Ko-Operation** im Zentrum steht, so ist es bei der **Leitung die Ko-Ordination**. Während Führung Beziehungsgestaltung ist, ist Leitung Umsetzung innerhalb des Systems, sodass es um Fragen der Effizienz und Effektivität geht. Beide Aspekte sind für jede Organisation von hoher Bedeutung.

Kosten- und Nutzenanalysen sind die Entscheidungsgrundlagen gelingender Leitung. Zielsetzungen – gerade auch solche, die von den Mitarbeitenden nicht in ihrer Sinnhaftigkeit verstanden werden – können daher durch Leitung auch in der Realisierungsphase erzwungen werden (Motto: „Sie haben das zu tun, weil ich, die Chefin, es so haben will!"). Leitung ist allerdings auch gefordert, um optimale Kosten- und Nutzenbedingungen zu schaffen. So benötigen Mitarbeitende zudem die technischen und organisatorischen Voraussetzungen, um ihre Aufgabe bearbeiten und auf diese Weise Ziele erreichen zu können.

Leiten kann auch beschrieben werden mit anführen, beherrschen, den Ton angeben, hinbringen. Leitung befasst sich mit Zielen und Strategien, wobei diese im Idealfall auf einem Zukunftsbild, einer Vision basieren. Leiten beschreibt auch konkrete Maßnahmen, mit denen versucht werden soll, diese Vision, diese Ziele zu erreichen. Leitung manifestiert sich häufig in einer formalen Position, die eine Person in einer Organisation inne hat.

Führen bedeutet, jemandem einen Weg zu zeigen, mit ihm zu gehen, ihn einzuladen, mitzunehmen. Führung hat immer den Menschen im Fokus, den einzelnen und das Team. Führung ist unabhängig von der Position, sondern gründet auf Akzeptanz der jeweiligen führenden Person, auf Resonanz und der Art und Weise ihres Verhaltens. So kann auch informelle Führung von einem Gruppenmitglied übernommen sein, welches nicht die Leitungsposition innehat. Nachdem, außer bei Maschinenprozessen jeder Art, alle anderen Prozesse von Menschen entschieden und gestaltet werden, soll die (fast immer) alles überragende Bedeutung von Führung erkannt werden. Es mag zwar argumentiert werden, dass Künstliche Intelligenz heute schon und künftig noch mehr die gesamte Arbeitswelt dominieren wird, aber letztlich geht es immer um den Menschen – Maschinen sind für den Menschen und seine lebenswerte Welt da und nicht umgekehrt. Entsprechend kann Führung in Orientierung an Hinterhuber und Krauthammer in Abgrenzung zur Leitung wie folgt umschrieben werden (vgl. 2015, S. 13):

Führung

- vollzieht sich zwar auch innerhalb des gegebenen Rahmens, doch geht es auch darüber hinaus, da es Bestehendes hinterfragt (Arbeit im und am System);
- motiviert Menschen, so dass sie bereit sind, sich unter Einsatz von Arbeitsmitteln freiwillig für gemeinsame Ziele einzusetzen;
- motiviert Menschen, so dass diese auch auf neue Möglichkeiten für die Organisation schauen;
- zeichnet sich durch die Einstellung des „Dienens" aus.

Tab. 2.1 verdeutlicht nochmal die Unterschiede zwischen Leitung und Führung.

Betrachten wir beide Bereiche einer handelnden Organisation, so ist in der konkreten Situation der Organisation nicht immer eine klare Trennung von Führung und Leitung möglich. Es ist sogar notwendig, dass Leitung als Grundlage für Prozesse dominieren kann. In der Phase der Verwirklichung, in der Menschen

Tab. 2.1 Unterscheidung zwischen Leitung und Führung (Quelle: Eigene Darstellung)

Leitung…	Führung…
…vollzieht sich innerhalb des gegebenen Rahmens (Arbeit im System)	…vollzieht sich innerhalb des gegebenen Rahmens und geht darüber hinaus, da es Bestehendes hinterfragt (Arbeit im und am System)
…verwendet Menschen und Technik/ Arbeitsmittel, um die Ziele zu erreichen	…motiviert Menschen, so dass sie bereit sind, sich unter Einsatz von Arbeitsmitteln freiwillig für gemeinsame Ziele einzusetzen
…nutzt vielfältige Instrumente und Methoden, um die anstehenden Herausforderungen kreativ zu lösen	…motiviert Menschen, so dass diese auch auf neue Möglichkeiten für die Organisation schauen
…zeichnet sich durch eine Einstellung des „Machens" aus	…zeichnet sich durch eine Einstellung des „Dienens" aus
…heißt pro Struktur und System	…heißt pro Mensch

Quelle: Eigene Darstellung

weiter entscheiden und handeln, sollte jedoch stets Führung die maßgebliche Komponente sein, damit auch ein Ziel erreicht resp. eine Strategie verwirklicht werden kann. Nur so kann letztlich Sinn in der Aufgabe, in der Arbeit gefunden werden. Leben und Zusammenleben in einer Organisation ist nicht das, was in Konzeptionen, Strategiepapieren und Investments formuliert ist, sondern ein gemeinsames wertebasiertes Handeln des individuellen Mitarbeitenden mit anderen Personen.

Reflexionsfragen zu Leitung

a) Wie verständlich sind die Leitungs- und Organisationsanweisungen? Sind sie ausreichend erklärt und begründet?
b) Inwiefern passen die Mittel, Zeiträume, Personalausstattungen auch zu den organisationalen Zielen?
c) Sind Wert und Nutzen der Vorhaben eindeutig und nachvollziehbar?
d) Wie ausgeprägt ist die Bereitschaft zur Ko-Ordination?
e) Wie ist das Unternehmensbild in der Zukunft? Ist es mit Zuversicht und Chancen gefüllt?

Reflexionsfragen zu Führung

a) Wie kompetent sind die Mitwirkenden (fachlich, sozial, kommunikativ)?

b) Inwiefern wird das Projekt, die Aufgabe auch aus Sicht der betroffenen Mitarbeitenden als sinnvoll angesehen?

c) Sind die Fakten und Informationsquellen eine gesicherte Grundlage?

d) Wie ist der jeweilige Freiraum und wie sind die Arbeitsbedingungen, um Leistung generieren zu können?

e) Wie ausgeprägt ist die Bereitschaft zur Ko-Operation?

f) Wie klar sind sich unmittelbar zuständige Leitungs- und Führungs-Verantwortliche über die Werte- und Sinn-Erwartungen der Mitwirkenden?

g) Wie werden die Arbeitsbedingungen im Projektverlauf überprüft?

h) Wie ist die Qualität in der direkten Kommunikation? Werden Anerkennung und begründete, sachbezogene Kritik als wichtige Führungsaufgabe wahrgenommen?

i) Inwiefern herrscht eine Atmosphäre der Kreativität, Kollegialität und sozialer Verbundenheit?

▶   Immer wieder begegnet uns die Frage, wie das Verhältnis von Mensch und Organisationen zu verstehen sei: Steht der Mensch nun im Mittelpunkt oder ist er lediglich ein Mittel zum Zweck? Die Darlegungen zu den Aspekten von Leitung und Führung machen deutlich, dass es sich um zwei Seiten einer Medaille handelt und somit beide gleichwichtig sind. Zum einen schließt jede Organisation mit ihren Mitgliedern einen Vertrag und möchte sie als Arbeitskraft, damit der organisationale Zweck bestmöglich umgesetzt wird („Der Mensch als Mittel. Punkt"; Neuberger 1994, S. 9). Und gleichzeitig wird eine solche bestmögliche Umsetzung nur dann erreicht werden, wenn der Mensch auch bereit ist, sich für seine Organisation zu engagieren („Der Mensch als Mittelpunkt"). Während hierbei Leitung auf den Menschen als Mittel zum Zweck fokussiert, geht es bei dem Menschen als Mittelpunkt um Führung – und im Sinne des Buches um Führung auf festem Grund.

2.2.2   (Selbst)Führung ist Beziehungsgestaltung

Diese Grundorientierung aufgreifend können wir festhalten, dass das Phänomen Führung immer dann auftritt, wenn Menschen gemeinsam etwas erreichen wollen. Oder anders ausgedrückt: Bei Führung und Selbstführung geht es ganz offensichtlich um die Beziehung eines Ich zu mindestens einem Du. Damit wird aber auch deutlich, dass es bei (Selbst)Führung im Kern immer um die Qualität dieser Beziehung geht – und Qualität muss gestaltet werden.

▶ Führung ist immer Beziehungsgestaltung.

Führung – ob von Dritten oder von einem selbst – kann somit nur als eine Einflussnahme verstanden werden, die bewusst gestaltet wird. Im Kontext von Führung dient sie dazu, Arbeitsaufgaben mit Blick auf den organisationalen Zweck zu erfüllen, während es im Kontext der Selbstführung um den Menschen als geistige Person geht – dazu in Abschn. 3.2.1 mehr. Insgesamt kann (Selbst)Führung somit zunächst wie folgt charakterisiert werden:

- Bezug: Direkt; (Selbst)Führung ist grundsätzlich unmittelbar und bezieht sich auf den jeweils konkreten Augenblick.
- Einflussnahme: Einflussnahme ist ein wechselseitiger Prozess, der zwischen der Führungsperson und den jeweils Geführten – dem Ich und dem Du – stattfindet.
- Bewusstheit: (Selbst)Führung weiß um die Ganzheit des Menschen.
- Zweckorientierung: Während Selbstführung auf die individuelle Sinnorientierung gerichtet ist, richtet sich Führung auch auf den organisationalen Zweck aus. Sowohl der Sinn als auch der organisationale Zweck kann wie ein Horizont verstanden werden, nach dem sich ein Mensch orientiert, ohne ihn jemals erreichen zu können. Hierbei hat dieser Horizont immer das Wohl aller Beteiligten im Fokus.

Bei aller konzeptioneller Betrachtung von Führung als Beziehungsqualität stellt sich die Frage nach dem „Wozu?". Wozu sollten wir im organisationalen Kontext Beziehungen so viel Bedeutung schenken? Wozu lohnt es sich, Zeit in gelingende Beziehungen zu investieren, wenn der Termindruck hoch und die KPIs unerreichbar scheinen? Wozu brauchen wir überhaupt einen Fokus auf Beziehungen, wenn es im Kern von Unternehmen oftmals darum geht, eine praktische Lösung für ein konkretes Problem anzubieten, wo von zwischenmenschlichen Beziehungen gar keine Rede ist?

Die Antworten auf diese Fragen sind vielfältig und können durch unterschiedliche Forschungsergebnisse aus den modernen Wissenschaften gegeben werden.

Zunächst lohnt sich ein **Blick auf die grundlegende Ebene, unsere Gene:** anders als über lange Zeit vermutet, geht es nicht darum, ob jemand „gute" oder „schlechte" Gene geerbt hat, sondern inwiefern bestimmte Gene durch unseren

Lebensstil aktiviert werden – oder eben nicht (vgl. Bauer 2021, Location 236). Darauf kann jeder Mensch selbst Einfluss nehmen und das beinhaltet auch die Art der Beziehungsgestaltung.

So stellten die amerikanische Psychologin Barbara Frederickson und ihr Kollege Steve Cole umfangreiche Forschungen in Bezug auf die Auswirkungen eines Sinn-geleiteten Lebens auf verschiedene Krankheitsbilder an. Unter anderem konnten sie zeigen, dass Menschen mit einer eudiamonischen, prosozialen Einstellung (im Gegensatz zu einer hedonistischen Einstellung) eine verminderte Aktivität der Risikogene zeigten, also ein Gen-Aktivierungsmuster, was mit einem verminderten Krankheitsrisiko für Schlaganfälle, Herzinfarkte, Krebs- und Demenzerkrankungen verbunden ist (vgl. Fredrickson et al. 2015, PloS one, 10(3)). Mit anderen Worten: Glück, das sich aus einem Leben voller Sinn ergibt, scheint die Gesundheit auf zellulärer Ebene zu schützen, während Glück, das sich aus Vergnügen oder reiner Bedürfnisbefriedigung ergibt, dies nicht tut.

Die Sozialpsychologin Naomi Eisenberger und der Neurowissenschaftler Matthew Lieberman entdeckten wiederum, dass die Erfahrung, absichtsvoll *nicht* beachtet oder *nicht* beteiligt zu werden, neuronale Netzwerke aktiviert, die üblicherweise nur dann aktiviert werden, wenn einem Menschen körperliche Schmerzen zugefügt werden (vgl. Eisenberger et al. 2003, S. 290–292). Konkret bedeutet das, dass spannungsgeladene, abweisende Beziehungen Schmerzen auslösen können, die wiederum langfristig krank machen können. Wenn es Führungspersonen gelingt, dies zu vermeiden, können sie nicht nur die Gesundheit von Mitarbeitenden wie auch von sich selbst erhalten, sondern auch indirekt die persönliche Resilienz fördern.

Wir können gespannt sein, was der Forschungszweig der sogenannten „Social Genomics" noch alles für uns bereithält, nachdem er unter anderem untersucht, welche Auswirkungen unseres Denkens und Handelns im sozialen Miteinander sich auf genetischer Ebene beobachten lassen.

Aus psychologischer Sicht wird klar, dass stabile Beziehungen zwischen Menschen einer der ausschlaggebenden Faktoren für die Gesundheit von Menschen sind. Die weltweit längste Studie, die sogenannte „Harvard Study of Adult Development", untersucht seit 1938, was Menschen aufblühen und ein gutes Leben führen lässt (vgl. Harvard Study of Adult Development 2024). Die Study of Adult Development ist eine Längsschnittstudie, die zwei Gruppen von Männern über die letzten 80 Jahre verfolgt, um die psychosozialen Prädiktoren für ein gesundes Altern zu ermitteln. Es gibt dabei zwei Gruppen von Teilnehmern: Die Grant-Studie, bestehend aus 268 Harvard-Absolventen der Jahrgänge 1939–1944 und die Glueck-Studiengruppe, die aus 456 Männern besteht, welche in der Innenstadt von Boston aufgewachsen sind. Einige Teilnehmer wurden zu erfolgreichen

Geschäftsleuten, Ärzten und Anwälten, andere endeten als Schizophrene oder Alkoholiker, was aber nicht zwangsläufig der Fall war.

Ein besonderes Interesse liegt auf der Frage, welche psychosozialen Variablen und biologischen Prozesse aus früheren Lebensabschnitten Gesundheit und Wohlbefinden im späteren Leben (80er und 90er Jahre) vorhersagen. Es geht darum, welche Aspekte der Kindheit und der Erfahrung als Erwachsener die Qualität der intimen Beziehungen im späteren Leben vorhersagen und wie Ehe im späteren Leben mit Gesundheit und Wohlbefinden zusammenhängt. Darüber hinaus weiteten die Wissenschaftler ihre Studie schließlich auf die Nachkommen der Männer aus, von denen es inzwischen 1300 gibt und die in ihren 50er und 60er Jahren sind, um herauszufinden, wie sich frühe Lebenserfahrungen im Laufe der Zeit auf Gesundheit und Alterung auswirken.

Die Ergebnisse, anschaulich präsentiert in dem TED Talk des derzeitigen Studienleiters Waldinger, sind beachtlich (vgl. Waldinger 2015): Die Studie zeigt, dass enge Beziehungen mehr als Geld oder Ruhm dazu beitragen, dass Menschen ihr Leben lang glücklich sind. Diese Bindungen schützen die Menschen vor den Unannehmlichkeiten des Lebens, tragen dazu bei, den mentalen und körperlichen Verfall zu verzögern, und sind bessere Prädiktoren für ein langes und glückliches Leben als die soziale Schicht, der IQ oder sogar die Gene. Diese Erkenntnis gilt sowohl für die Harvard-Männer als auch für die Teilnehmer aus der Innenstadt.

> „Als wir alles zusammentrugen, was wir über sie im Alter von 50 Jahren wussten, waren es nicht ihre Cholesterinwerte im mittleren Alter, die vorhersagten, wie sie alt werden würden. Es war, wie zufrieden sie in ihren Beziehungen waren. Die Menschen, die im Alter von 50 Jahren in ihren Beziehungen am zufriedensten waren, waren im Alter von 80 Jahren am gesündesten." (Waldinger 2015)

Wirft man einen **soziologischen Blick** auf die Beziehungsqualität, so stößt man unumgänglich auf das Phänomen der Resonanz. Geprägt durch den deutschen Soziologen Hartmut Rosa, ist Resonanz ein Lösungsansatz für die stetige Tempoposteigerung unserer Gesellschaft: „Wenn Beschleunigung das Problem ist, dann ist Resonanz vielleicht die Lösung" (vgl. Rosa 2019, S. 1). Gemäß Rosa bezieht sich Resonanz nicht nur auf andere Menschen, sondern auch auf unsere weitere Mitwelt. Der Begriff leitet sich aus dem lateinischen Wort *resonare* ab und bedeutet zunächst widerhallen. Metaphorisch gesprochen geht es darum, sich in Schwingung zu versetzen, also berühren zu lassen. Wichtig ist hierbei, dass Resonanz mehr als ein Echo ist. Vielmehr geht es darum, mit jemandem oder etwas „mitzuschwingen", so wie auch der Klang einer Gitarrensaite die Saite einer anderen Gitarre in Schwingung versetzen kann. Voraussetzung dafür ist es, überhaupt offen dafür zu sein, mitzuschwingen bzw. sich anrühren zu lassen. Durch dieses Mitschwingen fühlen wir uns lebendig, weil wir selbst durch diese Beziehung angesprochen werden. Ohne dieses Erleben entsteht bei uns ein Gefühl der Leere und Entfremdung, nicht selten erste Indikatoren für ein drohendes Burn-out.

In unserem Miteinander verkörpert Resonanzerleben Qualitäten von Mitmenschlichkeit und Verbundenheitt. Für uns als soziale Wesen ist das ein zentrales Bedürfnis. Der Neurowissenschaftler Joachim Bauer ist folgender Überzeugung: „Resonanz zu erhalten, ist die tiefste Sehnsucht des Menschen. Sie ist neurobiologisch verankert und bildet das Urmotiv für Liebe, Sexualität und Partnerschaft" (Bauer 2019, location 1486). Eine der schlimmsten Erfahrungen, die ein Mensch machen könne, sei demnach, keine Resonanz zu erhalten und wie Luft behandelt zu werden – sei es, weil unser Gegenüber keine Zeit für uns hat oder aber weil wir derart verachtet werden, dass wir unserem Gegenüber keine Resonanz wert sind (vgl. Bauer 2021, location 1151). Ein entsprechender Umgang mit einer solch leidvollen Erfahrung liegt logotherapeutisch in den Einstellungswerten begründet (vgl. Abschn. 6.2).

Wie kann es uns nun gelingen, in Resonanz zu kommen? Rosa beschreibt hierfür vier Elemente, die auch im organisationalen Kontext greifen können (vgl. Rosa 2020): erstens, sich überhaupt berühren und anrühren zu lassen von etwas; zweitens, eine Form der Selbstwirksamkeit erleben, indem man mit dieser Sache oder der Person auch etwas „anfangen" kann; drittens, eine Veränderung durch die Erfahrung erleben, und sei die Transformation auch noch so klein; viertens, die Unverfügbarkeit bewusst wahrnehmen und ergebnisoffen in Beziehungen zu gehen. Im Gegensatz dazu sind die Top Drei der absoluten „Killer" für Resonanz Zeitnot, Angst und ein hoch kompetitives Umfeld – alles Faktoren, die wir heutzutage oft in Organisationen erleben.

▶   Wenn keine Resonanz da ist, sollte konkret nachgefragt werden: will oder kann mein Gegenüber gerade nicht in Resonanz gehen – und wie gehe ich dann mit dem „Nicht-Wollen" oder „Nicht-Können" um?

2.2.3 Wichtige Einflussfaktoren auf Beziehungsqualität

Wenn Führung also Beziehungsgestaltung ist und wir zumindest aus genetischer, psychologischer und soziologischer Sicht der Beziehungsqualität einen hohen Stellenwert einräumen sollten, stellt sich die Frage nach dem „Wie": Wie kann es gelingen, gesunde und stabile Beziehungen einzugehen und zu halten? Welche Voraussetzungen müssen bei den Beteiligten gegeben sein, damit die Beziehung auch in Phasen von (externer) Ungewissheit und (persönlichen) Herausforderungen Bestand hat? Die Gesamtheit aller Einflussfaktoren würde den Rahmen dieses Kapitels und des Buches sprengen, aber wissenschaftliche Erkenntnisse deuten auf drei zentrale Faktoren hin: Verletzlichkeit, Emotionen und Empathie bzw. Mitgefühl – auch und gerade im Führungskontext, so überraschend das scheinen mag.

2.2.3.1 Verletzlichkeit als Basis für gelingende Beziehungen

In ihrem mehr als 65 Mio. Mal geschautem TED Talk „The Power of Vulnerability" (Brown 2010; deutsch: die Kraft der Verletzlichkeit) beschreibt die Soziologin Brené Brown wichtige Einflussfaktoren auf Beziehungen, sowohl positiv als auch negativ.

Die Wissenschaftlerin berichtet von ihrem Weg zu einem besseren Verständnis menschlicher Beziehungen durch Verletzlichkeit, die zu gelingenden Beziehungen beiträgt. Wenngleich sie mit der Erforschung von Verbundenheit (englisch: connectedness) als zentralem Faktor für gelungene Beziehungen begann, stieß sie hierbei schnell auf das Gefühl von Scham. Immer wieder hörte sie von ihren Interviewpartnerinnen und -partnern, wie sich Scham (ferner Schuldzuweisungen und Ausgrenzung) negativ auf Beziehungen auswirkten, ohne zunächst zu erfahren, welche positiven Einflussfaktoren es gab.

▶ Durch umfangreiche Studien entdeckte die Wissenschaftlerin, dass der Umgang mit Scham und die Akzeptanz von Verletzlichkeit entscheidend ist für gelungene Beziehungen. Die wichtigsten Erkenntnisse aus ihrer Forschung unterstreichen die Bedeutung von Selbstwert, Verletzlichkeit, Mitgefühl, Authentizität und der Akzeptanz von Unvollkommenheit.

Verletzlichkeit kann als Weg zu einer hohen Beziehungsqualität angesehen werden. Wahre Verbundenheit setzt voraus, dass man sich authentisch verhält, und das bedeutet, dass man sich verletzlich zeigt. Verletzlichkeit ist, obwohl sie unangenehm und von vielen „verschrien" ist, sogar notwendig, um tiefe und stabile Beziehungen mit anderen aufzubauen.

Scham wiederum kann als Angst davor aufgefasst werden, aus einer Gemeinschaft oder einem Team ausgeschlossen zu werden, und ist eine zutiefst menschliche Erfahrung und eine universelle Erfahrung. Insofern verhindert Scham authentisches Verhalten und persönliches Öffnen gegenüber anderen Menschen.

Das gilt in unserem Freundeskreis genauso wie in unserem Arbeitskontext. Scham hindert Menschen daran, sich in einer Beziehung wertgeschätzt zu fühlen. Das Erleben von Scham anzusprechen und zu verstehen, ist somit von entscheidender Bedeutung, da sie oft dazu führt, dass Menschen Verletzlichkeit vermeiden und dadurch ihre Fähigkeit, sich mit anderen zu verbinden, beeinträchtigt wird.

„Dann besser gar keine Gefühle zulassen!", könnte manch einer jetzt sagen. Warum das weniger ein Gefühl von Befreiung als vielmehr eine massive Einschränkung der Lebensqualität bedeutet, beschreibt nicht nur die Soziologin in ihrem TED Talk. Ihre Erkenntnisse werden auch von neurowissenschaftlicher Seite gestützt. Das Betäuben bzw. Unterdrücken von Emotionen blockiert nicht nur die vermeintlich „negativen" Gefühle, sondern ebenso „positive" Gefühle. Der Versuch, negative Emotionen zu betäuben, betäubt auch positive Emotionen wie Freude und Dankbarkeit und führt so zu einem Kreislauf der Abkopplung und Unzufriedenheit. Das Erkennen und Zulassen aller Emotionen, einschließlich der Verletzlichkeit, ist wichtig, um die ganze Bandbreite menschlicher Erfahrungen zu erleben und stabile, gesunde Beziehungen zu pflegen.

Idealerweise machen wir aber keine Unterscheidung zwischen „negativen" und „positiven" Emotionen. Erstmal haben Gefühle die Funktion, uns auf etwas aufmerksam zu machen, was für unser (Über)Leben von Bedeutung sein könnte. So ermöglicht uns ein Gefühl von Angst, aufmerksam im Straßenverkehr zu sein und nicht von Autos überfahren zu werden, während ein Gefühl von Freude auf Menschen oder Themen hinweist, die uns guttun und Energie geben. Der Schlüssel liegt in dem bewussten Erkennen und Benennen von Gefühlen, die uns in Folge erlauben, besser mit ihnen umzugehen. Oftmals wird diese Fähigkeit „Emotional Literacy", also emotionale „Alphabetisierung" beschrieben. Je besser wir die Sprache der Gefühle beherrschen, desto bessere Entscheidungen können wir treffen.

2.2.3.2 Emotionen als Grundlage für werteorientierte Entscheidungen

„Nur wenn wir radikal aufmerksam sind, können wir unsere eigenen Emotionen wahrnehmen und unsere Entscheidungen besser verstehen. Dynamisch denkend bedeutet das, sich immer auf das »Wofür« statt auf das »Wogegen« zu konzentrieren" (Urner 2024, location 361).

Es geht bei emotionaler Reife weniger darum, jede Gefühlsregung ständig mitzuteilen, als vielmehr darum, die persönliche Verfassung zu erkennen und anzuerkennen. Das gilt für Führungsverantwortliche wie Geführte gleichermaßen. Hierbei kommt gerade auch der Führungsperson sogar eine Vorbildfunktion zu, denn es ist klar: Verletzlichkeit wird in aller Regel von anderen geschätzt (und nicht missbraucht). Sobald sich eine Person in angemessenem Rahmen öffnet, fühlen sich auch die anderen eingeladen, authentisch zu reagieren und ihre Gefühle nicht zu unterdrücken. Aber in der Regel will keiner der oder die erste sein.

Wer glaubt, dass wir im organisationalen Kontext stets „mit Verstand", „rational" und auf keinen Fall „emotional" handeln sollten, verkennt den gut erforschten Zusammenhang zwischen Emotionen und Entscheidungen. Anstelle den Kopf bildlich vom restlichen Körper und seinen Gefühlen zu trennen, sobald wir morgens das Büro betreten (oder das Zoom-Meeting starten), ist es umso ratsamer, beides in gleichem Maße zu berücksichtigen. Maren Urner, Neurowissenschaftlerin und Professorin für Nachhaltige Transformation, bringt es in ihrem Buch „Radikal Emotional" klar auf den Punkt (Urner 2024, location 123):

> „Irgendwann, als es in einer Debatte mal wieder darum ging, dass wir »Gefühle« und »Verstand« bitte voneinander trennen sollten, konnte ich nicht länger an mich halten. Die Ignoranz gegenüber eines gewaltigen Korpus an Forschungsliteratur aus den Neurowissenschaften, der Psychologie und verwandten Disziplinen der letzten Jahrzehnte (!), die dieser Erzählung direkt widersprechen, ließen mich aufgebracht das Wort ergreifen: »Wir können doch nur rationale, also zielgerichtete, Entscheidungen treffen, weil wir bestimmte Vorlieben und Werte haben. Und die sind immer durch Gefühle bestimmt. Nur weil wir basierend auf unseren Gefühlslagen unterscheiden, können wir uns für oder gegen etwas entscheiden."

Ihre Beobachtungen, insbesondere aus politischen Debatten fasst sie wie folgt zusammen (vgl. Urner 2024, location 133): „Je lauter die Forderung nach Rationalität, desto emotional aufgeladener werden die Debatten." Indem wir begreifen, dass wir auch und gerade im organisationalen Kontext nicht „rein rational" handeln, erkennen wir auch unser Menschsein an. Räume zu öffnen, in denen Gefühle berücksichtigt und nicht belächelt werden, gehört zu den Aufgaben einer Führungsperson. Hilfreich ist es für alle Anwesenden, wenn die Fähigkeit zu Empathie gestärkt wird. Sie lesen richtig: auch diese Fähigkeit hat einen großen Einfluss auf die Beziehungsqualität und damit auf gelungene Führung.

Die Anerkennung eigener Gefühle ist ein wichtiger Faktor für werteorientierte Entscheidungen, die wir auf Basis unseres Gewissen treffen (vgl. Abschn. 5.2.2). Das Training zur emotionalen Reife in Kombination mit der Wahrnehmung vom Sinn des Augenblicks (vgl. Abschn. 4.2.2), die uns einen sinnorientierten Maßstab für Entscheidungen gibt, lässt uns sinnvolle Möglichkeiten verwirklichen.

2.2.3.3 Empathie und Mitgefühl für ein wertschätzendes Miteinander

Es ist kein Geheimnis, dass wir Menschen eine hochgradig soziale Spezies sind. Um unser gemeinsames Handeln zu koordinieren und eine gelungene Kommunikation zu gewährleisten, brauchen wir einerseits Sprachkenntnisse und Informationstechnologien für die Informationsübertragung, gerade in einer stark globalisierten Welt. Andererseits brauchen wir auch soziale Fähigkeiten wie Empathie oder Perspektivenwechsel, um auf die Gefühle und den mentalen Zustand einer anderen Person schließen zu können. Dies gilt insbesondere für Menschen in der je konkreten Situation der Führungsverantwortung.

Die kognitive Fähigkeit des Menschen, Rückschlüsse auf die Überzeugungen, Absichten und Gedanken anderer Personen zu ziehen, wird als Mentalisierung, Theory of Mind oder kognitive Perspektivenübernahme bezeichnet (vgl. Singer und Klimecki 2014, S. 875). Diese Fähigkeit ermöglicht es z. B. zu verstehen, dass andere Menschen andere Ansichten haben als wir selbst. Umgekehrt wird die Fähigkeit, die Gefühle anderer zu teilen, als Empathie bezeichnet (vgl. Singer und Klimecki 2014, S. 875). Empathie ermöglicht es uns, die Gefühle anderer zu teilen, egal ob „positiv" oder „negativ". Wir können uns glücklich fühlen, wenn wir die Freude anderer teilen, und wir können die Erfahrung von Leid teilen, wenn wir mit jemandem mitfühlen, der Schmerzen hat.

Während geteiltes Glück in aller Regel ein sehr angenehmer Zustand ist, kann das Teilen von Leid manchmal schwierig sein, insbesondere wenn die Unterscheidung zwischen dem Selbst und dem Anderen verschwimmt. Dies kann vor allem, aber nicht nur, für Menschen in helfenden Berufen eine besondere Herausforderung darstellen. Auch unser Medienkonsum, der in diesen Tagen von vielen Krisen wie Kriegen und gesellschaftlichen Spannungen geprägt ist, kann uns vor die Herausforderung stellen, emotional nicht im Leid anderer „unterzugehen". Wichtig hervorzuheben ist, dass man beim Mitfühlen – im Gegensatz zu Empathie – sich selbst nicht mit dem Anderen verwechselt, d. h. dass man immer noch weiß, dass das Gefühl, das man empfindet, das Gefühl eines Anderen ist.

> „Um ein übermäßiges Teilen von Leiden zu verhindern, das sich zu einer Notlage ausweiten kann, kann man auf das Leiden anderer mit Mitgefühl reagieren. Im Gegensatz zur Empathie bedeutet Mitgefühl nicht, das Leiden des anderen zu teilen: Es ist vielmehr gekennzeichnet durch Gefühle der Wärme, der Sorge und der Fürsorge für den anderen sowie durch eine starke Motivation, das Wohlergehen des anderen zu verbessern. Mitgefühl bedeutet, *für* den anderen zu fühlen und nicht *mit* ihm zu fühlen." (Singer und Klimecki 2014, R875–R878; eigene Übersetzung, Hervorhebungen direkt übernommen).

In Anbetracht der möglicherweise sehr unterschiedlichen Auswirkungen, die empathische oder aber mitfühlende Reaktionen auf das Leid anderer haben können, sollten wir uns bewusst machen, dass sowohl Empathie als auch Mitgefühl geübt werden können. So konnte der Unterschied zwischen Empathie und Mitgefühl auch auf neuronaler Ebene in unserem Gehirn gezeigt werden: je nachdem, ob Empathie oder Mitgefühl trainiert wurde, wurden andere Hirnareale aktiviert (vgl. Klimecki et al. 2014, S. 876).

Als Menschen kommen wir mit einem gewissen Maß an Empathie auf die Welt, was auch unsere „Schwingungsfähigkeit" beschreibt. In Abhängigkeit davon, wie ausgeprägt unsere Empathie ist, können wir mehr oder weniger mitschwingen, wenn unser Gegenüber etwas besonders Fröhliches oder etwas besonders Trauriges oder Schmerzhaftes mit uns teilt. Diese Fähigkeit und auch die Regulierung des Ausmaßes an Empathie können wir trainieren. Dasselbe gilt für unsere Fähigkeit, Mitgefühl zu empfinden, d. h. mit dem anderen mitzufühlen, während wir gleichzeitig die starke Absicht haben, den anderen zu unterstützen und sein Wohlbefinden zu verbessern.

▶ **Wichtig**
Um die Beziehungsqualität zu stärken, kann es zunächst hilfreich sein, sich immer wieder die eigene Gefühlslage bewusst zu machen: Wie geht es mir gerade, welche Gefühle sind präsent? Und auch: Wie stark schwinge ich emotional mit meinem Gegenüber?

Als Führungskraft ist es hilfreich, den Perspektivenwechsel zu üben und sich in die „Schuhe des anderen" zu stellen wie auch den eigenen Standpunkt zu überprüfen. Eine wertschätzende, achtsame Haltung kann es ermöglichen, einer anderen Meinung nicht zu widersprechen, sondern sie anzuerkennen. Die Faustregel „und" statt „aber" kann Wunder wirken.

2.2.4 (Selbst)Führung als Bündelung von Kompetenzen

Führung auf festem Grund erkennt, dass die Akzeptanz von Führungsperson, Zielsetzung und jeweiliger Aufgaben nicht durch Anweisung oder Position zu erreichen sind, sondern ausschließlich freiwillig durch die Mitarbeitenden. Das bedeutet, dass Führungspersonen Kompetenzen brauchen, um ihrer Aufgabe und

Verantwortung gerecht werden zu können. Hierbei identifizieren Lukas und Ostberg insbesondere folgende fünf Kompetenzfacetten (vgl. Lukas und Ostberg 2022, S. 51 f.):

1. **Personale Kompetenz:** Fähigkeit der Selbstorganisation, Selbstführung, Resilienz, ausgewogenes Verhältnis zwischen Beruf und Privatleben.
1. **Fachliche Kompetenz:** In den Geschäftsfeldern der Organisation weitgehend Bescheid wissen, sich „auskennen".
2. **Soziale Kompetenz:** Umgang mit Menschen, Klarheit in der Übertragung von Aufgaben, Gestaltung von Konferenzen.
3. **Kommunikative Kompetenz:** Art und Weise der Gesprächsführung, Unterscheidung von Meinung und Fakten, Akzeptanz der anderen Meinung.
4. **Sinn- und Werte-Kompetenz:** Grundlagen schaffen für Werte, deren Verständnis und einer sinnorientierten Arbeit. Denn was bedeutet dieses vielverwendete Wort „Motivation"? Soviel wie „etwas / jemanden in Bewegung setzen", aber nicht mit Druck und Zwang, sondern durch Anregung, Anfeuerung. Jeder mit Leitungs- und Führungsverantwortung ist sich darüber im Klaren, dass ohne sinnvolle Anstöße zur Bewegung „nichts läuft".

Führen soll begeistern, begründet überzeugen, vorleben, erklären um zu verstehen, beistehen und helfen. Böckmann beschreibt es zusammenfassend (1987, S. 29): „Motiviertes Handeln heißt handeln unter individuellen Leistungsbedingungen". Und diese sind allemal sinnorientiert und stehen auf festem Grund.

2.2.5 Selbstführung verfolgt keinen Selbstzweck

Selbstführung ist immer Mittel zum Zweck. Wenn Selbstführung Beziehungsgestaltung ist, dann stellt sich die Frage, wie konkret die Beziehung zu einem selbst aussehen kann. Zunächst können wir festhalten, dass Selbstführung im Sinne einer Beziehungsgestaltung den Kern des Menschen bzw. des Mensch-Seins berührt, da es um nichts anders als die Beziehung zu einem selbst geht. In ihrer Auswirkung geht es um die eigene Haltung, mit der jemand sich und seine Mitwelt sieht – und damit um das eigene Menschenbild. Die Erfahrungen von uns Autor:innen – unabhängig gemacht und über drei Generationen hinweg – haben uns gelehrt, dass es genau um diese Haltung geht. Und die hohe Bedeutung der Haltung, mit der dann jemand auch andere führt, wird inzwischen auch in der wissenschaftlichen Literatur anerkannt (vgl. hierzu etwa Gottfredson und Reina 2021; Kouzes und Posner 2019; Heslin und Keating 2017).

Wirksame Führung benötigt eine feste Basis, und eine adäquate Selbstführung stellt den Dreh- und Angelpunkt dar. Sie wird zur entscheidenden Kompetenz für gelingende Führung (vgl. Linneweh und Hofmann 2020, S. 138), was jedoch nichts anderes bedeutet, als dass Selbstführung somit niemals Selbstzweck sein kann, sondern immer nur Mittel zum Zweck ist – für ein gelingendes Leben im Allgemeinen und für wirksame Führung Dritter im Speziellen. Eine solche Selbstführung, das Hinterfragen eigener Haltungen und Verhaltensweisen genauso wie die eigene Integrität, wird inzwischen immer wieder gefordert (vgl. etwa Berberick et al. 2018, S. 9; Hock 2001, S. 70). So stellt denn auch Böckmann fest (1981, S. 73):

> „Denn nicht äußere Gegebenheiten bedingen den Erfolg, sondern die inneren. Nicht Geld und äußere Umstände sind ausschlaggebend, sondern derjenige, der etwas daraus macht. Das aber hängt von den subjektiven Voraussetzungen ab. Um also planen und handeln zu können, muß man erst einmal wissen, mit wem man es bei dem eigenen Selbst zu tun hat, wer einem da gegenübertritt, wenn man sich danach auf die Suche begibt."

▶   Selbstführung ist niemals Selbstbeschau, sondern stets Mittel zum Zweck.

2.2.6 Führung auf festem Grund – neun weitere Impulse

(Selbst)Führung ist Beziehungsgestaltung, so dass ihre wirksame Umsetzung im Praxisalltag von entscheidender Bedeutung ist. Daher haben wir neben diesem grundlegenden Impuls neun weitere herausgearbeitet, die die Beziehungsqualität entscheidend beeinflussen und konkretisieren (vgl. Abb. 2.2):

a) Führung ist immer pro Mensch
b) Führung ist Entscheiden und verantwortlich Handeln
c) Führung ist zukunftsorientiert
d) Führung ist Ausrichtung auf die Mitwelt
e) Führung ist mitgestaltend
f) Führung ist potenzialfördernd
g) Führung ist kreativ und innovativ
h) Führung ist nachhaltig
i) Führung ist resilienzfördernd

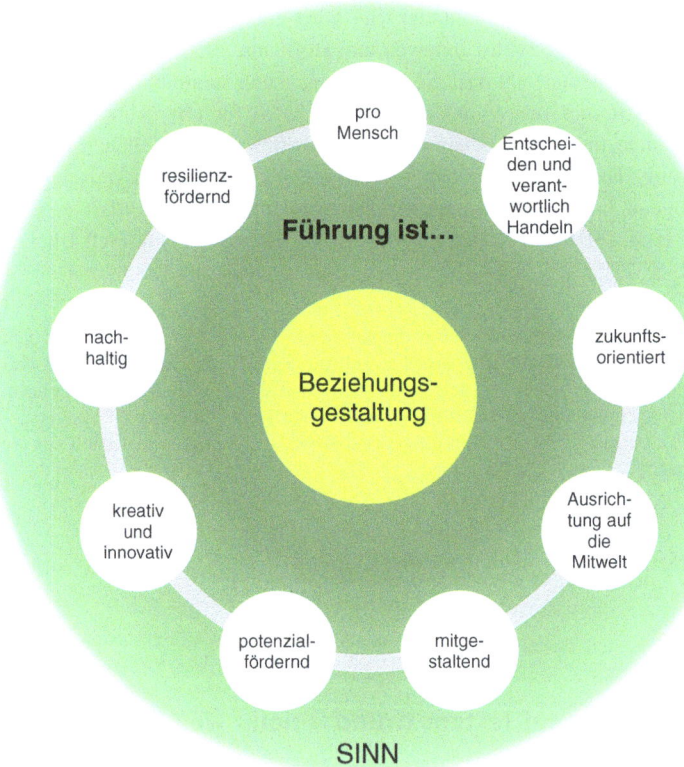

Abb. 2.2 Führung ist… (Quelle: Eigene Darstellung)

Diese neun Impulse werden wir – nach Ableitung der Folgerungen für die Praxis
aus dem Impuls „Führung ist Beziehungsgestaltung" – im Folgenden in je einem
separaten Kapitel genauer darlegen und erläutern.

2.3 Folgerungen für die Praxis

2.3.1 Selbstführung

- **Selbstreflexion als tägliches Ritual etablieren.** Nehmen Sie sich jeden Tag bewusst Zeit, um über Ihre Gedanken, Entscheidungen und Gefühle nachzudenken. Eine kurze, aber regelmäßige Selbstreflexion – sei es durch Tagebuchschreiben, Meditation oder stilles Nachdenken – hilft, Verhaltensmuster zu erkennen und Klarheit über die eigenen Ziele und Werte zu gewinnen. So können Sie achtsamer und gezielter mit Herausforderungen umgehen.
- **Offenheit und Neugier kultivieren und bewahren.** Streben Sie aktiv danach, Neues zu lernen und verschiedene Perspektiven zu berücksichtigen. Suchen Sie immer wieder Gelegenheiten, die eigene Komfortzone zu verlassen, z. B. indem Sie ein Buch zu einem unbekannten Thema lesen oder an einem Workshop in einem für Sie neuen Bereich teilnehmen. Offenheit bedeutet auch, gezielt Feedback einzuholen, dieses kritisch zu bewerten und die Erkenntnisse als Chance zur persönlichen Weiterentwicklung zu nutzen.
- **Wertschätzung gegenüber sich selbst aufbringen, aber sich auch trauen, verletzlich zu sein und zu eigenen Fehlern zu stehen.** Nehmen Sie sich regelmäßig Zeit für Reflexion und Dankbarkeit, z. B. durch das Führen eines Dankbarkeitstagebuchs. Bleiben Sie dabei authentisch und gehen Sie ehrlich mit Ihren Schwächen um – das ist ein Ausdruck persönlicher Größe. Wenn Sie einen Fehler gemacht haben, benennen Sie ihn klar, lernen Sie daraus und gehen Sie nicht zu hart mit sich ins Gericht. Versuchen Sie, sich selbst ein guter Freund zu sein.
- **Emotionen erkennen, benennen und dazu stehen. Emotional reifer werden, auch um bessere Entscheidungen zu treffen.** Nehmen Sie sich immer wieder Zeit, um Ihre Gefühle bewusst wahrzunehmen, z. B. durch kurze Achtsamkeitsübungen wie einen Bodyscan. Üben Sie, Ihre Gefühle konkret zu benennen, z. B. durch die Frage: „Was genau fühle ich gerade und wie spüre ich das in meinem Körper?" Das hilft Ihnen nicht nur, Ihre Entscheidungen besser zu begründen, sondern stärkt auch Ihre emotionale Widerstandskraft.

2.3.2 Führung

- **Qualität der Beziehungen im persönlichen Kontakt pflegen.** Investieren Sie Zeit in den Aufbau und die Pflege authentischer Beziehungen, z. B. durch regelmäßige Gespräche mit Mitarbeitenden, die nicht nur sachliche, sondern auch persönliche Themen berühren dürfen. Zeigen Sie echtes Interesse an den Bedürfnissen und Anliegen Ihres Teams und suchen Sie aktiv nach gemeinsamen Erfolgserlebnissen.

- **Eigene Kompetenzen ergänzen und verfeinern.** Bemühen Sie sich, Ihre fachlichen und sozialen Kompetenzen kontinuierlich zu verbessern, z. B. durch Teilnahme an Schulungen, Mentoring oder gezielte Weiterbildungen. Überlegen Sie sich regelmäßig, in welchen Bereichen Sie sich weiterentwickeln möchten und setzen Sie sich konkrete Entwicklungsziele. Eine (halb-)jährliche Überprüfung dieser Ziele kann Ihnen dabei helfen.
- **Einen vertrauensvollen Umgang im Team schaffen und bewahren.** Machen Sie Ihre Entscheidungen transparent und kommunizieren Sie offen, um ein Klima des Vertrauens zu schaffen. Gehen Sie mit gutem Beispiel voran und zeigen Sie sich integer und verletzlich. Hören Sie aktiv zu und zeigen Sie Mitgefühl, gerade in schwierigen Situationen. Vermeiden Sie Schuldzuweisungen und suchen Sie konstruktive Lösungen im Team.
- **Eine wertschätzende Kultur fördern.** Anerkennen Sie die Leistungen Ihrer Mitarbeitenden regelmäßig und individuell, z. B. durch ein persönliches Dankeschön oder gezielte Feedbackgespräche. Schaffen Sie einen Raum, in dem sich alle Mitarbeitenden gehört und gesehen fühlen, z. B. durch regelmäßige Wertschätzungsrunden im Team oder durch eine kurze Wertschätzungsrunde am Ende einer Sitzung.

Literatur

Ahrendt B, Bürklin N, Ostberg PM (2024) Wege agiler Führung – mit Sinn. Praktische Grundlagen für lebendige Organisationen. Springer Gabler, Berlin
Bauer J (2019) Wie wir werden, wer wir sind: Die Entstehung des menschlichen Selbst durch Resonanz. Karl Blessing Verlag, kindle Edition, München
Bauer J (2021) Das empathische Gen: Humanität, das Gute und die Bestimmung des Menschen. Herder, kindle Edition, Freiburg
Becker F (2015) Psychologie der Mitarbeiterführung. Wirtschaftspsychologe kompakt für Führungskräfte. Springer Fachmedien, Wiesbaden
Berberick TR, Lindsay P, Schulz J (2018) The Leadership Habit. Mit der richtigen Einstellung erfolgreich führen. Redline, München
Blessin B, Wick A (2017) Führen und führen lassen. Ansätze, Ergebnisse und Kritik der Führungsforschung, 8. Aufl. UVK Verlagsgesellschaft mbH, Konstanz
Böckmann W (1981) Das Sinn-System. Psychotherapie des Erfolgsstrebens und der Mißerfolgsangst. Econ, Düsseldorf

Böckmann W (1987) Sinnorientierte Führung als Kunst der Motivation. Verlag Moderne Industrie, Landsberg

Brown B (2010) The Power of Vulnerability, TED Talk, https://www.ted.com/talks/brene_brown_the_power_of_vulnerability. Zugegriffen: 22. Nov. 2024

Comelli G, Rosenstiel Lv, Nerdinger, FW (2014) Führung durch Motivation. Mitarbeiter für die Ziele des Unternehmens gewinnen, 5. Aufl. Vahlen, München

Domsch ME, Ostermann A (2020) Führung von unten: der Einfluss der Mitarbeitenden auf die Vorgesetzten. In: Rosenstiel Lv, Regnet E, Domsch ME (Hrsg) Führung von Mitarbeitern. Handbuch für erfolgreiches Personalmanagement, 8. Aufl. Schäffer-Pöschel, Stuttgart, S 329–340

Eisenberger NI, Lieberman MD, Williams KD (2003) Does rejection hurt? An fMRI study of social exclusion. Science 302(5643):290–292

Fredrickson BL, Grewen KM, Algoe SB, Firestine AM, Arevalo JM, Ma J, Cole S (2015) Psychological well-being and the human conserved transcriptional response to adversity. PLoS ONE 10(3):e0121839. https://doi.org/10.1371/journal.pone.0121839

Gottfredson RK, Reina CS (2021) Illuminating the foundational role that mindsets should play in leadership development. Bus Horiz 4:439–451

Harvard Study of Adult Development (2024) https://www.adultdevelopmentstudy.org/. Zugegriffen: 23. Mai 2024

Heslin PA, Keating LA (2017) In learning mode? The role of mindsets in derailing and enabling experiential leadership development. Leadersh Q 3:367–384

Hinterhuber HH, Krauthammer E (2015) Leadership – mehr als Management. Was Führungskräfte nicht delegieren dürfen, 5. Aufl. Springer Gabler, Wiesbaden

Hock D (2001) Die chaordische Organisation. Vom Gründer der VISA-Card. Klett-Cotta, Stuttgart

Klimecki OM, Leiberg S, Ricard M, Singer T (2014) Differential pattern of functional brain plasticity after compassion and empathy training. Social cognitive and affective neuroscience 9(6):873–879

Kouzes TK, Posner BZ (2019) Influence of manager's mindset on leadership behavior. Leadersh Org Dev J 8:829–844

Linneweh K, Hofmann LM (2020) Persönlichkeitsmanagement. In: Rosenstiel Lv, Regnet E, Domsch ME (Hrsg) Führung von Mitarbeitern. Handbuch für erfolgreiches Personalmanagement, 8. Aufl. Schäffer-Pöschel, Stuttgart, S 137–148

Lukas E, Ostberg PM (2022) Arbeit heute – Last oder Freude? Strategien sinnzentrierter Unternehmenskultur. Profil, München

Neuberger O (1994) Personalentwicklung, 2. Aufl. Enke, Stuttgart

Rosa H (2020) Podcastinterview „Hotel Matze", Prof. Dr Hartmut Rosa – Wie führt man ein gelungenes Leben, https://open.spotify.com/episode/64vlfJKBAYNWuurnOHiBll?si=ae7a8029790a4cb5. Zugegriffen: 22. Nov. 2024

Rosa H (2019) Resonanz – Eine Soziologie der Weltbeziehung. Suhrkamp, Berlin

Singer T, Klimecki OM (2014) Empathy and compassion. Current biology 24(18):875-878

Urner M (2024) Radikal emotional – Wie Gefühle Politik machen. Droemer, kindle edition, München

Waldinger R (2015) „What makes a good life? Lessons from the longest study on happiness", TED Talk. https://www.ted.com/talks/robert_waldinger_what_makes_a_good_life_lessons_from_the_longest_study_on_happiness. Zugegriffen: 22. Nov. 2024

Wunderer R (2011) Führung und Zusammenarbeit. Eine unternehmerische Führungslehre, 9. Aufl. Luchterhand, Köln

Zweiter Impuls: Führung ist immer pro Mensch

3

Zusammenfassung

Führung auf festem Grund basiert auf einer menschenwürdigen Haltung, die sich am ganzheitlichen Menschenbild orientiert. In diesem Kapitel erfahren Sie, wie Viktor E. Frankls Perspektive auf Körper, Psyche und Geist hilft, Führung wertebasiert und verantwortungsvoll zu gestalten – und welche Haltungen auf individueller und kollektiver Ebene förderlich bzw. hinderlich sind.

3.1 Kernaussagen

- Führung auf festem Grund basiert auf einer menschenwürdigen Haltung und muss sich am Menschen orientieren, um auch mit Krisen adäquat umgehen zu können. Das Menschenbild von Viktor E. Frankl, auf dem diese Perspektive beruht, betont die Freiheit des Willens, den Willen zum Sinn und die Sinnhaftigkeit des Lebens, wobei der Mensch als Einheit von Körper, Psyche und Geist gesehen wird. Die Logotherapie beschreibt den Menschen als geistiges Wesen, dessen körperliche und seelische Dimensionen gepflegt werden müssen, um sinnvoll handeln zu können.
- Im Menschenbild von Viktor E. Frankl sind Körper, Psyche und Geist eng miteinander verbunden, wobei das Geistige als nur dem Menschen eigene Dimension hervorsticht. Ihr entspringt die menschliche Sinnorientierung, weshalb sie auch die Grundmotivation darstellt.

B. Ahrendt et al., *Führung auf festem Grund – mit Sinn*,
https://doi.org/10.1007/978-3-662-71109-5_3

29

- Während der Mensch geistige Person *ist, hat* er Körper und Psyche. Um in der Welt wirken zu können, ist die geistige Dimension auf die (möglichst) gesunde körperliche und psychische Dimensionen angewiesen. Während körperliche und psychische Bedürfnisse Homöostase anstreben, gilt in Bezug auf die geistige Dimension das Prinzip der Noodynamik.
- Leistung ist das Ergebnis individueller Entscheidungen, die auf eigenen Werten, Freiräumen und Kompetenzen basieren und durch freiwillige Anstrengung gekennzeichnet sind. Führungsverantwortliche sollten Mitarbeitende unterstützen, indem sie Möglichkeiten zur Sinnverwirklichung bieten und unrealistische Erwartungen von außen vermeiden.
- Verantwortung und Freiheit gehören untrennbar zusammen. Verantwortung bedeutet, bewusst und freiwillig Entscheidungen zu treffen, die auf Werten basieren und sowohl die eigene Freiheit als auch die der Mitmenschen respektieren. Sie spiegelt persönliche Reife wider und erfordert eine ständige Abwägung von alternativen Möglichkeiten und eigenen Handlungsspielräumen.
- Die Pathologien des Zeitgeistes manifestieren sich in problematischen Einstellungen wie der provisorischen, fatalistischen, kollektivistischen, fanatischen und übertriebenen Anspruchshaltung, die sowohl auf individueller als auch auf gesellschaftlicher Ebene schädlich sind. Führungspersonen und Organisationen müssen diese Haltungen frühzeitig erkennen, um ein zielgerichtetes, verantwortungsvolles und werteorientiertes Handeln zu fördern.
- Selbstführung vor dem Hintergrund des Frankl'schen Menschenbilds bedeutet, zwischen Ego-Führung, die sich auf individuelle Bedürfnisse konzentriert, und Ich-Selbst-Führung, die ein ganzheitliches Bewusstsein für den eigenen Beitrag zum Gemeinwohl entwickelt, zu unterscheiden. Die Ich-Selbst-Führung fördert eine reifere Entwicklung und stärkt die Verantwortung für das eigene Handeln und die Mitwelt.

3.2   Basiswissen

Führung bedeutet auch, Risiken im Blick zu behalten. Wo lauern Gefahren und Konflikte, die sich zu Krisen entwickeln können? Dort, wo Ziele und Prozesse gegen das Mensch-Sein gerichtet sind, wo Menschen ausgenutzt und ausgebeutet werden, wo Menschen nicht anders als ein Funktionswesen, als eine Zahl, betrachtet werden oder wo Menschen in ihrer Arbeit keinen Wert und Sinn mehr erkennen können. Umso wichtiger ist es daher, dass Führung immer auch am Menschen ausgerichtet ist (= pro Mensch). Eine solche Ausrichtung erfolgt aus einer adäquaten Haltung, die wiederum Ausdruck eines dem Menschen würdigen Menschenbildes ist.

Nun gibt es – auch in den diversen wissenschaftlichen Disziplinen – viele Menschenbilder. Unseren Ausführungen in diesem Buch liegen jedoch einem bestimmten Menschenbild zugrunde, welches wir als dem Menschen würdig ansehen: Das Menschenbild von Viktor E. Frankl.

3.2.1 Grundlagen des Frankl'schen Menschenbildes

Wenn wir davon schreiben, dass Führung stets „pro Mensch" sein soll, dann sollte zunächst geklärt werden, was überhaupt der Mensch ist und wodurch er sich auszeichnet. Viktor E. Frankl (1905–1997) war Neurologe, Psychiater und promovierter Philosoph und gilt als wichtigster Vordenker für die Sinnforschung. Mit der von ihm entwickelten Logotherapie und Existenzanalyse (im Folgenden Logotherapie genannt; zur Begründung vgl. Lukas 2021) schuf er eine existenzphilosophische Psychologie, die auch als „Dritte Wiener Richtung der Psychotherapie" (Soucek 1948) bezeichnet wird. Prof. Dr. Elisabeth Lukas, die auch als seine Meisterschülerin angesehen wird, hat die Logotherapie systematisch erweitert.

Die Logotherapie basiert auf drei Axiomen (vgl. hierzu Lukas 2014, S. 14–17; Lukas 1986, S. 21–25):

1. **Freiheit des Willens:** Im Rahmen der bis heute geführten Diskussion, inwiefern der Mensch determiniert ist oder über einen freien Willen verfügt, positioniert sich Frankl eindeutig auf der Seite der Willensfreiheit (etwa Franz 2007; Fuchs 2022; Rosenthal 2017; Tress 2007; Zunke 2008). Dies bedeutet, dass Frankl davon ausgeht, dass der Mensch immer in der Lage ist, sowohl zu den ihn umgebenden Bedingungen (Umwelt) als auch zu den eigenen somatischen wie psychischen Bedingungen Stellung zu nehmen und mit ihnen kreativ umzugehen (vgl. etwa Frankl 2015, S. 18; Lukas 2020, S. 27). Er verweist somit auf den Gestaltungsspielraum menschlichen Lebens.
2. **Wille zum Sinn:** Der Mensch ist Baumeister seines Lebens, wobei Frankl im dem Willen zum Sinn die Grundmotivation des Menschen erkennt. Dieser Sinnorientierung steht der Sinn im konkreten Augenblick gegenüber, für die er sich aufgrund seiner Willensfreiheit entscheiden kann, um sinnvoll zu handeln – oder auch nicht. In diesem Sinne bezeichnet Steindl-Rast diesen Willen zum Sinn auch als dem Menschen innewohnenden „Drang zur Auseinandersetzung mit dem großen Geheimnis" (2024).

3. **Sinn des Lebens:** Im dritten Axiom postuliert Frankl, dass jedes menschliche Leben stets von einem objektiven Sinn durchdrungen ist, der sich in einem konkreten Augenblick dem individuellen Menschen zeigt (Sinn des Augenblicks). Wenn jedoch jedes individuelle menschliche Leben von Sinn durchdrungen ist, dann führt eine solche Betrachtung zu der Erkenntnis, dass es offenbar auch größere Sinnzusammenhänge gibt, die jedoch von einem Menschen nicht mehr erfassbar sind. Insofern kann der Sinn des Augenblicks als Resultat aus dem Sinn des Lebens und dieser als Resultat aus einem Über-Sinn angesehen werden (Frankl bezeichnet den Über-Sinn auch als „Meta-Sinn", vgl. Frankl 1992b, S. 72. Zu Frankls Sinn-Arten vgl. Batthyány 2007, S. 40 ff.).

▶ **Wichtig**
   Immer wieder erleben wir Autor:innen in unseren Coachings und Seminaren, dass der Begriff „Sinn des Lebens" missverstanden wird. Frankl geht davon aus, dass es *den* Sinn des Lebens auch für jeden Menschen gibt – eingebettet in jenem Über-Sinn. Diese Frage zielt auf den Sinn der menschlichen Existenz überhaupt ab, ganz nach dem Motto „Wozu sind wir hier? Wodurch erklärt sich unsere Existenz?", so die amerikanische Philosophin Susan Wolf in einem Podcast-Interview (Sternstunde Philosophie, Was ist ein sinnvolles Leben, Susan Wolf, 01.12.2024).
   Allerdings sind weder dieser Über-Sinn noch der Sinn des Leben im Rahmen unseres Alltags für uns zur Gänze erkennbar, sondern nur als „Ausschnitt" in Form der jeweils sinnvollen Möglichkeit (vgl. hierzu auch Abschn. 4.2.2). Es geht hier um Sinn *im* Leben, der sich als ein konkreter Wert zeigt, den es umzusetzen gilt. Der Sinn des Lebens ist manchmal dann in der Rückschau erkennbar. Frankl vergleicht insofern auch das Leben mit einer Filmrolle und beschreibt es wie folgt (Frankl 1990, S. 89 f.)

> „Dieser Sinn ist ein potentieller, das heißt, daß er jeweils noch darauf wartet, aktualisiert zu werden – eben von der Person, die er „angeht", die er „in Anspruch nimmt", die den „Anruf" heraushört, der von ihm ausgeht. Neben dem konkreten gibt es selbstverständlich auch einen umfassenden Sinn. Nur gilt: je umfassender der Sinn ist, um so weniger faßlich ist er. Nicht zufällig sprechen wir auch von einem „letzten" Sinn. Verhält sich doch der konkrete Sinn einer konkreten Situation zu diesem End-Sinn wie ein einzelnes Bild zum ganzen Film: dessen Sinn dämmert uns ja ebenfalls erst, wenn wir uns dem mehr oder weniger

„happy end" nähern; aber auch nur, wenn wir, bis es soweit ist, den Sinn jeder einzelnen Szene „mitbekommen". Wir müssen also einerseits aufmerksam sein und andererseits warten können, im Kino bis zum Schluß der Vorstellung – und im Leben bis zur „Stunde unseres Absterbens"."

Insofern kann es zu einem Missverständnis kommen, sofern der Sinn des Lebens mit einem singulären Wertebezug verwechselt wird. Dann wird unter Sinn lediglich ein bestimmter Wert gemeint („Der Sinn des Lebens besteht für mich darin, für meine Familie da zu sein" oder „Mein Sinn des Lebens besteht darin, Karriere zu machen."). Das wird der Wertevielfalt, die sich im Frankl'schen Sinne hinter dem Sinn des Lebens verbirgt und die es in jedem Leben geben sollte, nicht gerecht, da er nicht nur auf einen Wert reduziert, sondern dieser Wert auch verabsolutiert wird, was für den Menschen gefährlich ist (zum Risiko der Verabsolutierung vgl. hierzu auch Abschn. 6.2.1).

▶ **Definition**
Um im Sinne des Menschenbildes den menschlichen Umgang mit dem Sinn-Begriff zu beschreiben, lohnt sich an dieser Stelle eine genauere Differenzierung (vgl. auch Ahrendt et al. 2024, S. 14):

- **Sinnorientierung:** Dieser Begriff legt den Fokus auf das Suchen von Sinn in einem konkreten Augenblick.
- **Sinnzentrierung:** Sinnzentrierung betont das Finden einer sinnvollen Möglichkeit in einem konkreten Augenblick.
- **Sinnoffenheit** (vgl. Batthyány und Lukas 2020, S. 187): Sinnoffenheit bildet die Basis für Sinnorientierung und -zentrierung, indem sie den Glauben an die jeweils in einem konkreten Augenblick vorhandenen Sinnmöglichkeiten als verwirklichungswürdiges Potenzial hervorhebt. Oder anders formuliert: Das Suchen und das Finden setzen den Glauben voraus, dass es überhaupt solche Potenziale gibt.
- **Sinnpotenziale** sind somit die je verwirklichungswürdigen Möglichkeiten, die nun noch die Aktivität, die Tat des Menschen erfordern, um Wirklichkeit zu werden und so auch eine Sinnerfahrung machen zu können.
- **Sinnerfahrung** (synonym Sinnerleben) tritt – wenn überhaupt – immer erst als eine Folge auf. Wenn wir daher im Folgenden von Sinnerfahrung sprechen, meinen wir kein direktes Erleben von Sinn – Kein: „Ja, jetzt erlebe ich Sinn". So wie Frankl immer wieder betonte, dass der Mensch nicht nach dem Glück selbst, sondern nach einem Grund zum Glücklichsein strebt (vgl. etwa Frankl

1998, S. 70), kann der Mensch (muss aber nicht automatisch) als Folge der Verwirklichung der in einem konkreten Augenblick jeweils sinnvollen Möglichkeit ein Gefühl der Zufriedenheit, der Freude o. ä. spüren und somit Sinn zumindest indirekt „erfahren" bzw. „erleben". Es ist ein „Erleben", das auch „im Flow" geschieht (zum Flow-Erleben vgl. auch Abschn. 8.2.5).

Wir haben uns als Autor:innen jedoch bewusst dagegen entschieden, diese Differenzierung in diesem Buch streng beizubehalten, da das Buch ein hohes Maß an Praxisbezug verfolgt. Während diese Differenzierung für eine philosophische Betrachtung förderlich sein kann, hat sie bisher jedoch keinen Eingang in unsere Alltagssprache gefunden. Insofern bitten wir die Leserinnen und Leser um Verständnis, wenn wir in der Regel die ersten beiden Begriffe synonym verwenden und auf die Sinnoffenheit nochmal in Kap. 11 explizit eingehen werden.

Auf Basis der genannten Axiome postuliert Frankl ein dreidimensionales Menschenbild, das sich durch eine Einheit und Ganzheit des Menschen aus den Seinsdimensionen Körper (Soma), Psyche (Seele) und Geist (Nous) auszeichnet. Während der Mensch aus Sicht der Logotherapie hierbei sowohl den Körper als auch die Psyche mit Tieren teilt, stellt die geistige Dimension jene Dimension dar, die nur dem Menschen eigen ist. Hier werden auch unser Gewissen, unsere Werte und die Fähigkeit, in die Vergangenheit und in die Zukunft zu schauen, verortet. In diesem Sinne ist die geistige Dimension „human", da rein menschlich, während Körper und Psyche nicht nur dem Menschen zugeordnet werden können, sondern auch vielen Tieren, sodass Frankl diese entsprechend als „subhuman" bezeichnet; eine Bezeichnung, die lediglich eine beschreibende Abgrenzung und keine Bewertung darstellen soll. So führte Frankl aus (1986, S. 34 f.):

> „Kein Tier schert sich um den Sinn des Lebens, und kein Tier kann lachen. Damit ist nicht gesagt, daß der Mensch nur Mensch und nicht auch Tier ist. Die Dimension des Menschen ist ja gegenüber der Dimension des Tieres die höhere, und das heißt, daß sie die niedrigere Dimension einschließt. Die Feststellung spezifisch humaner Phänomene im Menschen und die gleichzeitige Anerkennung subhumaner Phänomene an ihm widersprechen einander also gar nicht, denn zwischen dem Humanen und dem Subhumanen besteht ja kein Ausschließlichkeits-, sondern – wenn ich so sagen darf – ein Einschließlichkeitsverhältnis."

Die Logotherapie betont die existenzielle Perspektive, dass der Mensch geistige Person *ist,* die einen Körper und eine Psyche *hat* (zur Dimensionalontologie vgl. etwa Frankls Zehn Thesen über die Person (Frankl 2015, S. 330–340; Lukas 1986, S. 26–33); zu einer ausführlicheren Darlegung des Menschenbildes vgl.

etwa Ahrendt et al. 2023, Abschn. 2.3). Um das „Menschenhafte am Menschen"
zu verdeutlichen, verwendet Frankl die Metapher des Flugzeugs (vgl. Frankl
2015, S. 17 f.): Auch ein Flugzeug ist in der Lage, wie ein Auto auf dem
Boden umherzufahren. Doch das spezifisch „Flugzeughafte" wird erst durch das
Abheben in den dreidimensionalen Raum zum Ausdruck.

▶   Der Mensch ist im Kern ein geistiges Wesen, und diese noetische
    Dimension ist für sich genommen nicht an die Bedingungen von
    Raum und Zeit gebunden. Da es jedoch eine Einheit und Ganz-
    heit mit dem Körper und der Psyche bildet, die nur in Raum und
    Zeit existieren, bindet sich quasi auch der Mensch an diese Bedin-
    gungen. Eine solche Einheit und Ganzheit hat einen großen Vorteil:
    Der Mensch als geistige Person kann in Raum und Zeit wirken, und
    zwar durch seinen Körper und seine Psyche. Beide bilden aus Sicht
    der Logotherapie die Instrumente für die geistige Person. Und damit
    diese Instrumente auch wirklich gut funktionieren, müssen sie gehegt
    und gepflegt werden.

3.2.2 Zwei wichtige Folgerungen aus dem Menschenbild

Obgleich der Mensch also eine Einheit und Ganzheit aus den drei Dimensionen
darstellt und grundsätzlich keine Dimension ohne die anderen gedacht werden
kann, kommt der geistigen Dimension in der Logotherapie eine besondere Bedeutung zu, kennzeichnet sie doch den Menschen erst als einen Menschen. Der
Mensch ist sozusagen zugleich Mensch und Tier, human und animalisch, an
Raum und Zeit gebunden und eben auch wieder nicht. Aus dieser Einheit und
Ganzheit heraus ist somit dann doch die geistige Dimension „irgendwie anders"
als Körper und Psyche.
    Diese Andersartigkeit, diese Unterscheidung von „human" und „animalisch"
führt zu zwei Folgerungen, die für das Prinzip „pro Mensch" von Bedeutung
sind: a) Intaktheit vs. Krankheit und
    b) Noodynamik vs. Homöostaseprinzip.

3.2.2.1 Intaktheit der geistigen Dimension vs. Krankheit der
psycho-physischen Dimensionen
Wir Menschen unterliegen Alterungsprozessen, werden krank und sterben irgend-
wann. Dieses allgemeine Wissen um Krankheit und Gesundheit sowie um

Jungsein und Altern muss im Rahmen des Frankl'schen Menschenbildes genauer betrachtet und den Dimensionen zugeordnet werden. Körper und Psyche sind über biochemische Vorgänge eng miteinander verbunden. Wenn jemand zum Beispiel Angst hat, dann fangen die Hände an zu schwitzen. Und ein Stechen in der Brust kann zu großer Angst führen. Körper und Psyche schreiten somit parallel einher, sodass Frankl sie auch zum „Psychophysikum" zusammenfasst. Dieses Psychophysikum unterliegt den Gegebenheiten der Welt und damit den Gesetzmäßigkeiten von Raum und Zeit, sodass der Mensch in Bezug auf sein Psychophysikum an diese Phänomene gebunden, also festgelegt ist (Frankl sprach in diesem Zusammenhang auch von der „Faktizität" des Menschen; Frankl 1999, S. 17).

Im Gegensatz dazu unterliegt die geistige Dimension diesen beiden Phänomenen nicht. Während die Bedingungen von Raum und Zeit dazu führen, dass Körper und Psyche erkranken können und altern, trifft dies auf die geistige Person nicht zu. Gegensätze wie Gesundheit und Krankheit, jung und alt, passen somit nicht, um die geistige Person adäquat zu charakterisieren. Diese ist eben jenseits von Alterung und Krankheit. Hier merken wir die Grenzen unserer Sprache, die genau dort endet, wo ein Phänomen zu erläutern ist, welches nicht an Raum und Zeit gebunden ist. Insofern wird die geistige Person hilfsweise als „transmorbid" (Frankl 1986, S. 231) oder „intakt" (Frankl 1986, S. 231; Lukas 2014, S. 35) umschrieben. Die geistige Person, die der Mensch *ist*, ist also unabhängig von Raum und Zeit, sodass Frankl auch vom „fakultativem Sein" des Menschen spricht (Frankl 1987, S. 61) und der Faktizität gegenüberstellt. Hierbei betont Frankl, dass erst die geistige Dimension den Menschen zum Menschen macht, wenn er feststellt (Frankl 1999, S. 18): „Erst die geistige Person stiftet die Einheit und Ganzheit des Wesens Mensch. Sie stiftet diese Ganzheit als eine leiblich-seelisch-geistige. Wobei wir nicht genug betonen können, daß erst diese dreifaltige Ganzheit den ganzen Menschen ausmacht."

Wenngleich es uns schwerfallen mag, sich den Menschen als geistige Person vorzustellen, so hilft unter Umständen die Metapher von Lukas (2014, S. 217 f.):

> „Der Tanz ist, was sich zwischen den Tänzern abspielt, und das Geistige ist, was sich zwischen Mensch und Welt abspielt. Die Tänzer können krank werden, nicht aber der Tanz. Der Tanz kann lediglich misslingen. Er kann misslingen wegen der Krankheit einiger Tänzer oder trotz gesunder Tänzer, wenn ihre Bewegungen in die falsche Richtung laufen. Ähnlich ist es beim menschlichen Geist. Er kann nicht krank werden, aber in seiner „Beweglichkeit" durch organische Krankheit eingeschränkt und behindert sein. Er kann aber auch trotz organischer Gesundheit irren und fehlen, und trotz organischer Krankheit Hervorragendes zustande bringen. Materie, und in einem mit ihr der menschliche Organismus, hat mit Gesundheit und Krankheit,

Geburt und Tod zu tun; Geist hingegen hat mit richtig und falsch, Sinn und Widersinn zu tun."

Hiernach ist die geistige Dimension wie der Tanz: reine Dynamis im Sein, immer in Bewegung und doch ohne Substanz, real und vorhanden und doch weder greif- noch messbar. Und so, wie der Tanz als Potenz in der Welt vorhanden ist, ist die geistige Dimension immer auch als Potenz im Menschen vorhanden.

3.2.2.2 Noodynamik vs. Homöstaseprinzip

Aus der (Un)Abhängigkeit von den Gesetzmäßigkeiten von Raum und Zeit leitet sich noch eine andere wichtige Folgerung ab, nämlich die Zuordnung der Bedürf- nisse. Auf der körperlichen und psychischen Dimension entstehen Bedürfnisse, die nach einem Ausgleich drängen, sodass das so genannte Homöostaseprin- zip Anwendung findet. Dies bedeutet, dass naturgemäß (und oft unbewusst) nach einem Ausgleich gesucht wird, um Spannungen oder Ungleichgewichte zu reduzieren.

Dem gegenüber gilt für die geistige Dimension das Prinzip der Noodynamik, die dadurch entsteht, dass im jeweiligen konkreten Augenblick der Mensch auf- grund seines Willens zum Sinn etwas erkennt, das verbesserungswürdig ist (zur Unterscheidung zwischen den beiden Prinzipien vgl. etwa Ahrendt et al. 2023, S. 72 ff.; Ahrendt und Nikolaus 2020, S. 219 f.). In diesem Sinne besteht in einem konkreten Augenblick ein Spannungsfeld zwischen der Ist-Situation und der sinnvollen Soll-Situation, zwischen Seiendem und Gesolltem (vgl. Frankl 2015, S. 108). Dieses von Augenblick zu Augenblick bestehende Spannungsfeld führt zu einer Spannung, die für Menschen – sofern er sich für die sinnvolle Möglichkeit entscheidet – stets gesund und förderlich ist.

▶ Basierend auf dem Frankl'schen Menschenbild bedeutet „Führung ist immer pro Mensch", dass jeder Mensch geistige Person *ist* (= der Mensch ist human), die Körper und Psyche *hat* (= der Mensch ist tiergleich bzw. animalisch). Während sein Körper und seine Psyche den Bedingungen von Raum und Zeit unterworfen sind und daher krank werden können, altern und sterben, ist die geistige Dimension des Menschen stets intakt. Um jedoch in dieser Welt mitgestalten zu können, ist die geistige Dimension darauf angewiesen, dass ihre „Instrumente" – Körper und Psyche – möglichst gesund sind. Je gesünder, desto besser kann es dann auch dem Menschen gelingen, in einer gesunden Spannung – der Noodynamik – durch die Welt zu gehen und beizutragen, sie zu verbessern.

3.2.3 Förderliche Haltung auf individueller Ebene: Überlegungen zum Leistungsbegriff

Die beiden Folgerungen aufgreifend wird deutlich, dass die von einem Menschen erbrachte Leistung in erster Linie auf seiner Entscheidung als geistige Person geschieht. Leistung in diesem Sinn ist somit eine individuelle Leistung. Wenn im Organisationskontext von „Leistung" die Rede ist, muss also genau unterschieden werden, inwiefern die individuelle Leistung gemeint ist oder aber Arbeitsergebnisse, Sollwerte, Anstrengung oder Einsatz.

Leistung, die von Menschen erbracht wird, ist anders zu sehen als eine Maschinenleistung. Wirkliche Leistung ist das, was vom Menschen geschaffen werden kann – und zwar im Rahmen seiner Kompetenzen, seiner Freiräume und seiner Arbeits- und Rahmenbedingungen, in die er eingebunden ist. Leistung ist immer abhängig vom Grad der Motivation, und diese ist immer eine Eigenmotivation. Von anderen bzw. von außen können Möglichkeiten zur Leistung bereitgestellt werden, aber der Vollzug im Arbeitsprozess bleibt immer dem je individuellen Menschen überlassen:

> „Über sich selbst und das Gewohnte und Übliche hinaus zu wachsen, spielerisch erproben, wann und wie man so an die Grenze seiner Möglichkeiten gelangt freiwillig Anstrengungen um seiner selbst willen übernehmen – das ist Leistung. Die Erprobung des Möglichen vor dem Hintergrund des Wirklichen, nennt es Frankl. Das ist konkrete Sinn-Suche in der Arbeit, kurz Leistung." (Böckmann 1990, S. 35)

Sinn-Suche, besser gesagt Sinn-Findung, in der Arbeit kann aber auch noch andere Gründe haben. Wenn zum Beispiel das gute Verständnis und eine freundschaftliche Beziehung in einer Gruppe für deren Mitglieder ein hoher Wert ist, der hier verwirklicht werden kann, so sind in diesem Moment nicht die Arbeitsinhalte entscheidend, sondern die sozialen Rahmenbedingungen. Sie können dann das entscheidende Kriterium sein, Sinn in der Arbeit(ssituation) zu finden. Um mit Böckmann (1990, S. 35) zu sprechen: „Sinn erfordert nicht immer Leistung, wohl aber setzt Leistung immer Sinn voraus."

Daraus folgt, dass Führungspersonen, die Leistung jeder Art fordern, Sinn-Möglichkeiten bieten müssen! Und dies ist der Kernpunkt, wenn wir davon sprechen: „Führung ist immer pro Mensch".

Was bedeuten die Ausführungen zum Frankl'schen Menschenbildes für das Verständnis von „Leistung" nun konkret? Ausdruck des menschlichen Seins, der geistigen Person, ist ihre Freiheit sich für Themen einzusetzen – so auch im Arbeitskontext. Damit geht es aber neben einer Betrachtung der in einem bestimmten Augenblick vorhandenen Kompetenzen um die Art und Weise, wie sich der Mensch bereit ist einzubringen (zum Kompetenzbegriff vgl. insbesondere Abschn. 8.2, aber auch Abschn. 5.2.3; für eine ausführlichere Betrachtung vgl. Ahrendt et al. 2023, Abschn. 3.2). Damit geht es immer auch um die Willensfreiheit eines Menschen und um seine freiwillige Entscheidung, sich für jemanden und/oder etwas einzusetzen, also seine Leistungsbereitschaft.

In diesem Sinn ist Leistung etwas individuelles, basiert auf einer Entscheidung des Individuums und wird nur innerhalb jener gegebenen Bedingungen erbracht, die er akzeptiert und innerhalb derer er eigenverantwortlich denken und handeln kann (hierzu auch Hinterhuber und Krauthammer 2015, S. 14). Damit jedoch gibt es auch nur einen „Gegner", mit dem sich der Mensch in einen Wettbewerb begibt: sich selbst. Es kommt also vor allem auf die Haltung des Menschen denn auf die äußeren Rahmenbedingungen an, da Leistung Ausdruck der individuellen Sinnorientierung ist und individuell und freiwillig erfolgt. Denn nur das Individuum weiß, was in der Situation von ihm wirklich abverlangt wurde (Böckmann 1989, S. 115). Entsprechend erkennt Böckmann in der Leistungserbringung auch einen Spiegel der eigenen Entwicklung, nämlich „seiner Fähigkeit, sich Anstrengungen aufzuerlegen, über sich hinauszuwachsen und durchzuhalten, Niederlagen zu überwinden und seine Anlagen zu nutzen – gegebenenfalls auch selbstlos zu sein und sich für andere einzusetzen" (Böckmann 1987, S. 51 f.). Insofern kann die individuelle Leistung wie folgt beschrieben werden (vgl. Ahrendt et al. 2023, S. 198):

• Leistung basiert auf der Entscheidung eines Menschen und aktiviert die je aktuellen Kompetenzen;
• Leistung ist sinnorientiert, wenn (akzeptierte) Werte verwirklicht werden;
• Leistung ist freiwillige Anstrengung und führt zum Aufbau einer produktiven Spannung, sodass der Mensch auch über seine bisherigen Grenzen hinauswachsen kann;
• Leistung führt zu einem Streben nach selbstgesteckten Zielen;
• Leistung fordert, ohne zu über- oder unterfordern;
• Leistung spiegelt die eigene Entwicklung wider;
• Leistung bedeutet Wettbewerb mit sich selbst;
• Leistung erzeugt Freude und Stolz.

▶   Leistung im beschriebenen Sinne ist die Umsetzung selbstgesteckter Ziele auf Basis von Werten. Damit ist sie von einem (von außen) geforderten Output oder den Soll-Werten abzugrenzen, die

unter Umständen sinnwidrig gesetzt sind und dadurch über- oder
unterfordern können (vgl. Böckmann 1989, S. 115).

3.2.4 Hinderliche Haltung auf individueller Ebene: Defizitäres Verhalten der Organisationsmitglieder

Tagtäglich wird von Krisen gesprochen und wir sind mit Konflikten konfrontiert.
Leben wir in einer Krisen-Welt oder in einer Welt, in der in vielen Lebensbereichen „der Mensch abhandengekommen ist"? Oder ist sogar noch etwas
Grundlegenderes, ein fester Grund, auf dem wir stehen können, verloren gegan-
gen? Werte- und Sinn-Krise wollen wir das bezeichnen, was das Leben respektive
das Zusammenleben so problemgeladen macht. Hier sind wir dann sofort bei der
Frage nach dem Menschenbild, das uns Orientierung gibt.

   Entsprechend lohnt sich ein Blick auf die vielseitige „Erschöpfung" in unserer
Gesellschaft, oft eine Folge von Überlastung oder auch von eigenverursachter
Überforderung, die wir vor allem seit der Pandemie beobachten können. So stellt
Salcher fest (2024):

> „Den Mythen zur großen Erschöpfung stehen diese Wahrheiten gegenüber: Nicht die
> ständigen Krisen der äußeren Welt erschöpfen uns, sondern die Folgen von falschen
> Entscheidungen und Selbsttäuschungen. Erschöpfung kommt nicht von Anstrengung,
> sondern Fremdbestimmung und Sinnverlust sind die tieferen Ursachen. Nicht erst
> unsere rasende Zeit erschöpft uns, sondern den Typus des erschöpften und von Ängs-
> ten geplagten Menschen gibt es schon viel länger. Erschöpfung ist die Folge von
> Entscheidungen, die wir treffen. Wir entscheiden selbst, ob wir erschöpft sind oder
> nicht."

Insofern sollen hier in Bezug auf Organisationen Gefahrenfelder und Konflikt-
bereiche aufgezeigt werden, weil sie zu Krisen in der Organisation führen.
Diese Defizite haben viele Facetten und können teils auch gleichzeitig auf-
treten. Wenngleich auch Führungspersonen Mitglieder einer Organisation sind,
so lohnt sich eine Unterscheidung von grundsätzlichen Defiziten, Defiziten im
Führungsverhalten und Defiziten von Organisationmitgliedern allgemein.

3.2.4.1 Grundsätzliche Defizite: Krisenträchtige personale Haltungen

Krisenträchtige personale Haltungen einzelner Menschen können ein fruchtbarer Nährboden für individuelle Neurosen sein. Dabei handelt es sich um Verhaltensweisen, die in ihrer Ausprägung problematisch sind und zu psychischen Erkrankungen führen können, aber nicht zwangsläufig müssen. Diesen Verhaltensweisen fehlt ein rechtes Maß, sodass sie etwas übertreiben und auf diese Weise das Gute ins Gegenteil verkehren. Auf diese Weise entsteht eine Haltung, die nicht nur krisenfördernd, sondern auch lebensfeindlich sein kann. Solche Haltungen umfassen ein übermäßiges Vermeidenwollen von etwas, das übermäßige Ankämpfen gegen etwas, das übermäßige Erzwingenwollen von etwas sowie ein übermäßiges Reflektieren über sich selbst (vgl. hierzu ausführlich Lukas 1989, S. 117–128):

- **Übermäßiges Vermeidenwollen von etwas:** Diese Haltung einer übermäßigen Passivität zeigt sich durch ständiges Ausweichen und das Vermeiden von Herausforderungen. Menschen, die „ich kann nicht" sagen, drücken oft unbewusst aus, dass sie „nicht wollen", und berauben sich selbst der Möglichkeit, ihre Freiräume zu nutzen. Dies kann zu erlernter Hilflosigkeit führen, die sich besonders in Wohlstandsgesellschaften zeigt, wo das Ausweichen leichter ist als in existenziellen Notlagen. Eine solche Haltung fördert nicht nur Angst und Bequemlichkeit, sondern behindert auch die persönliche Entwicklung und die Überwindung von Krisen.
- **Übermäßige Ankämpfen gegen etwas:** Der Kampf gegen etwas – sei es in anderen Menschen oder in sich selbst – zeigt sich in einer übermäßigen Unzufriedenheit und Unversöhntheit. Menschen, die ständig ankämpfen, können Schwierigkeiten haben, zu vergeben oder loszulassen. Frankl warnt vor dem Teufelskreis, der durch das Ankämpfen entsteht: Je mehr Druck ausgeübt wird, desto stärker ist der Gegendruck, was wiederum zu Enttäuschung, Hass und tiefer werdenden Wunden führt. Verzeihen, so schwierig es auch sein mag, kann ein Schlüssel sein, diesen Teufelskreis zu durchbrechen. Es erfordert nicht nur kognitive Einsicht, sondern auch die innere Bereitschaft zu einem intentionalen Akt. Wer verzeiht, beschenkt letztlich sich selbst, indem er den inneren Hader loslässt und die emotionale Last von den eigenen Schultern nimmt.
- **Übermäßige Erzwingenwollen von etwas:** Dieses übertriebene Erzwingenwollen zeigt sich in einer ständigen Unzufriedenheit mit den Gegebenheiten des Lebens und in der Unfähigkeit, Verzicht zu üben. Ein extremes Beispiel ist der Kampf um Liebe, die jedoch nur als Geschenk und nicht durch Zwang

gewonnen werden kann. Statt sich auf das zu konzentrieren, was fehlt, sollte der Fokus darauf liegen, die Chancen und Möglichkeiten, die das Leben bietet, zu gestalten. Diese Haltung fordert eine Abkehr von Gier hin zu einer Akzeptanz der Unvollkommenheit des Lebens.

• **Übermäßiges Reflektieren über sich selbst:** Eine Haltung der übermäßigen Selbstreflexion führt zu einem krankmachenden Kreisen um das eigene Ego. Permanente Selbstbeobachtung und Selbstbespiegelung machen unsicher und können eine gesunde Offenheit zur Mitwelt verhindern. Frankl betont, dass Menschen dann gesund sind, wenn sie über sich selbst hinausgehen und ihren Blick auf die Welt richten. Eine übertriebene Selbstreflexion kann jedoch zu einem Teufelskreis führen, in dem das eigene Leid durch die ständige Fokussierung darauf verstärkt wird. Der Weg aus diesem Kreisen liegt in der Selbsttranszendenz: Wer den Blick vom eigenen Ego abwendet und sich auf die Mitwelt konzentriert, kann nicht nur sein Selbstwertgefühl stärken, sondern auch echte Lebensfreude finden (zur Selbsttranszendenz vgl. Abschn. 6.2.4.2).

Insgesamt zeigen diese Haltungen, wie entscheidend das Finden des „rechten Maßes" ist. Eine ausgewogene Mitte bewahrt den guten Kern jeder Haltung und wirkt präventiv gegen Krisen, während Übertreibungen oft in destruktiven Mustern enden.

3.2.4.2 Defizite im Führungsverhalten

• **Negativismus,** Pessimismus und Schwarzmalerei der Zukunft treten auf, wenn keine Energie für Engagement vorhanden ist; es fehlt die Motivation, um sich „für etwas oder jemanden" zu engagieren.
• **Angst** vor dem, was in der Zukunft kommen wird: Wir können ja die Zukunft nicht hellseherisch voraussehen, wohl aber heute Entscheidungen treffen, die künftig etwa Besseres, zumindest etwas Anderes ermöglichen und darauf hinarbeiten.
• **Verzerrungen von Realität** und Umfeldveränderungen, teils weil man sie nicht akzeptieren will.
• **Plan- und Ziellosigkeit** und strukturelle Mängel: Fehlt das Gerüst und so die Grundlage für Entscheidungen und Handlungen, so wird alles „nur" zu einer tagesaktuellen Handlung, nicht ausgerichtet auf ein Gesamtbild in der Zukunft.
• **Mangel an Informationen:** Liegen nur lückenhafte Informationen vor oder fehlen sie sogar ganz für Personen, die an der Entwicklung einer Gesamtleistung bzw. eines Projektes beteiligt sein sollen, so können auch keine „vollwertigen" Entscheidungen getroffen werden.

- **Fragmentierte Arbeit**: Wenn die Sinn-Zusammenhänge fehlen, wenn also das „Warum?" und „Wozu?" einer Aufgabe nicht klar sind, fehlt dem Mitarbeitenden ein Verstehen seiner Bedeutung für den gesamten Leistungsprozess einer Organisation.
- **Druck, Zwang**, Anweisungen, Vorschriften, Vorgaben „von oben", destruktive Kritik führt meistens zu Motivationsverlust oder dämpft die Kreativität, die in agilen Märkten wichtig ist.
- **Kontrollzwang**: Sind die Kontrollen zu eng, fehlen die kreativen Freiräume, damit Menschen ihre Fähigkeiten voll einbringen können.
- **Fehlende Wertschätzung** und Dank für Leistung und gemeinschaftsförderliches Verhalten, welche oftmals von geringer Akzeptanz der Bedeutung jedes einzelnen Menschen in der Gesamtorganisation zeugt.
- **Ego-Kultur:** Patriarchalischer oder autoritärer Führungsstil, sowie Ich-Bezogenheit von Führungsverantwortlichen, sind Relikte der Vergangenheit und widersprechen den heute notwendigen kooperativen und menschenförderlichen Aufgaben.
- **Kommunikationsdefizite** liegen vor, wenn eine offene Kommunikation gestört ist, sodass mangelnde persönliche Kontakte an der Tagesordnung sind und digitale Medien überzogen genutzt werden. Dies ist belastend und mindert Leistungsbereitschaft und Engagement, kann zudem auch zur Überlastung führen.
- **Spielregeln** für ein Zusammenwirken fehlen: Jede Sportart braucht Spielregeln, damit Chaos vermieden wird. Jede Organisation braucht diese auch, damit reibungsarmes Zusammenspiel eine Orientierung und gemeinsame Wertebasis hat.

3.2.4.3 Defizite aller Organisationsmitglieder
Es sind aber nicht nur Führungsverantwortliche gefordert, sondern alle Mitglieder einer Organisation:

- **Erwartungs- und Anspruchshaltung:** Werden Erwartungen an andere gestellt, so hat das eben mit „warten" zu tun. Es wird darauf gewartet, dass andere die Probleme lösen, die Verantwortung wird auf andere abgeschoben, nach dem Motto: Ich bin „armes" Opfer der Situation und kann selbst nichts ändern. Ähnlich ist es mit Ansprüchen, die an andere gestellt werden, ohne selbst ein Angebot zum Leistungsbeitrag zu bringen.
- **Sicherheitsdenken:** Ist dieses zu stark ausgeprägt, so kann es bis zu einer Lähmung der Organisation führen, zu fehlender Bereitschaft aus alten „Gleisen" auszubrechen und mit Flexibilität auf Anforderungen und Aufgaben zu

reagieren. Sicherheitsdenken ist auch ein Verhalten, bei dem die eigene Meinung nicht mehr geäußert wird, weil Bedenken bestehen, dass diese nicht zählt
oder sofort abschätzig beantwortet wird.

- **Geld als Selbstzweck:** Wenn nur der Gelderwerb und die Höhe der Einkünfte
  und nicht mehr die Bedeutung, der Wert und Sinn einer Aufgabe im Zentrum des Engagements stehen, wird die permanente Unzufriedenheit um sich
  greifen.
- **Arbeitssucht:** Die Bereitschaft zur Immer-Erreichbarkeit, die überzogene
  Bereitschaft für Mehrarbeit. Die Ausrede „Systemzwang" kann als Droge
  wirken, mit der großen Gefahr ins Burn-out zu kommen.
- **Wertschätzung:** Ein großer Defizit-Bereich in der Arbeitswelt, denn es wird
  vergessen, dass Kollegen im Leistungsbereich (früher Abteilung genannt), als
  auch in anderen Bereichen der Organisation wichtig und wertvoll sind. Wer
  gibt schon Führungsverantwortlichen wertschätzendes, begründetes Feedback?
- **Andersartigkeit:** Fehlt die Akzeptanz der Andersartigkeit, so fühlt sich ein
  anderer sehr schnell abgewertet, diskriminiert. Ein immer wichtigeres Thema
  in einer Zeit, in der Menschen aus verschiedensten Kulturkreisen in unserem Leben mitwirken. Allerdings dürfen Impulse aus anderen Kulturen (auch
  Religionen) nicht gegen andere Menschen oder Organisationen eingesetzt werden. Andersartigkeit ja, akzeptieren oder tolerieren, aber nicht dann, wenn
  sie schädlich für ein sinnorientiertes Zusammenwirken von Mitwirkenden und
  Teams wirkt.
- **Ziellosigkeit:** So, wie das für das Führungsverhalten ein großer Defizitbereich
  sein kann, so auch für den einzelnen Menschen in einer Organisation. Ziellosigkeit betrifft hier nicht nur die Aufgabe in der Organisation, sondern auch
  in der eigenen Lebensgestaltung.

3.2.5 Hinderliche Haltung des Menschen auf kollektiver Ebene: Zur Pathologie des Zeitgeistes

Aber selbst, wenn wir Fremdbestimmung und Sinnverlust als Phänomene auf
individueller Ebene anerkennen, dürfen wir den größeren Kontext nicht außer
Acht lassen. Wir leben in einem gesellschaftlichen Gesamtsystem, welches uns
durch aktuelle Entwicklungen beeinflusst – ob wir wollen, oder nicht (zur Unterscheidung von schicksalhaftem Bereich vs. Freiraum vgl. Abschn. 4.2.1). Die
überwiegenden Strömungen und Phänomene in einer Gesellschaft nennt Frankl
„Zeitgeist" (Frankl 1992a, S. 51). Hier wird von der „Pathologie des Zeitgeistes" geschrieben, wenn schwächende oder sinnwidrige Haltungen die jeweiligen

Zeiten prägen (zu einer überblicksartigen Beschreibung sowie einem psychotherapeutischen Umgang vgl. auch Kalender und Pfeifer 2024).

▶   Zeitgeist kann als eine (geistige) Grundhaltung vieler Menschen in einer Gesellschaft charakterisiert werden, sodass wir ihn auch als ein „Grundbewusstsein einer Gesellschaft" bezeichnen können. Handeln Menschen dem Zeitgeist – oder einzelnen Phänomenen – entsprechend, so handeln sie angepasst, verhalten sich „im Mainstream" und tun das, was „man" eben macht.

Mit dem Begriff „Pathologie des Zeitgeistes" (etwa Frankl 1998, S. 27; Frankl 2007, S. 158 f.) wollte Frankl ausdrücken, dass in einer Gesellschaft eine ungesunde Grundhaltung verbreitet sein kann (*pathologisch* bedeutet krank sein und unterscheidet sich von *pathogen*, das krank machend bedeutet). Und diese Haltung und daraus folgende Handlungen können eine große Bedeutung für Organisationen jeder Art haben, da gesellschaftliche Fragen auch vor keiner „Unternehmenstür" halt machen. Führungsverantwortliche sollten diese Aspekte kennen und in ihrer bewussten Arbeit berücksichtigen. Insofern stellen wir im Folgenden wichtige hinderliche Haltungen auf gesellschaftlicher Ebene dar.

3.2.5.1 Provisorische Daseinshaltung

Das Phänomen der Provisorischen Daseinshaltung entsteht besonders in Zeiten, in denen Menschen Sicherheit in ihrem Leben vermissen und sich gezwungen sehen, von einem Tag auf den anderen zu leben. So bringen etwa die latente Angst um die Zukunft, den Arbeitsplatz, die gesellschaftliche Entwicklung, oder auch die Klimafrage Menschen dazu, das eigene Leben auf kürzere Zeitabschnitte auszurichten. Auf diesem Wege kommen viele, gerade junge Menschen, zu einem Lebensgefühl des Aktuellen, des Vorläufigen, des Auskostens des Augenblicks. Sie befriedigen elementare Bedürfnisse und merken nicht mehr, welche lebensförderlichen Sinnmöglichkeiten sie liegen lassen.

▶   Eine Provisorische Daseinshaltung macht auf Dauer kleinmütig. Wenn eine große Zahl von Menschen in einer Gesellschaft dieses Empfinden verinnerlicht hat, gefährdet dies notwendige Reformen und die Verwirklichung von werte-gerichteten Zukunftsbildern.

Für Organisationen ist wichtig, solche Zusammenhänge auch in ihrem eigenen Umfeld zu erkennen, denn ein Zielbewusstsein wird stark abgeschwächt und

Energien können nicht wirkungsgerichtet eingesetzt werden, wenn diese Pathologie des Zeitgeistes vorherrscht. Ausgehend vom Menschenbild Frankls ist eine Provisorische Daseinshaltung an sich niemals gerechtfertigt, denn das Leben stellt den Menschen immer wieder vor Aufgaben, die explizit ihn betreffen und die er zu bearbeiten, zu erfüllen hat. Dies gilt im Kleinen wie im Großen.

▸ **Im Fokus der Organisationen:** Werte klären und nachvollziehbar mit allen Mitwirkenden besprechen und als Handlungsorientierung betrachten. Perspektiven für sinnvolle Möglichkeiten finden und als Führungsperson den Mitarbeitenden aufzeigen.

3.2.5.2 Fatalistische Lebenseinstellung

Die Schicksalsergebenheit, also der Glaube an die absolute Macht des Schicksals, ist eine weitere Pathologie des Zeitgeistes und, daraus folgend, eine neurotische Verhaltensweise. Der Fatalist tendiert dazu, eine Situation als für ihn nicht gestaltbar zu betrachten, er definiert sich als ohnmächtig. So gibt er es auf, selbst aktiv zu werden und sich mit seinem Schicksal, mit einer scheinbar unvermeidlichen Situation auseinanderzusetzen. Er tendiert dazu, „die Hände in den Schoß zu legen" und zu warten, bis eine „höhere Macht" für ihn die Situation verbessert. Die Einstellung, „Da kann ich sowieso nichts machen!", ist üblicher Ausdruck dieser Daseinshaltung. Der Fatalist hat auch eine schöne Ausrede, um etwas oder sich selbst zu verändern: „Ich bin halt so, das ist halt meine Erziehung". Frankl hat es so beschrieben (Frankl 2015, S. 136): „Denn wer sein Schicksal für besiegelt hält, ist außerstande, es zu besiegen".

▸ **Im Fokus der Organisationen:** Es ist nötig, an die Freiheit, den Freiraum der Selbstgestaltung und der Selbstgestaltungskräfte zu appellieren, damit die Möglichkeiten und die Verantwortung für das eigene Leben und die Mitverantwortung für anderes Leben erkannt werden.

3.2.5.3 Kollektivistisches Denken

Frankl war schon vor 70 Jahren der Ansicht, dass sich das Kollektivistische Denken zusehends ausbreitet. Heute kann dies mit aller Deutlichkeit festgestellt werden. „Man" verhält sich so oder „man" weiß doch, dass …

Bei dem Kollektivistischen Denken handelt es sich um Pauschalierungen, die bei der Orientierung helfen. Allerdings sind solche Verallgemeinerungen niemals absolut zu sehen, sondern müssen immer wieder genau angeschaut und auf individueller Ebene hinterfragt werden. So gesehen, ist das Kollektivistische Denken eine Form von „Denkfaulheit", weil es den Betroffenen nicht mehr nötig erscheint, sich zu bemühen oder selbst ein Urteil zu bilden. Es bedeutet eine Flucht vor der eigenen Verantwortung. Diese Lebenshaltung kommt Menschen sehr entgegen, die kein eigenes Verantwortungsbewusstsein entwickelt haben. Menschen mit dieser Denkausrichtung unterwerfen sich einer „kollektiven Meinung". Sie geben einen (Groß)Teil ihrer Freiheit und ihre Möglichkeiten auf, an der eigenen Lebensgestaltung und der Gestaltung und Entwicklung der Mitwelt beteiligt zu sein. Ein Mensch mit kollektivistischer Haltung tritt auf diese Weise seine Freiheit an „die Anderen" ab. Es ist bequem, sich so zu verhalten.

Wie ist Kollektivismus zu erkennen? Es sind Schlagworte und vorherrschende Buzzwords, die verwendet werden, statt begründeter, faktischer und werteorientierter Argumente pro oder contra einem Ereignis oder einer Situation. Fehlt die Freude an der Verantwortung (vgl. auch Abschn. 4.2.4) und sind Menschen verantwortungsscheu, so bekommt der Kollektivismus Oberhand. Dann geht jemand in der Masse nicht auf, sondern er geht unter. Wer pauschal urteilt (in Organisationen sieht das dann so aus: „Die von der Abteilung ..." oder „Die vom Tochterunternehmen...") oder eine andere Gruppe verurteilt, macht es sich leicht. Er versucht, die eigene Verantwortung zu negieren, die mit jeder Beurteilung anderer verbunden ist.

▶   **Im Fokus der Organisationen:** Verallgemeinerungen sind kritisch zu betrachten (zum Beispiel „die Konkurrenz", „der Markt", „der Staat"). Es kann und muss nachgefragt werden, wie diese Meinung entstanden ist und was sie begründet. Gemäß der Logotherapie sind Menschen entscheidende und somit auch verantwortliche Wesen. Eine „Opferhaltung" und Aufgabe der eigenen Freiheit sind immer kontraproduktiv und kurzfristig und/oder auf längere Sicht schädlich.

3.2.5.4 Fanatismus

Beim Fanatismus wird vor allem ein (Un)Wert in den Mittelpunkt gestellt, dem alles andere untergeordnet wird. Entsprechend heiligt die Erreichung dieses (Un)Wertes auch die eingesetzten Mittel. Daher sind Fanatiker auch bereit, für diese Erreichung Leid in Kauf zu nehmen. Ein Fanatiker lässt Andersdenken nicht gelten, nur die eigene Ansicht ist richtig. Er „pflegt" einen Absolutismus der durch den „Jubel der öffentlichen Meinung" verstärkt wird. Fanatiker ignorieren die Eigenarten, die Andersartigkeit anderer Persönlichkeiten. Für den Fanatiker sind andere und anderes nur ein Mittel zum Zweck, die ihm und seinen Absichten dienen sollen. Gefährlich ist es, wenn Menschen leicht einem Fanatiker folgen und dieser sich so der öffentlichen Meinung bemächtigen kann (vgl. Biller und Lourdes Stiegeler 2008, S. 301). Biller und Lourdes Stiegeler bezeichnen Fanatismus sogar als eine „psychische Epidemie" (Biller und Lourdes Stiegeler 2008, S. 302), die eine besondere Bedrohung darstellt. Krisen, ausufernde Konflikte bis hin zu zerstörerischen Aggressionen können die Folge sein. So stellt Frankl denn auch fest (1990, S. 309): „Der fanatische Mensch ignoriert nicht die eigene Persönlichkeit, sondern die Persönlichkeit des Andern, des Anders-denkenden."

Fanatismus ist nach Meinung von Frankl der Gegenpol zum Kollektivismus (vgl. Biller und Lourdes Stiegeler 2008, S. 302). Die (große) Gefahr besteht darin, dass die öffentliche Meinung gedankenlos dem emotionsgeladenen Fanatismus folgt oder sich einzelne Menschen der öffentlichen Meinung bemächtigen können. Frankl fordert, dass jegliche Form von Fanatismus zu bekämpfen sei.

► **Im Fokus der Organisationen:** Wachsamkeit, durch die auf Aussagen, Meinungen und Haltungen geachtet wird, die einen Absolutheitsanspruch ausdrücken. Gewiss braucht es auch Mut, um dem Fanatismus eine werte-volle Alternative entgegen zu setzen. In der konkreten Situation ist eine tiefgehende Frage zu stellen: „Was ist die übergeordnete Absicht", „Welchem Zweck soll ein Mensch als Mittel dienen", „Wer hat welchen Vorteil und Nutzen"?

3.2.5.5 Übertriebene Anspruchshaltung

Forschungsarbeiten von Batthyány kommen zu dem Ergebnis, dass diesen vier hinderlichen Haltungen eine fünfte hinzuzufügen ist. Es ist „die Übertriebene Anspruchshaltung und die damit einhergehende Ehrfurcht vor der eigenen Freiheit und Verantwortung und dem Leben insgesamt" (vgl. Batthyány und Lukas 2020, S. 27). Mit dieser Lebenseinstellung werden Forderungen und Bedingungen an andere, insbesondere an das Leben als solches gestellt, dass Antworten und Lösungen für eigene Bedürfnisse und Erwartungen gefunden werden. Wie Frankl immer wieder deutlich macht, können wir dem Leben keine Bedingungen stellen, denn wir werden „einfach" laufend vor Fragen und Aufgaben gestellt, und haben zu antworten (vgl. etwa Frankl 2015, S. 107). Und so das Leben zu verantworten, durch unsere konkrete Entscheidung und die folgende Tat.

Diese fünfte pathologische Haltung kann wie folgt beschrieben werden: Das Gute und Angenehme wird als Selbstverständlichkeit hingenommen und erwartet („das steht mir sowieso zu"; „das habe ich zu erhalten"; „da haben andere für mich dafür zu sorgen"), aber die Aufforderungen zur eigenen konstruktiven Beteiligung – am Leben, an der Entwicklung der Gesellschaft, an der Entwicklung der Organisation – werden aus der eigenen Vorstellung verdrängt. Damit fehlt die Bereitschaft, sich verantwortlich in die Gesellschaft einzubringen. Es mangelt bei dieser Pathologie in der Folge an Grundsätzlichem für eine Lebensgestaltung auf festem Grund. Mangelerscheinungen sind in folgenden Bereichen zu finden:

- **Verantwortungsbereitschaft** für die Übernahme von Aufgaben und wertvollen Leistungsbeiträge, für Handlungen und deren Folgen.
- **Mitgefühl, Empathie** und Verständnis für andere Meinungen und Empfindungen. In der Folge: Toleranzverlust.
- **Leidensfähigkeit** in schwierigen Situationen und Anforderungen, sowie die Eigenschaft „warten zu können" als einer wichtigen Lebenskompetenz.
- **Dankbarkeit** für das, was an Gutem und Wertvollem existiert, für das was verbindet, und Dankbarkeit anderen Menschen gegenüber, die wesentliche Beiträge leisten, damit auch das eigene Leben erträglich ist und gelingen kann.

Hintergrundinformation

Lukas hat diese fünfte Pathologie „mit der grassierenden Cyberpathologie unserer Tage gleichgesetzt" (Batthyány und Lukas 2020, S. 29).

Um von Zeitgeistströmungen sprechen zu können, müssen große Bevölkerungsteile betroffen sein. Und dies ist heute der Fall. Es breitet sich wie eine kollektive Sucht über die Menschen aus. Es wird nicht erkannt oder will nicht erkannt werden, dass die „vorgegaukelte Bequemlichkeit" (Convenience, Annehmlichkeit) zunehmend die Lebenskraft für eigene Lebensgestaltung reduziert. Ein Geiger, der nicht täglich mehrere Stunden übt, wird es nie zu Virtuosität bringen. Eine Sportlerin, die nicht täglich ihr Training macht und sich dabei immer wieder überwindet weiterzumachen, wird es nie zu Spitzenleistungen bringen. Dazu kommt noch gerade bei Jüngeren das Problem, den „Cyberspace" zu nutzen, eine von Computern erzeugte Scheinwelt, die sogar eine Illusion von Dreidimensionalität und Realitätsnähe vermittelt. Batthyány und Lukas vermerken dazu (2020, S. 31): „Der Cyberspace verlockt zum partiellen Ausstieg aus dem Zuständigkeitsbereich des Gewissens". Dazu kann ergänzt werden, dass es auch einen Ausstieg aus einer selbstentschiedenen, eigenen und verantwortlichen Lebensgestaltung bedeutet.

Und die Folgen einer Übertriebenen Anspruchshaltung? Batthyány und Lukas (2020, S. 33) beschreiben es wie folgt: „Übertriebene Ansprüche, kein Gefühl der Dankbarkeit, reduziertes Verantwortungsbewusstsein und Abneigung, irgendeine

Frustration durchzuhalten, und sei es nur das „Warten" auf etwas Positives (vom Ertragen des Negativen gar nicht zu reden)."

Was mit einem relativ neuen Begriff des „Sofortismus" beschrieben wird, ist eben auch solch eine übertriebene Anspruchshaltung. Wir können auch die „Überallerreichbarkeit" durch die Digitalisierung dazurechnen. Diese Anspruchshaltung kann sehr individuell wirken, wenn sich die Meinung eingenistet hat, dass man immer und überall informiert sein muss, dass man sich nichts entgehen lassen kann, dass man alle Angebote im Blick haben muss.

Es mag verwundern, dass wir in diesen Ausführungen bezüglich Selbstführung und Führung anderer Menschen auch diese Fragen ansprechen. Im Zusammenhang mit übertriebener Anspruchshaltung können diese Phänomene für Organisationen (sehr) belastend werden. Beispiele: Neben der Bearbeitung von Aufgaben und Zuständigkeit während der Arbeitszeit Handynutzug für Spiele, „nebenbei" Surfen zu sachfremden Themen, Leistungsminderung durch Menschen, die morgens in die Organisation mit reduzierter Nachterholung kommen, mangelnde Bereitschaft für Veränderungen bzw. neue Aufgaben, die höhere Anforderungen bedingen.

Nun mag vielleicht jemand sagen, dass das ja nur sein privates Thema sei. Das ist einerseits richtig. Andererseits, wenn es jedoch auf die gesamte Organisation Auswirkungen hat, sind solche Verhalten auch im organisationalen Kontext zu besprechen. Denn es bedeutet eine gewisse Rücksichtslosigkeit anderen Mitgliedern der Organisation gegenüber, eine Verminderung der Leistungsbereitschaft und des Verständnisses für Gemeinschaft.

▶ **Im Fokus der Organisationen:** Offen über implizite und explizite Anspruchshaltungen sprechen und die damit verbundenen Wirkungen und Folgen diskutieren. Auch ist die Frage zu beantworten, ob in organisationalen Spielregeln Kriterien für Verhalten und Umgang miteinander aufgenommen werden sollten.

3.2.6 Ego-Führung vs. Ich-Selbst-Führung

Was bedeutet nun Selbstführung vor dem Hintergrund des Frankl'schen Menschenbildes im Allgemeinen und den bisherigen Überlegungen im Speziellen? Wie in Kap. 2 dargelegt, verstehen wir auch die Selbstführung als Beziehungsgestaltung. Doch wie soll das gehen, wenn Beziehung nur zwischen einem Ich und einem Du erfolgen kann? Bei der Auflösung dieses scheinbaren Paradoxons können uns die Überlegungen von Steindl-Rast helfen. Dieser unterscheidet zwischen dem Selbst, dem Ich und dem Ego (vgl. im Folgenden Steindl-Rast 2021, S. 17–25):

Das **Selbst** können wir zunächst mit der geistigen Person des Menschen gleichsetzen. Es ist Potenz im Menschen. Und so, wie der menschliche Sinn im Augenblick in einem größeren Sinn – dem Sinn des Lebens – eingebettet ist, der wiederum Teil eines übergeordneten Sinns (dem Meta-Sinn) ist, so können wir davon ausgehen, dass die geistige Person ebenfalls in größere Zusammenhänge eingebettet ist, die wir jedoch als Menschen nicht wissen, sondern maximal erahnen können (vgl. hierzu auch Abschn. 3.2.1). Insofern könnte die geistige Person als ein Tropfen eines Meeres begriffen werden – gleichzeitig Tropfen, und damit für sich stehend, als auch Meer, also Teil des Ganzen. Und dieses Selbst macht im Laufe des menschlichen Lebens Erfahrungen, sodass sich der Mensch unter Umständen wieder seiner Dreidimensionalität bewusst wird. Oder wie Steindl-Rast es auf den Punkt bringt (2024): „Wir haben soviel Anteil am Selbst (Geist) als unser (psychophysisches) Ich fassen kann. Und dieses „Fassungsvermögen" wächst durch alles, was wir im Lauf unseres Lebens erleben und erleiden."

Aus den Gedanken zum Selbst können wir nun auch unsere Überlegungen zum **Ich** ableiten. Dieses können wir als einen Menschen ansehen, der seine Einheit und Ganzheit tatsächlich lebt. Damit aber sieht er sich immer auch als Teil der Mitwelt und ist bestrebt, durch sein sinnvolles Wirken einen positiven Beitrag zu leisten.

Das **Ego** wiederum ist eine Bezeichnung für jenes Ich, dass die geistige Dimension als Potenz (fast) vergessen hat und das eigene Mensch-Sein auf die Dimensionen von Körper und Psyche reduziert. Damit geht es vor allem um die Fokussierung auf die eigenen Bedürfnisse. Der Mensch „vergisst" seinen Bezug zur Mitwelt, sodass das Wohl aller Beteiligten nur als nicht-intendierter Nebeneffekt auftritt. Oder wie ein bekannter Spruch es ausdrückt: „Wenn jeder an sich denkt, ist an alle gedacht." Insofern ist es für das Ich von hoher Bedeutung, dass es seinen Bezug zum Selbst nicht vergisst, sodass Steindl-Rast auch für die Bezeichnung „Ich-Selbst" wählt (2021, S. 18).

In Bezug auf die Selbstführung (= Selbstführung im weiten Sinne) können wir daher grundsätzlich zwei Grundformen unterscheiden (vgl. Abb. 3.1):

- **Ego-Führung:** Bei dieser Art der Selbstführung reduziert der Mensch seine Führung auf den Umgang mit dem eigenen Psychophysikum und achtet (ausschließlich) auf die eigenen Bedürfnisse.

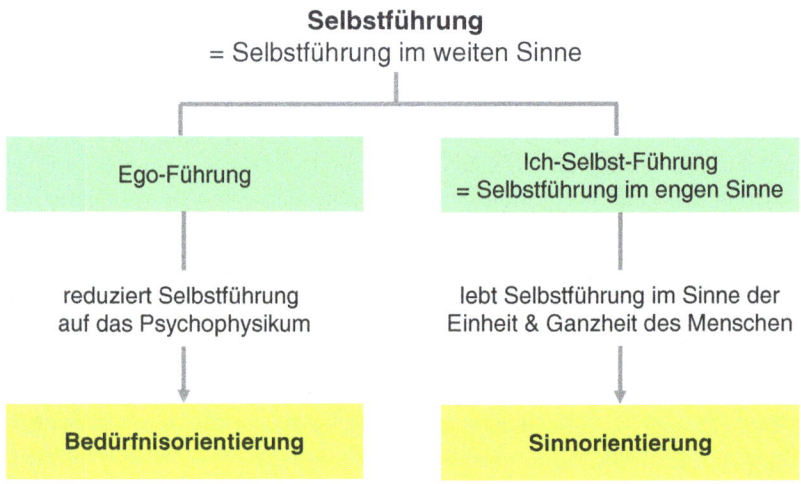

Abb. 3.1 Unterscheidung der Selbstführung. Quelle: Eigene Darstellung

- **Ich-Selbst-Führung** (= Selbstführung im engen Sinne): Bei dieser Art der Selbstführung lebt der Mensch seine Einheit und Ganzheit aus drei Dimensionen. Wenngleich er alle drei adäquat wertschätzt und behandelt, weiß er um das Sein als geistige Person und richtet sein Handeln auf die Realisierung der in einem konkreten Augenblick jeweils sinnvollen Möglichkeit. Er behält auch das größere Ganze, was über ihn hinausgeht, im Blick.

Damit wird klar: Beide Arten der Selbstführung führen zu einer Entwicklung des Individuums. Hierbei führt die Ich-Selbst-Führung, also eine Selbstführung aus sich als geistige Person heraus, zu einer Berücksichtigung aller drei menschlichen Dimensionen. Eine solche Selbstführung führt dazu, dass der Mensch in seiner Mitwelt aktiv wird, das eigene Leben wertschätzt und als Baumeister aktiv gestaltet. In diesem Sinne ist der Mensch bis zu seinem Tod im Werden – genauer in einer „Ich-Selbst-Werdung". Zudem liefert er mit seiner eigenen Leistung einen gesellschaftlichen Beitrag, der über ihn selbst hinausgeht. Dem gegenüber führt eine Reduzierung der Selbstführung auf die eigenen Bedürfnisse (Ego-Führung) zu einer „Ego-Werdung".

Die Entscheidung liegt bei jedem Menschen…

▶   Menschen mit „Ich-Selbst-Führung" sind sich ihrer gestaltenden
     Kraft innerhalb einer Gemeinschaft bewusst. So kann Freude an der
     Verantwortung entstehen, was bedeutet, dass der Verantwortungsträ-
     ger sich seiner Selbstwirksamkeit nicht nur bewusst ist, sondern sie
     auch nicht als „Machtinstrument" missbraucht.

Wenn wir in diesem Buch von Selbstführung sprechen, meinen wir die „Ich-
Selbst-Führung" bzw. die Selbstführung im engen Sinne. Der Einfachheit halber
werden wir gleichwohl weiterhin von Selbstführung sprechen.
     Doch was bedeutet das nun für die Beziehungsgestaltung des Menschen zu
sich selbst? Nun, wir können zunächst ausschließen, dass damit die Beziehung
der geistigen Dimension zu seinem Psychophysikum gemeint ist, da der Mensch
ein Psychophysikum *hat*. Damit stellen Körper und Psyche für die geistige Person lediglich Objekte dar, sodass es sich um eine Ich-Es-Beziehung handelt
(zur Unterscheidung zwischen einer Ich-Du- und einer Ich-Es-Beziehung vgl.
Steindl-Rast 2021, S. 31–34). Wenn wir jedoch davon ausgehen, dass die geistige Person – die der Mensch *ist* – Teil eines Größeren ist, welches wir nicht
wissen, jedoch erahnen können, dann können wir dieses Größere jedoch als Du
verstehen. So unterscheidet denn auch Steindl-Rast ein „großes Du", welches der
Mensch in seinem Inneren erleben kann, und das „kleine Du" der Mitmenschen
(2021, S. 26). Und auch Frankl erkennt in diesem inneren Du etwas, das größer
ist als man selbst und führt aus (1990, S. 370):

> „So ist denn das Selbstgespräch nur ein Grenz- und Sonderfall – das Eigentliche und
> Ursprüngliche ist die Zwiesprache. Und gerade denn, wenn es niemanden gibt, mit
> dem der Mensch sie hält, just dann, wenn er das Du scheinbar ins Leere, ins Nichts
> hinein spricht, – ebendann spricht er es zum ewigen Du: ewig darum, weil er es –
> wenn auch noch so unbewußt – immer schon angesprochen hat – und von ihm her
> auch immer schon angesprochen ist. Denn das erste Wort, das wir zu diesem Du
> sprechen, ist immer schon eine Ant-wort."

▶   Selbstführung im Sinne einer Ich-Selbst-Führung schaut auf die
     eigene Leistung und damit die Qualität des eigenen Handelns. Sie
     intendiert, eine förderliche Haltung hierfür zu entwickeln (und hin-
     derliche Haltungen entsprechend abzubauen) – förderlich sowohl für
     die eigene Person als auch für die Mitwelt.

3.3   Folgerungen für die Praxis

3.3.1   Selbstführung

- **Leistung als individuell und freiwillig erkennen.** Machen Sie sich bewusst, dass Leistung nicht mit äußeren Maßstäben wie Geschwindigkeit oder Umfang gleichzusetzen ist, sondern stark von Ihren individuellen Fähigkeiten und Prioritäten abhängt. Erkennen Sie die Freiheit, selbst zu entscheiden, wie und wann Sie Ihre Fähigkeiten einsetzen, und vermeiden Sie den Druck, sich mit anderen vergleichen zu müssen. Setzen Sie sich klare und sinnvolle Ziele, die Ihre persönlichen Stärken und Werte widerspiegeln.
- **Das Menschenbild als Grundlage des Verhaltens verstehen.** Überlegen Sie, welches Menschenbild Ihre Entscheidungen und Ihr Verhalten prägt – sehen Sie den Menschen grundsätzlich als kreativ, eigenverantwortlich und sinnorientiert oder dominieren Misstrauen und Kontrolle? Arbeiten Sie daran, ein positives und wertschätzendes Menschenbild zu entwickeln, das den Menschen als entscheidendes Wesen sieht und damit das Vertrauen in Ihre Mitmenschen stärkt. Dieses Bewusstsein hilft Ihnen nicht nur integrer zu handeln, sondern auch Ihre Zusammenarbeit und Beziehungen nachhaltiger zu gestalten.
- **Die eigene Freiheit in gelebter Verantwortung begreifen.** Verstehen Sie Ihre Freiheit nicht als grenzenlose Autonomie, sondern als die Aufgabe, bewusst der Verantwortung für Ihre Handlungen nachzukommen. Das bedeutet, nicht nur die Konsequenzen der eigenen Entscheidungen zu tragen, sondern auch Verantwortung für die Mitmenschen und die Mitwelt zu tragen. Praktizieren Sie dies im Alltag, indem Sie die Auswirkungen Ihrer Entscheidungen auf andere aktiv reflektieren und durch bewusstes Handeln Verantwortung tragen, z. B. durch nachhaltiges Handeln oder unterstützende Beiträge im Team.
- **Weg von Ego-Führung hin zu Ich-Selbst-Führung entwickeln.** Erkennen Sie den Unterschied zwischen Handlungen, die durch äußere Erwartungen oder Eitelkeit (Ego) motiviert sind, und solchen, die auf innerer Klarheit und Sinnfindung (Ich-Selbst) beruhen. Üben Sie, Entscheidungen zu treffen, die mit Ihren objektiven Werten und langfristigen Zielen übereinstimmen, anstatt kurzfristige Anerkennung zu suchen. Halten Sie sich regelmäßig inne, um Ihren Fokus von oberflächlichen Zielen hin zu nachhaltigem, integrem Wachstum zu lenken.

3.3.2   Führung

- **Den Mitarbeitenden Sinnmöglichkeiten bieten.** Sorgen Sie dafür, dass Ihre Mitarbeitenden ihre Arbeit als sinnhaft erleben können, indem Sie deren Aufgaben mit übergeordneten Zielen und Werten verknüpfen. Erklären Sie den Zweck hinter Projekten und zeigen Sie, wie der Beitrag jedes Einzelnen zur Zielerreichung wichtig ist. Geben Sie regelmäßig Feedback, das die individuelle Bedeutung der geleisteten Arbeit unterstreicht.
- **Gemeinsam Werte klären, um destruktivem Verhalten zu begegnen (und Pathologien des Zeitgeistes vorzubeugen).** Schaffen Sie regelmäßige Gelegenheiten für Teamgespräche, in denen die grundlegenden Werte und Spielregeln der Zusammenarbeit offen diskutiert werden. Stellen Sie sicher, dass alle Beteiligten diese Werte verstehen und teilen, um destruktivem Verhalten wie Konkurrenzdenken oder Misstrauen entgegenzuwirken. Entwickeln Sie eine „Teamcharta", die sowohl Werte und gewünschte Verhaltensweisen als auch Unwerte und abzulehnende Verhaltensweisen festhält und als Leitfaden dient.
- **Die Dimensionen „echter Verantwortung" erfassen.** Fördern Sie eine Kultur, in der Verantwortung nicht nur auf das Erfüllen von Aufgaben beschränkt ist, sondern auch die Verantwortung für Mitmenschen und das größere Ganze einschließt. Diskutieren Sie mit Ihrem Team, wie gemeinsame Entscheidungen getroffen und deren Auswirkungen berücksichtigt werden können. Unterstützen Sie die Entwicklung einer Haltung, die Eigenverantwortung und kollektive Verantwortung vereint, z. B. durch Reflexion oder gemeinsames Lernen aus Fehlern.
- **Persönliche und kollektive Defizite ehrlich reflektieren und ihnen entgegenwirken.** Planen Sie regelmäßig Reflexionsphasen ein, in denen Sie sowohl individuelle als auch teambezogene Schwächen identifizieren. Besprechen Sie offen, welche Kompetenzen oder Verhaltensweisen verbessert werden können, ohne Schuldzuweisungen zu machen. Entwickeln Sie gemeinsam Lösungen, z. B. durch Weiterbildung, Coaching oder Mentoring, um Defizite nachhaltig zu beheben.

Literatur

Ahrendt B, Nikolaus RS (2020) Das sinnzentrierte Mindset. Seine Bedeutung für eine Purpose Driven Organization. zfo 4:218–224

Ahrendt B, Nikolaus RS, Zilinski J (2023) Das organisationale Ikigai: Theoretische Grundlagen für die Transformation zu einer purpose-driven Organisation. Springer Gabler, Berlin

Ahrendt B, Bürklin N, Ostberg PM (2024) Wege agiler Führung – mit Sinn. Praktische Grundlagen für lebendige Organisationen. Springer Gabler, Berlin

Batthyány A, Lukas E (2020) Logotherapie und Existenzanalyse heute. Eine Standortbestimmung. Tyrolia, Innsbruck

Batthyány A (2007) Gottsuche und Sinnfrage. Lapide P, Frankl VE Gottsuche und Sinnfrage, 3. Aufl. Gütersloher Verlagshaus, Gütersloh, S 36–45

Biller K, Lourdes Stiegeler Md (2008) Wörterbuch der Logotherapie und Existenzanalyse von Viktor Emil Frankl. Bölau, Wien

Böckmann W (1987) Sinnorientierte Führung als Kunst der Motivation. Landsberg/Lech: Verlag Moderne Industrie

Böckmann W (1989) Sinn und Selbst. Wege zur Selbst-Erkenntnis. Beltz, Weinheim

Böckmann W (1990) Wer Leistung fordert, muss Sinn bieten. Econ-Taschenbuch, Düsseldorf

Frankl VE (1986) Die Psychotherapie in der Praxis. Eine kasuistische Einführung für Ärzte. Piper, München

Frankl VE (1987) Logotherapie und Existenzanalyse. Texte aus fünf Jahrzehnten. Piper, München

Frankl VE (1990) Der leidende Mensch. Anthropologische Grundlagen der Psychotherapie. Piper, München

Frankl VE (1992a) Die Sinnfrage in der Psychotherapie, 4. Aufl. Piper, München

Frankl VE (1992b) Psychotherapie für den Alltag. Rundfunkvorträge über Seelenkunde, 6. Aufl. Herder, Freiburg

Frankl VE (1998) Das Leiden am sinnlosen Leben. Psychotherapie für heute, 9. Aufl. Herder, Freiburg

Frankl VE (1999) Der unbewusste Gott. Psychotherapie und Religion, 5. Aufl. Deutscher Taschenbuch Verlag, München

Frankl VE (2007) Theorie und Therapie der Neurosen. Einführung in Logotherapie und Existenzanalyse, 9. Aufl. UTB, München

Frankl VE (2015) Ärztliche Seelsorge, Grundlagen der Logotherapie und Existenzanalyse, 6. Aufl. Deutscher Taschenbuch Verlag, München

Franz M (2007) Neurobiologische Grundlagen und Funktion des Willens. In: Tress W, Heinz R (Hrsg) Willensfreiheit zwischen Philosophie, Psychoanalyse und Neurobiologie. Vandenhoeck & Ruprecht, Göttingen, S 47–64

Fuchs T (2022) Verteidigung des Menschen: Grundfragen einer verkörperten Anthropologie. Suhrkamp, Berlin

Hinterhuber H H, Krauthammer E (2015) Leadership – mehr als Management. Was Führungskräfte nicht delegieren dürfen. 4. Aufl. Wiesbaden: Springer Gabler

Kalender A, Pfeifer E (2024) Die Pathologie des Zeitgeistes und ihre kollektiven Fehlhaltungen. Eine Annäherung aus Sicht der Existenzanalyse und Logotherapie Viktor E. Frankls. Psychotherapeutenjournal 4:385–392

Lukas E (1986) Von der Trotzmacht des Geistes. Menschenbild und Methoden der Logotherapie. Herder, Freiburg

Lukas E (1989) Psychologische Vorsorge. Krisenprävention und Innenweltschutz aus logotherapeutischer Sicht. Herder, Freiburg

Lukas E (2014) Lehrbuch der Logotherapie. Menschenbild und Methoden, 4. Aufl. Profil, Wien

Lukas E (2020) Eine kurze Einführung in die Logotherapie. Fragen von Bernd Ahrendt an Elisabeth Lukas. In: Lukas E, Schönfeld, H (Hrsg) Psychotherapie in Würde. Logotherapie konkret. Elisabeth-Lukas-Archiv, Bamberg, S 11–30

Lukas E (2021) Existenz ist nicht analysierbar. https://www.elisabeth-lukas-archiv.de/willko mmen/elisabeth-lukas/existenz-ist-nicht-analysierbar/. Zugegriffen: 25. März 2024

Rosenthal J (2017) Entscheidung, Rationalität und Determinismus. De Gruyter. Zugl. Habilitation Universität Bonn 2011, Berlin

Salcher A (2024) Vortrag „Warum Viktor Frankl nie erschöpft war". Gehalten am 02.02.2024 im Viktor-Frankl-Zentrum Wien, Jahresrückblick 2023

Soucek W (1948) Die Existenzanalyse Frankls, die dritte Richtung der Wiener psychotherapeutischen Schule. DMW – Deutsche Medizinische Wochenschrift, 73(45/46):594–595. https://doi.org/10.1055/s-0028-1118230

Steindl-Rast D (2024) Mail an Bernd Ahrendt vom 29.04.2024

Steindl-Rast D (2021) Orientierung finden. Schlüsselworte für ein erfülltes Leben. Tyrolia, Innsbruck

Tress W (2007) Trotzdem: Willensfreiheit! In: Tress W, Heinz R (Hrsg) Willensfreiheit zwischen Philosophie, Psychoanalyse und Neurobiologie. Vandenhoeck & Ruprecht, Göttingen, S 65–68

Wolf S (2024) Sternstunde Philosophie, Was ist ein sinnvolles Leben, Susan Wolf, Podcast, 01.12.2024. https://open.spotify.com/episode/7pbWpK3tW2w8z2enazVDoH?si=94bfe9 e8da0d4f69. Zugegriffen: 13. Dez. 2024

Zunke C (2008) Kritik der Hirnforschung. Neurophysiologie und Willensfreiheit. Akademie, Berlin

---

Zusammenfassung

Entscheidungen sind ein wichtiger Bestandteil von Führung – doch wie können wir trotz Unsicherheit und Veränderung verantwortungsvoll handeln? Dieses Kapitel zeigt, wie das Gewissen und der Sinn des Augenblicks Orientierung geben, um mutig Entscheidungen zu treffen, zu ihnen zu stehen und damit sowohl sich selbst als auch die Mitwelt aktiv zu gestalten.

4.1 Kernaussagen

- Führungsverantwortung besteht darin, Entscheidungen im Rahmen des eigenen Handlungsspielraums zu treffen und zu diesen zu „stehen". Effektive Führung erfordert das Bewusstsein über den eigenen Entscheidungsraum, Orientierung durch klare Maßstäbe und die Fähigkeit, Entscheidungen verantwortlich umzusetzen. Dabei wird betont, dass der Mensch trotz schicksalhafter Bedingungen die Freiheit besitzt, seine Antwort auf die Herausforderungen des Augenblicks zu gestalten.
- Um Entscheidungen zu treffen, benötigt der Mensch einen Maßstab, der durch den Sinn des Augenblicks definiert wird. Nach dem Frankl'schen Menschenbild ist Sinn objektiv vorhanden und kann in jedem Moment erkannt werden, wobei die sinnvolle Möglichkeit die verwirklichungswürdige Option darstellt. Die Realisierung dieser sinnvollen Möglichkeit ist ein persönlicher Verdienst und trägt zur positiven Entwicklung der Mitwelt bei.
- Das Treffen von Entscheidungen erfordert sowohl Verantwortung als auch Konsequenz, um wirksam zu sein. Führungsverantwortliche sollten Entscheidungen aus einem starken Pro-Motiv heraus treffen und Verantwortung für

B. Ahrendt et al., *Führung auf festem Grund – mit Sinn*,
https://doi.org/10.1007/978-3-662-71109-5_4

ihre Wahl tragen, während sie gleichzeitig lernen, mit den Herausforderungen des Entscheidens, wie Verlust und Ressourcenaufwand, umzugehen. Eine Stärkung der Entscheidungskraft wird durch das Vermeiden unnötiger Zweifel und das Treffen von Entscheidungen nach dem Gewissen gefördert.

• Eine Scheu vor der Verantwortung führt oft zu Unzufriedenheit und psychischer Belastung, da Betroffene zwischen dem „Sollen" und dem „Wollen" hin- und hergerissen sind. Diese Haltung kann dazu führen, dass Menschen sich als Opfer ihrer Situation sehen, anstatt aktiv ihre Lebensumstände zu gestalten. Umso wichtiger ist es, durch sinnzentrierte Führung zur konstruktiven Mitgestaltung zu ermutigen.

• In Organisationen sind Entscheidungen ein zentraler Aspekt, der oft Konflikte und Unsicherheiten auslöst, insbesondere bei Veränderungen. Klare Werte und Ziele, die von den Mitarbeitenden verstanden werden, sind entscheidend für das Engagement der Mitarbeitenden, während strukturierte Entscheidungskriterien und die Akzeptanz von Übergangsphasen dazu beitragen, erfolgreich neue Wege zu gehen.

4.2   Basiswissen

Führungsverantwortliche stehen in einem ständigen Entscheidungsprozess. Entscheidungen zu fällen und diese dann auch konsequent und verantwortlich umzusetzen, ist ein Kernaspekt wirksamer Führung, der aus drei Aspekten besteht: a) die führungsverantwortliche Person muss neben den Grenzen, die ihr in einem konkreten Augenblick gesetzt sind, vor allem ihren eigenen Freiraum kennen, innerhalb der sie Entscheidungen treffen kann (der Entscheidungsraum), b) sie benötigt einen adäquaten Maßstab zur Orientierung für ihre Entscheidungen (der Sinn des Augenblicks) und c) sie braucht den inneren Freiraum, um Entscheidungen verantwortlich für die Organisation treffen und umsetzen zu können (die Bedeutung der eigenen Verantwortung).

4.2.1   Den eigenen Freiraum kennen: der Entscheidungsraum

Betrachten wir die Gegenwart eines Menschen – das „Hier und Jetzt" – etwas genauer, so können grundsätzlich zwei Bereiche voneinander unterschieden werden: Zum einen gibt es jenen Bereich, der vom Menschen in diesem konkreten Augenblick nicht (mehr) beeinflusst werden kann; zum anderen jenen Raum, der die Möglichkeiten des Menschen umfasst, aus denen er in diesem Augenblick schöpfen kann. Den ersten bezeichnen wir im Folgenden als „schicksalhaften Bereich", den letzteren als „freien Bereich" oder „Freiraum".

Der schicksalhafte Bereich und der freie Bereich eines Menschen sind stets vom Menschen selbst und der jeweiligen konkreten Situation abhängig. Dies bedeutet jedoch auch, dass der bewusste Mensch[1] in der Regel Wahlmöglichkeiten besitzt. In diesem Buch gehen wir grundsätzlich davon aus, dass die in einer Organisation tätigen Menschen überwiegend gesund und somit in der Lage sind, Entscheidungen treffen zu können.

▶ **Wichtig**

Jeder Augenblick (synonym: Situation, Moment) umfasst für den bewussten Menschen Möglichkeiten, auch wenn sie noch so klein erscheinen mögen. Es ist der Mensch selbst, der entscheidet, wie er mit den Gegebenheiten des Augenblicks umgehen möchte – und gestaltet dadurch nicht nur den konkreten Augenblick, sondern auch sein Leben. „Alle Entscheidung ist Selbstentscheidung, und Selbstentscheidung allemal Selbstgestaltung", wie Frankl feststellt (1990, S. 324). Entsprechend sollte das menschliche Sein daher auch als „entscheidendes Sein" (Frankl 2015, S. 131) verstanden werden.

Wie deutlich wird, geht es bei Entscheidungsfindungen somit nicht darum, dass ein Mensch frei *von* seinen Bedingungen ist, sondern er frei ist, *zu* diesen Bedingungen Stellung zu nehmen. Frankl betont hierbei (2015, S. 130 – Hervorhebungen nicht übernommen):

> „Das Schicksal gehört zum Menschen wie der Boden, an den ihn die Schwerkraft fesselt, ohne die aber das Gehen unmöglich wäre. Zu unserem Schicksal haben wir zu stehen wie zu dem Boden, auf dem wir stehen – ein Boden, der das Sprungbrett für unsere Freiheit ist. Freiheit ohne Schicksal ist unmöglich; Freiheit kann nur die Freiheit gegenüber einem Schicksal sein, ein freies Sich-verhalten zum Schicksal."

Der Mensch schreitet von einem Hier und Jetzt zum nächsten, von Augenblick zu Augenblick, und muss sich in jedem von ihnen für eine Möglichkeit entscheiden. Und das, was er entscheidet, gibt Auskunft über ihn. Seine Entscheidung und die

---

[1] Es sei darauf hingewiesen, dass nicht alle Menschen in der Lage sind, solche Wahlmöglichkeiten zu erkennen, wie etwa Babys, Menschen im Drogenrausch oder solche mit schwerer Demenz oder Hirnschädigung (vgl. Lukas 2014, S. 34).

darauffolgende Realisierung sagen etwas über den Menschen aus, nämlich wie er im Hier und Jetzt agiert hat. Entsprechend betrachtet Frankl die Verwirklichung einer Möglichkeit als eine Antwort auf eine Frage – eine Frage, die das Leben in jenem konkreten Augenblick an den Menschen stellt. In diesem Sinne geht es somit darum, „dem Anspruch des Augenblicks gerecht zu werden" (Steindl-Rast 2021, S. 48), indem der Mensch genau schaut, welche Antwort er gibt. So stellt Frankl denn auch fest (2015, S. 107):

> „Das Leben selbst ist es, das dem Menschen Fragen stellt. Er hat nicht zu fragen, er ist vielmehr der vom Leben her Befragte, der dem Leben zu antworten – das Leben zu ver-antworten hat. Die Antworten aber, die der Mensch gibt, können nur konkrete Antworten auf konkrete „Lebensfragen" sein. In der Verantwortung des Daseins erfolgt ihre Beantwortung, in der Existenz selbst „vollzieht" der Mensch das Beantworten ihrer eigenen Fragen."

4.2.2   Einen Maßstab für Entscheidungen haben: Der Sinn des Augenblicks

Wenn das Leben die Fragen stellt und der Mensch zu antworten hat, dann benötigt er einen Maßstab, durch den er die Qualität seiner Antworten einschätzen kann. Hier kommt der Sinnbegriff ins Spiel. In Kap. 3 hatten wir dargelegt, dass zwar der Sinn des Lebens das Vermögen des Menschen in der Regel übersteigt, von ihm erfasst zu werden, dass sich dieser Sinn für jeden Menschen jedoch ganz individuell in jedem Augenblick des menschlichen Lebens zeigt. Doch wenngleich sich dieser Sinn im Augenblick zeigt, ist er nicht in dem Sinne als „subjektiv" zu verstehen, als dass er von einem Menschen gemacht, gestiftet oder konstruiert werden kann. Sinn ist vielmehr in der Welt stets vorhanden und kann von jedem Menschen in einen spezifischen Augenblick erkannt und umgesetzt werden. Insofern ist der Sinn als „objektiv" anzuerkennen und kann von dem betroffenen Menschen gefunden werden. Sinn ist also unabhängig davon, ob ein Mensch ihn wahrnehmen möchte oder nicht. Der Sinn kann für den Menschen dabei nur im konkreten Augenblick erkannt werden, wobei die jeweils sinnvolle Möglichkeit eines Augenblicks in Orientierung an Lukas (vgl. 1999, S. 21) wie folgt definiert wird: Die sinnvolle Möglichkeit

- stellt sich im Augenblick sehr konkret dar,
- hat das Wohl aller Beteiligten im Fokus und ist frei von selbstsüchtiger Motivation,
- bewirkt mit einer überragenden Chance Positives und

• gibt dem Menschen die Kraft für die Willensanstrengung, ohne dass ihre Realisierung ihn über- oder unterfordert.

Sinnvoll ist also stets eine Möglichkeit, die nicht nur auf die eigenen Bedürfnisse schaut und damit auf das Ego, sondern auch andere mit in den Fokus nimmt. Ein solcher objektiver Sinn zeigt somit über den Menschen und seinen Bedürfnissen hinaus und verweist auf die Mitwelt des Menschen, sodass er auch als „transsubjektiv" bezeichnet werden kann (vgl. hierzu auch Frankl 2015, S. 86 f.). Unser Gewissen dient hierbei als „Sinn-Organ" und hilft uns, die jeweils sinnvolle Möglichkeit zu erkennen (mehr dazu siehe Abschn. 5.2.2).

In dem Moment, in welchem die sinnvolle Möglichkeit umgesetzt wird, wirkt sich diese in der Regel positiv aus – nicht nur für die handelnde Person, sondern auch für die anderen. Anders ausgedrückt, handelt es sich um jenes Optimum, was aus der Situation heraus gestaltet werden kann. Wenn jedoch der Sinn stets vorhanden ist und in einem konkreten Moment das Optimum darstellt, dann stellt die jeweils sinnvolle Möglichkeit den Soll-Maßstab dar, also das Sein-Sollende. Es handelt sich somit um das Verwirklichungswürdige in einem Moment, was Lukas wie folgt auf den Punkt bringt (2020, S. 28 – Hervorhebungen nicht übernommen): „Die Kunst des Lebens besteht darin, das Verwirklichungswürdigste unter dem jeweils Möglichen zu orten, zu ergreifen und zu realisieren." Und Sinn wird mittels Werterealisierung umgesetzt – dazu in Kap. 6 mehr.

Entscheiden jedoch kann nur jemand, der auch eine Wahlmöglichkeit hat. Das bedeutet, dass in jedem konkreten Augenblick neben der jeweils sinnvollen Möglichkeit auch andere Möglichkeiten bestehen, für die sich der Mensch grundsätzlich entscheiden könnte. Wenn die sinnvolle Möglichkeit hierbei das Optimum darstellt, dann besteht somit neben diesem Sein-Sollende weitere Möglichkeiten, die entweder sich zwar positiv auswirken, jedoch nicht das Optimum darstellen, oder sinnwidrig sind und in Summe als das Nicht-Sein-Sollende bezeichnet werden können.

▶ **Wichtig**
Menschliches Sein ist stets entscheidendes Sein. Der Mensch muss sich von Augenblick zu Augenblick aufs Neue entscheiden und ist somit in einem fortdauernden Werdens-Prozess, der sich über das gesamte Leben hinzieht. Jeder Mensch entwickelt sich sein gesamtes Leben lang und wird zum Baumeister des eigenen Lebens. Hierbei dient der Sinn als Soll-Maßstab, da er sich nicht nur auf das je Sinnvolle für einen selbst, sondern für alle Beteiligten bezieht. Die jeweils

sinnvolle Möglichkeit stellt somit das Optimum dessen dar, was aus einer Situation heraus gestaltet werden kann. Es ist also etwas Wertvolles, wenn ein Mensch die sinnvolle Möglichkeit auch wirklich realisiert. Eine solche Realisierung ist als persönlicher Verdienst anzuerkennen. Entscheidet er sich hingegen für eine andere Möglichkeit, wird das Positive in der Welt entweder nicht (in dem Maße) vermehrt oder sogar gemindert, sodass sie als eine persönliche Schuld bezeichnet werden kann.[2]

Die jeweils sinnvolle Möglichkeit – das jeweils Sein-Sollende in einem Augenblick – ist von den Begriffen Nutzen, Ziel, Zweck und Aufgabe genau abzugrenzen (vgl. auch Ahrendt et al. 2023, S. 61 f.):

- **Nutzen:** Der Begriff „Nutzen" bezeichnet die Bedürfnisbefriedigung oder den Vorteil, den man aus einer Handlung, einem Objekt oder einer Situation zieht. Nutzen bezieht sich somit auf das Subjekt selbst, kann sowohl materieller als auch immaterieller Natur sein und variiert je nach individuellen Präferenzen und Umständen. In ökonomischem Kontext stellt der Nutzen den Grad der Bedürfnisbefriedigung dar, den ein Gut oder eine Dienstleistung bietet. Wie deutlich wird, kann der Nutzen sinnvoll, aber auch sinnwidrig sein.
- **Zweck:** Der Begriff des Zwecks definiert das grundlegende Anliegen (eines Objektes) und richtet sich auf einen angestrebten zukünftigen Zustand. Somit stellt er einen Grund für zielgerichtetes Verhalten und ein Motivationselement dar. Ein Zweck wird vom Menschen gesetzt und ist daher immer subjektiv. Entsprechend können sowohl sinnvolle als auch sinnwidrige Zwecke gewählt werden.
- **Ziel:** Ziele sind Vorstellungen zukünftiger Zustände, die durch entsprechende Handlungen erreicht werden sollen. Sie repräsentieren Aussagen von erstrebenswerten Zuständen und beruhen in der Regel auf entsprechenden Planungen. Ziele können entweder selbst gesetzt oder von Dritten vorgegeben werden. Ein Ziel kann sowohl sinnvoll als auch sinnwidrig sein; es kann innere Kräfte mobilisieren oder auch erschöpfen. Zudem kann ein Ziel, da er subjektiv ist, sowohl über- als auch unterfordernd sein. Ziele sind episodenhaft, was

---

[2] Ergänzend sei darauf hingewiesen, dass sich das Sein-Sollende bzw. das Nicht-Sein-Sollende auch außerhalb des jeweiligen Freiraums eines Menschen befinden kann, sodass es sich in einem solchen Fall um eine schicksalhafte Gnade bzw. ein schicksalhaftes Leid handelt (zur Unterscheidung von persönlichem Verdienst, persönlicher Schuld, schicksalhafter Gnade und schicksalhaftem Leid (vgl. Lukas 1989, S. 170 f.).

bedeutet, dass sie verschwinden, sobald sie erreicht sind. Dann kommen möglicherweise neue Ziele in den Fokus. Ziele verändern sich, während sich auch die Sinnmöglichkeit von Moment zu Moment wandelt und realisiert oder nicht realisiert wird.

- **Aufgabe:** Eine Aufgabe ist eine Aufforderung an eine Person, bestimmte Handlungen vorzunehmen, um einem Zweck zu dienen oder ein Ziel zu erreichen. Dabei ist es wichtig zu berücksichtigen, wer diese Aufgabe stellt: Ist es ein Individuum oder eine Organisation, so wird die Aufgabe subjektiv gestellt und kann sowohl sinnvoll als auch sinnwidrig sein. Sofern die Aufgabe mit der sinnvollen Möglichkeit übereinstimmt, handelt es sich um jenes, das dem Menschen in diesem Augenblick aufgegeben ist – aus der Aufgabe wird ein „Aufgegeben sein", etwas „Aufgegebenes" bzw. „Aufgetragenes".

▶ Führung im Sinne dieses Buches meint somit Führung, die auf die Umsetzung der jeweils sinnvollen Möglichkeit in einem konkreten Augenblick abzielt, sodass sie im Folgenden auch als „sinnzentrierte Führung" bezeichnet wird. Da Sinnrealisierung stets durch Werteumsetzung geschieht, könnte sie synonym auch als „werteorientierte Führung" bezeichnet werden. Wenn Führung auf diese Weise verstanden wird, ist Führung von Werte-geleiteten Entscheidungen geprägt und zeichnet sich durch das Handeln der jeweils führungsverantwortlichen Personen aus. So gesehen, wäre sie in diesem Sinne auch eine „wirksame Führung".

4.2.3 Den inneren Freiraum haben: Die Bedeutung der eigenen Verantwortung

Thomas Mann wird folgender Satz zugeschrieben: „Der Freiheit anderer Name heißt Verantwortung". Wir können es auch so ausdrücken: Da der Mensch „die Freiheit des Willens" hat, Stellung zu den auf ihn einströmenden Ereignissen nehmen und sich entscheiden kann, so oder anders zu handeln, bleibt die Verantwortung für das Tun stets bei der Person. Und dabei ist es noch sehr wichtig zu ergänzen: im Rahmen seiner Möglichkeiten und im Rahmen seines freiheitlichen Spielraums.

Freiheit wird heute vielfach in dem Sinne missverstanden, dass sie als ein „ich kann ja machen, was ich will" verstanden wird. Dies jedoch ist Freiheit ohne Verantwortung und somit Willkür. Willkür lässt Verantwortung vollkommen

vermissen – und wird vor allem dann problematisch, wenn pathologische Eigenarten, Rücksichtslosigkeit und überzogene Eigeninteressen gegenüber anderen
dazukommen.

Bringen wir Freiheit und Verantwortung zusammen und akzeptieren wir, dass
jeder Mensch ein verantwortliches Wesen ist, so wird klar, dass „meine Freiheit"
Grenzen zu der „Freiheit des Anderen" hat. Deshalb ist es in Organisationen
von elementarer Bedeutung, Freiheit und Verantwortung zu akzeptieren und sich
dessen im Handeln stets bewusst zu sein.

Und die Praxis? Da trifft ein Wort von Frankl zu (1985, S. 216): „Verantwortung ist dasjenige, wozu man gezogen wird, und – dem man sich [Anmerkung der
Autoren: oft auch gerne] entzieht." Sobald wir uns der Verantwortung des je einzigartigen Menschen bewusst werden, werden zwei Aspekte sichtbar: dass gelebte
Verantwortung zu „Verdienst" und nicht gelebte Verantwortung zu „Schuld" führen kann (vgl. auch Lukas 1989, S. 170 f.). Und das sind Aspekte, die manche
Menschen erschaudern lassen.

▶ **Wichtig**

Verantwortlich zu sein bzw. die Verantwortung auch wirklich zu tragen, ist – auch im Arbeitskontext – somit nicht immer leicht, doch ist
sie im Mensch-Sein unweigerlich mit der Freiheit verbunden, sodass
der Mensch sie „hat" und nicht erst „übernimmt". Die Verantwortung
für das eigene Handeln zu haben, eröffnet jedoch den Blick in die
Zukunft und ist Grundbedingung eines gelingenden Lebens.

Viktor E. Frankl beschreibt diese beiden Aspekte menschlicher
Verantwortung wie folgt (1985, S. 216 – Hervorhebungen nicht
übernommen):

> „Furchtbar ist es: zu wissen, daß ich in jedem Augenblick die Verant-
> wortung trage für den nächsten; daß jede Entscheidung, die kleinste wie
> die größte, eine Entscheidung ist „für alle Ewigkeit"; daß ich in jedem
> Augenblick eine Möglichkeit, die Möglichkeit eben des einen Augen-
> blicks, verwirkliche oder verwirke. Nun birgt jeder einzelne Augen-
> blick Tausende von Möglichkeiten, ich aber kann nur eine einzige wäh-
> len, um sie zu verwirklichen. Alle anderen aber habe ich damit auch
> schon gleichsam verdammt, zum Nie-sein verurteilt, und auch dies „für
> alle Ewigkeit"! Doch herrlich ist es: zu wissen, daß die Zukunft, meine
> eigene und mit ihr die Zukunft der Dinge, der Menschen um mich,
> irgendwie – wenn auch in noch so geringem Maße – abhängig ist von
> meiner Entscheidung in jedem Augenblick. Was ich durch sie verwirk-
> liche, was ich durch sie „in die Welt schaffe", das rette ich in die
> Wirklichkeit hinein und bewahre es so vor der Vergänglichkeit."

Es wird deutlich (Biller und Lourdes Stiegeler 2008, S. 501): „Die Verantwort-lichkeit des Menschen ist wie die Verantwortung durch seine Unvertretbarkeit begründet. (…) Verantwortlichkeit kann verloren gehen [Anmerkung der Autoren: zum Beispiel durch Krankheit] oder gewonnen werden [Anmerkung der Autoren: zum Beispiel durch werteorientiertes Engagement]. (…) Die Wahrnehmung der Verantwortlichkeit gewährt Freiheit".

Verantwortetes Dasein heißt: Ich bin gefragt; ich werde benötigt, den Sinnauf-ruf der Situation zu erfassen. Verantwortung ist ein „Bezugsbegriff", denn es ist immer ein anderer oder etwas, worauf Verantwortung gerichtet ist. Verantwortung geschieht nie unter Druck, Zwang, Gewalt – sondern ist immer freiwillig, selbst entschieden. Gelebte Verantwortung ist Zeichen persönlicher Reife. Verantwort-lich sein und verantwortlich handeln heißt selektiv sein, wählerisch sein, heißt Werte als Orientierungsgröße, als Entscheidungskriterien präsent zu halten.

Wollen wir Verantwortung der Führung von Mitarbeitenden und in der Selbstführung betrachten, so können wir zu einigen Fragen Stellung nehmen:

- Was mache ich/was machst du aus einem Problem das ich erkenne/du erkennst?
- Was mache ich/was machst du aus einer Aufgabe, die ich übernehme/die du übernimmst?
- Was packe ich wie an? Was machst du konkret und wie?
- Wofür und wozu mache ich es/machst du es?
- Wie spreche ich/wie sprichst du über andere Menschen in der Organisation?
- Wie verhalte ich mich/wie verhältst du dich in schwierigen Situationen?
- Wie gehe ich/wie gehst du mit dem eigenen und „fremden" Leben um?

▶ **Tipp**
Verantwortung ist als Begriff vielschichtig zu verstehen. Hier die Berei-che, die zusammengehören und in einander fließen, je nach aktueller Situation. So kann der folgende Satz als Gedankenstütze dienen.

Verantwortungs-Träger (Person, Personen in Gruppen) ist *für*
Verantwortungs-Gegenstand (Aufgabe, Entscheidung, Handlung, Unterlassung) *gegenüber*
Verantwortungs-Adressaten (für sich selbst, für andere, für die Umwelt) *vor einer*
Verantwortungs-Instanz (Gewissen, Mitmenschen, Gott, Gericht, Unternehmen) *in Bezug auf*

Verantwortungs-Kriterium (Wert, Moral, Recht, Rolle, Aufgabe) *im Rahmen eines* Verantwortungs-Bereiches (Freiraum, Entscheidungs- /Handlungs-Bereiches) *verantwortlich.*

4.2.4   Die Scheu vor der Verantwortung

Unzufriedenheit und seelische Belastungen entstehen, wenn Menschen eine (prinzipielle) Scheu haben, die Verantwortung im Leben bzw. in Organisationen, in ihrem speziellen Aufgabenbereich (in ihrem Freiraum, in dem sie gestalten können), die sie haben, auch mit Leben zu füllen. Jeder kennt das Dilemma, dass auf der einen Seite ein „Sollen" steht und auf der anderen ein „Wollen". Im „Sollen" macht sich auch das Gewissen bemerkbar (zum Gewissen vgl. Abschn. 5.2.2), es sei denn, dass es immer wieder unterdrückt wird „zugunsten" egoistischer Aspekte, aus Bequemlichkeit oder Bedenken vor Konsequenzen aus selbstentschiedenen Handlungen. Zeigt sich im „Sollen" also das Gewissen, so drückt sich im „Wollen" der momentane Wunsch aus. Die problematische Spanne entsteht, wenn beide nicht zueinander passen. Irgendwie lösen Menschen das Dilemma aber immer auf, indem sie entweder das „Sollen" oder das „Wollen" siegen lassen. Nun gibt es Personen, die dieses Dilemma versuchen zu beseitigen. „Sie tauschen den ehrlichen Satz: „Ich soll, aber ich will nicht", in den unehrlichen Satz: „Ich will (zwar was ich soll), aber ich kann nicht" (Lukas 1991, S. 98). Durch diese Haltung versuchen sie, eine Entlastung von der Verantwortung zu rechtfertigen und argumentieren, der Verantwortung zu folgen würde nämlich bedeuten, dem Gewissen zu folgen. Der Preis, den diese „Entlastung" kostet, ist für die Betreffenden allerdings hoch. Sie fallen ins „Das-kann-ich-nicht-Verhalten" und unternehmen damit keinen Versuch aktiv zu werden, neue Aufgaben und Herausforderungen anzunehmen, fühlen sich – und werden es auch – immer abhängiger von den Entscheidungen anderer Menschen. Es sind die anderen, die entscheiden sollen, was zu tun ist. Aber damit kann dann diesen Entscheidern später angelastet werden, dass sie ja „schuld" sind an der persönlichen Situation. Dieses Verhalten führt schließlich dazu, dass solche Menschen sich als „Opfer" betrachten und nicht als Menschen, die sich zu einer selbstentschiedenen Hilflosigkeit entschlossen haben. Frankl macht mit der Logotherapie jedoch deutlich, dass wir nicht (nur) Opfer einer Situation sind, sondern (auch) ihr Mit-Gestalter.

Diese häufig anzutreffende Scheu vor der Verantwortung findet man auch in einem Zuviel an Klagen, gewissermaßen als verdecktes „Anklagen anderer". Es wird dann geklagt, dass dieses oder jenes fehlt, anders gemacht werden sollte, sich doch jemand darum kümmern sollte, man früher hätte anders entscheiden sollen, endlich etwas passieren sollte. Jedoch: Was bringt ein „Klagender" nun selbst an konstruktiven Vorschlägen ein? Was ist sein Beitrag zur Veränderung des „Beklagten"? Wie vom Klagen, so wird sich auch vom Jammern keine Veränderung und Verbesserung ergeben. Es braucht immer pro-aktiv handelnde Menschen, die bereit sind, ihren je individuellen (!) Beitrag zum Gelingen des Gesamten beizusteuern. Führung ist in vorbeschriebenen Situationen gefordert, diese Verhalten in eine konstruktive Beteiligung zu „verwandeln".

Beispiel

Zur Aktivierung von Mitarbeitenden können Impuls-Sätze helfen. Ein paar Beispiel für Mitarbeitergespräche: „Was schlagen Sie vor?", „Welche Idee haben Sie?", „Wie könnte es nach Ihrer Meinung funktionieren?" und „Und wenn es nicht auf diese Weise möglich ist, wie denn dann?"

Sinnzentrierte Führung sollte Menschen fordern, sie aber nicht überfordern. Fordern in ihrem Aufgabenbereich und im Rahmen ihres Freiraums. Führung soll Menschen ernst nehmen, was bedeutet, ihre Kreativität zu fördern, Potenziale der Mitarbeitenden zu aktivieren und einzusetzen. Und dies bedeutet Wertschätzung und Förderung für Sinnerfahrungen.◄

4.2.5 Verantwortung und Konsequenz – Zwei wesentliche Aspekte für ein wirkliches Entscheiden-Können

Wie auch immer sich ein Mensch entscheidet – wie die bisherigen Überlegungen zeigen, tut er gut daran, seine Entscheidungen aus einem starken Pro-Motiv, also aus einem „Wozu-ist-es-gut?", heraus zu treffen und in der Folge umzusetzen. Da das „Wozu-ist-es-gut?" immer auch auf die Mitwelt verweist, handelt es sich in einem solchen Fall um eine intentionale Entscheidung, die auf etwas außerhalb der eigenen Person gerichtet ist und auf deren Umsetzung sich der Mensch nun ganz fokussiert. Dann steht er auch wirklich hinter seiner Entscheidung im Sinne eines „ganzheitlichen Dafür-Sein, das nicht nur im Kopf, sondern auch im Herzen stattfindet" (Lukas 2014, S. 234) – in voller Verantwortung und mit aller Konsequenz.

Viele Entscheidungen werden im Alltag (nahezu) automatisch getroffen und umgesetzt. Doch gerade dann, wenn Entscheidungen anstehen, die einem Menschen (eher) schwerfallen, sollte er sich der beiden Aspekte von Verantwortung und Konsequenz immer wieder bewusst machen.

4.2.5.1 Entscheidung und Verantwortung: Entwicklung von Entscheidungskraft

Die Fähigkeit, Entscheidungen zu treffen, kann durch Entscheidungsschwäche oder Lippenbekenntnis (d. h. die mangelnde Umsetzung getroffener Entscheidungen) beeinträchtigt werden, was letztlich den Status quo aufrechterhält (vgl. Lukas 1989, S. 70–78). Eine solche Beeinträchtigung kann das Mensch-Sein negativ beeinflussen und zu psychischer Instabilität führen. „Es ist zu vermuten, dass bei jedem Sich-nicht-entscheiden ein gerütteltes Quantum Angst mit dabei ist, die Angst vor falschen Entscheidungen und die Angst vor der eigenen Verantwortung. Was genauso irrational ist wie alle angstneurotischen Reaktionsmuster, denn das Nicht-Treffen einer anstehenden Entscheidung ist seinerseits gewöhnlich die falscheste Entscheidung und die größte Verantwortungslosigkeit" (Lukas 1989, S. 82). Daher ist es wichtig, die Entscheidungskraft zu stärken. Zur Entwicklung einer starken Entscheidungskraft betont Lukas fünf Aspekte (vgl. Lukas 1989, S. 89–102):

1. **Vermeidung von unnötigem Hinterfragen von existenziell wichtigen Entscheidungen:** Entscheidungen von großer Bedeutung (etwa die Partnerwahl oder Familienplanung) sollten für einen angemessenen Zeitraum Gültigkeit haben und nicht ständig infrage gestellt werden, um Zermürbung zu vermeiden.

2. **Treffen von Entscheidungen nach dem Gewissen:** Entscheidungen sollten auf Basis des Gewissens und nicht nach erlernten Normen und Maßstäben getroffen werden, um innere Zerrissenheit zu vermeiden und ein klares Pro-Motiv zu gewährleisten.

3. **Tragen von Verantwortung für alle getroffenen Entscheidungen:** Es ist essenziell, die Verantwortung für eigene Entscheidungen zu tragen und zu seinen Fehlern zu stehen (anstatt Schuld auf andere zu schieben), um die eigene Freiheit und Verantwortlichkeit zu wahren (vgl. Abschn. 3.2.4).

4. **Personaler Charakter von Entscheidungen:** Entscheidungen sind personale Angelegenheiten. Man kann Ratschläge geben und Argumente benennen, doch die endgültige Entscheidung muss bei der betreffenden Person liegen, sodass auch nicht versucht werden sollte, anderen Menschen wichtige Entscheidungen abzunehmen.

5. **Sinnvoller Verzicht:** Ein Verzicht kann sinnvoll sein, wenn er dem transsubjektiven Sinn entspricht und für alle Beteiligten positiv ist. Ein sinnvoller
Verzicht muss von einem pathologischen Opfer (Verzicht als Krankheitssym-
ptom, wie es etwa beim Masochismus der Fall ist) und dem pathogenen
Opfer (krankmachende Verzicht, etwa ein ungesundes Sich-Aufopfern) genau
unterschieden werden.

4.2.5.2 Entscheidung und Konsequenz: Herausforderungen beim Entscheiden

Entscheidungen fallen manchmal auch deshalb schwer, da der Mensch etwa
nicht auf die anderen Möglichkeiten verzichten möchte und die Umsetzung her-
auszögert. Entsprechend können vier Aspekte unterschieden werden, die den
Entscheidungsprozess erschweren , die jedoch durch ein starkes Pro-Motiv gemil-
dert werden können (vgl. Lukas 2014, S. 234–239; Lukas bezeichnet diese
Aspekte als „Schmerzen"):

1. **Das mir (derzeit) nicht Mögliche:** Dies umfasst Möglichkeiten, die für andere
   offenstehen, jedoch (derzeit) nicht für den Entscheidenden verfügbar sind,
   etwa eine anstrengende Reise für eine kranke Person. Es kann hilfreich sein,
   sich bewusst zu machen, dass das Leben uns befragt und wir keinen Anspruch
   auf irgendetwas haben. Das Schicksal zu akzeptieren und loszulassen, was
   unmöglich ist, sowie Dankbarkeit für das Mögliche zu entwickeln, können
   hierbei hilfreich sein.
2. **Möglichkeiten, die verworfen werden müssen:** Jede Entscheidung für eine
   Möglichkeit bedeutet den Verlust anderer, möglicherweise unwiederbringli-
   cher, Optionen. Vertrauen in die getroffene Wahl zu entwickeln, kann helfen,
   diesen Verlust zu akzeptieren.
3. **Ressourceneinsatz für die gewählte Möglichkeit:** Jede Entscheidung erfordert
   den Einsatz von Ressourcen, die dann für andere Möglichkeiten nicht mehr
   verfügbar sind (z. B. Zeit oder Geld). Es ist wichtig, sich stets das Pro-Motiv
   und den Zweck des Ressourceneinsatzes vor Augen zu führen.
4. **Ungewissheit:** Keine Entscheidung garantiert das geplante Ergebnis. Es kann
   sich herausstellen, dass die Wahl falsch war. Vertrauen in die Zukunft zu
   entwickeln, ist daher essenziell (vgl. Abschn. 5.2.4).

Wie sollten wir also mit Fehlentscheidungen umgehen? Machen wir uns bewusst:
Niemand wird zum Zeitpunkt der Entscheidung sagen, ich treffe jetzt eine Fehl-
entscheidung. Ob es eine solche war oder zu erkennen war, wird sich immer erst

im Verlaufe der Realisierung zeigen. Und so sind dann, mit den Erkenntnissen im Prozessablauf, veränderte, neue Entscheidungen zu treffen.

▶ Fehlentscheidungen gibt es nicht, sondern „nur" Entscheidungen, die nicht zum Ziel führen.

Wir können immer neu wählen, denn der Mensch als entscheidendes Wesen wählt in jedem Augenblick so oder anders. Oft werden ja auch Vorwürfe gemacht: „Das hätten Sie doch unbedingt erkennen müssen" oder „Da hätten Sie anders entscheiden müssen". Nun, da es nicht als entscheidungsrelevant erkannt wurde, wird es in die „neue", aktuelle Entscheidung einzubeziehen sein. So stellt Lukas fest, „dass nicht die Fehlentscheidungen im menschlichen Leben Krisen heraufbeschwören, sondern eher jene unentschiedenen Schwebezustände, die durch Nicht-Entscheiden zustande kommen, oder jene Lippenentscheidungen, die zwar getroffen, aber handlungsmäßig nicht durchgetragen werden" (Lukas 1989, S. 84).

4.2.5.3 Entscheidungsbewusstsein bei Divergenzen

Alle Divergenzen bzw. Konflikte beruhen auf vorangegangenen Entscheidungen, wobei es nicht die eigenen gewesen sein müssen. Eine Annäherung von Konfliktparteien kann aber immer nur dann stattfinden, wenn die Einsicht besteht, dass die ursprünglichen Entscheidungen nicht mehr veränderbar sind, also in den schicksalhaften Bereich des/der Menschen eingegangen sind. Diese Einsicht braucht nun eine Akzeptanz im Bewusstsein, dass eine neue Entscheidung eine Chance zur Neuausrichtung und Neugestaltung möglich macht. Insofern kann bei Konflikten gerade das Entscheidungsbewusstsein zur positiven Beeinflussung der Begegnungsqualität beitragen (im Folgenden in Anlehnung an Hoppenberger 2001).

Wir sind in unseren Leben nicht diejenigen, die Anforderungen an das Leben, die Fragen an das Leben zu stellen haben, sondern „das Leben" stellt in jedem Augenblick Fragen an uns und wir sind diejenigen, die dann agieren und zum Mit-Gestalter werden. Wir geben, so sagt es auch Frankl, durch unsere Entscheidungen Antworten auf die Fragen – auf das, was auf uns zukommt an Problemen, Anforderungen, Aufgaben, Krisen –, die uns das Leben stellt (vgl. Frankl 2015, S. 107). Da jede Entscheidung auch in einem zeitlichen Kontext steht und eingebunden ist in eine bestimmte Situation, ist jede Entscheidung einzigartig und einmalig. Aber was sind die Orientierungselemente, was die „Regeln", an denen wir unsere Entscheidungen ausrichten, die ja unsere Lebensgestaltung und somit Lebenssituation nachhaltig beeinflussen, verändern?

Jede Entscheidung lässt sich auf ein Ja oder Nein zurückführen. Dass wir überhaupt vor einer (neuen) Entscheidung stehen, lässt sich darauf zurückführen, dass vorher eine Entscheidung pro (also mit Ja) erfolgte. Wenn also ein Nein gesagt werden kann, muss vorher ein Ja gewesen sein. Betrachten wir es in dieser Weise, so wird klar, dass unsere aktuelle Situation (ob in Organisationen oder dem je eigenen Leben) eine Abfolge von Entscheidungen sein muss (siehe hierzu auch Abschn. 4.2.1).

Da menschliches Sein als ein bewusstes (und entscheidendes) Sein zu verstehen ist, ist damit immer das Anders-Sein im Verhältnis zu anderen Menschen gegeben. Vielfalt der Meinungen, der Sichtweisen, der Leistungsbeiträge in einer Organisation, der Idee zu Problemlösungen sind somit „ganz normal". Jede Angst vor dieser Vielfalt treibt Menschen zu Verallgemeinerungen, zu Vorurteilen, denen man sich ungeprüft anschließt. Dies verengt unseren Horizont und unsere Offenheit für Neues und Sinnvolles. Bei diesem Bewusstsein wird die Relevanz deutlich, dass die Art und Ausformung der Beziehungen etwas Spezifisches, Wesenhaftes des Menschseins ist. Welche Entscheidungskriterien können helfen, Ordnung zu schaffen, um Konflikte zu vermeiden, oder diese zu lösen?

► **Wichtig**

Das Menschenbild nach Viktor E. Frankl begründet und verdeutlicht, dass jedes menschliche Leben unter allem Umständen Sinn hat. Hätte das Leben keinen Sinn, so wäre alles zugleich sinnlos. Entscheidungen wäre nicht nötig, weil eben sinnlos.

Unsere Entscheidungen in jedem Augenblick sind letztlich immer darauf ausgerichtet, dass etwas Sinnvolles erfolgt. Das Leben bietet uns somit permanent Sinn-Aufrufe, um diesen durch die Verwirklichung von Werten nachzukommen – oder nicht. Die Freiheit des Willens macht beides möglich. Bewusst oder unbewusst den Sinn-Aufruf zu negieren, führt zu Verstrickungen, zu krisenträchtigen Entscheidungsfolgen, Verhinderung von Neuorientierung, zu einem allgemeinen Gegeneinander (vgl. hierzu auch Abschn. 4.2.2).

Entsprechend ist es für jede Organisationen wichtig, das Werteverständnis innerhalb der Organisation bei den Organisationsmitgliedern zu verbessern und jene Werte zu vermitteln, die Orientierungen für Handlungen sein sollen. Damit wird aber auch deutlich: Wertefragen sind in jeder Entscheidung existent. Jede Entscheidung umfasst immer auch eine Möglichkeit zur Werterealisierung. Und wenn Führung konfliktpräventiv und wirkungsorientiert sein soll, ist ein gemeinsames Werteverständnis (aller am Prozess Beteiligten) für

jede Entscheidung erforderlich. Konflikte zu vermeiden und Leis-
tungswirkungen zu verbessern, das soll eine Basisaufgabe in der
Führungsverantwortung sein.

4.2.6 Von der sinnvollen Entscheidung zum Handeln

Eine erfolgreiche Selbstführung erfordert kontinuierliche Reflexion, das Setzen
und Verfolgen von sinnvollen Zielen sowie die Fähigkeit, sich von eigenen Emotionen und Bedürfnissen distanzieren zu können. Durch die bewusste Gestaltung
ihres Entscheidungsraums, die Orientierung an klaren Werten und die Förderung
von Selbst-Distanzierung und Selbst-Transzendenz kann eine Person ihre Führungsfähigkeit stärken und effektivere, verantwortungsbewusste Entscheidungen
treffen (zu Selbst-Distanzierung und Selbst-Transzendenz vgl. Abschn. 6.2.4).
Diese Praktiken helfen ihr nicht nur dabei, in ihrem beruflichen Umfeld erfolgreicher zu sein, sondern tragen auch zu einem erfüllteren und sinnvolleren Leben
bei.

Beispiel

Ein Beispiel, das eine Seminarleiterin aus ihrem eigenen Erleben erzählte. An
den Tagen vor ihrem ersten Zweitagesseminar war die Seminarleiterin so auf-
geregt, dass sie keinen klaren Gedanken mehr fassen konnte und die Nächte zu
Problemnächten wurden: Werde ich es schaffen, bin ich überhaupt qualifiziert,
was wird passieren, wenn ich nicht mehr weiterweiß? Das Gedankenkarussell
drehte sich kräftig. In ihrer Verzweiflung rief sie eine bekannte Logotherapeu-
tin an, schilderte ihre Situation und bat um Hilfe. Antwort der Therapeutin:
„Ach, nehmen Sie sich doch nicht so wichtig und konzentrieren Sie sich lieber
auf Ihr Thema und Ihre Aufgabe, die Sie ja bestmöglich den Teilnehmenden
vermitteln können und wollen." Und so war es dann auch, die Seminarleiterin hatte die Teilnehmenden und das Thema im Fokus – und nicht mehr sich
selbst. Das Seminar wurde sehr gelungen.◄

4.2.6.1 Regeln für ein sinnvolles Sich-Entscheiden-Können

Jede Form von Führung hat permanent mit Entscheidungen zu tun. Auch ein Feld
in Organisationen, das es zu „beackern und neu anzupflanzen" gilt. Denn gerade
hier lauern viele konfliktträchtige und krisenanfällige Faktoren.

Mit Entscheidungen ist oft verbunden, dass Veränderungen einhergehen, sie gehören zum Leben dazu (vgl. Abschn. 5.2.3). Neues wird notwendig oder Bestehendes grundlegend zu verändern sein. Wer kennt es nicht: bei anzustrebenden Veränderungen ist das Verharrungsprinzip auf das, was man hat und kennt, groß. Hier ein paar Warnungen (und wie sich das in Worten ausdrücken kann):

- Festhalten am Bisherigen („Es hat ja bisher einigermaßen geklappt.")
- Angst vor der Entscheidung zu Neuem („Na ja, was wir haben, kennen wir, aber das Neue ...? Da bleiben wir doch besser beim Bisherigen.")
- Vorauseilende Resignation („Das brauchen wir gar nicht zu probieren, das wird sowieso nichts.")
- Schwebezustände („Wir wissen ja, dass wir etwas ändern müssen, aber es hat ja noch Zeit. Nehmen wir das Thema auf Wiedervorlage.")
- Lippenentscheidungen (Es wird zwar entschieden, aber nicht im Sinne der Entscheidung zielgerichtet gehandelt.)
- Emotionalisierung bei fehlenden Kenntnissen („Ich meine einfach, dass das schon so passt. Werden wir ja im Verlaufe des Prozesses sehen. Ich hab' da ein gutes Gefühl.")
- Gestaltungsverantwortung auf andere abschieben („Soll sich doch die andere Abteilung darum kümmern.")
- Erwartungshaltung („Warum nimmt sich da eigentlich niemand der Sache an? Ich habe schon erwartet, dass da was passiert.")

Dazu können noch kommen: Entscheidungsunsicherheit, Entscheidungsschwäche, Entscheidung nur *gegen* etwas (und nicht *für* etwas). Gerade diese Entscheidung gegen etwas ist problematisch, denn wenn das nicht mehr ist, gegen das man sich entschieden hat, was hat man dann als Ersatz, Verbesserung, Innovation?

▶ Der Kern bei Entscheidungsproblematiken ist allerdings: Das „Alte" soll und wird nicht mehr gelten. Jedoch, das „Neue" ist noch nicht da. Und diese Situation wird von vielen Menschen mehr oder weniger als eine Krisensituation empfunden. Nach Jean Piaget, Schweizer Biologe und Entwicklungspsychologe (1896–1980), lässt sich unser Leben mit folgendem Bild skizzieren: Das Leben ist wie ein Treppengang, und wenn wir von einer Stufe auf eine höhere Stufe kommen wollen, so müssen wir einen Fuß anheben. In diesem Augenblick entsteht eine gewisse Unsicherheit, ein Ungleichgewicht, denn man steht nun nicht mehr mit beiden Beinen auf dem Boden, also etwas Instabilität, eine „kleine Krise". Um auf die höhere Stufe zu kommen, müssen wir das Bein aufsetzen und das andere auch hochheben und nachziehen, um auf diese Weise wieder Stabilität zu erfahren. So ist es auch bei Entscheidungen und folgenden Handlungen hin zu Neuem. Es ist eine Übergangszeit, die vielen Menschen Unbehagen verursacht. Nur: wie sollen und wollen wir uns in Organisationen auf eine höhere Stufe entwickeln oder neue Wege gehen oder unkonventionelle Aktivitäten setzen, wenn wir nicht bereit sind, diese Übergänge zu akzeptieren?

Jede Entscheidung braucht ein Wozu, einen Wert, eine tragende Idee, ein Ideal. Diese „Qualitäten" verdichten sich im angestrebten Ziel. Menschen brauchen ein Ziel, das einem die Kraft zum Wollen zufließen lässt. Je mehr sich alle am Prozess Beteiligten mit diesem werte-vollen Ziel verbinden können, umso stärker wird das Engagement auf dem Weg sein. Jede Entscheidung ist eine Entscheidung für etwas – oder für jemanden. Und dieses „Etwas" soll sinnvoll sein.

> **Tipp**
>
> Als sehr hilfreich – neben diesen zentralen Orientierungen bei Entscheidungsprozessen – können sogenannte **„Entscheidungskriterien"** sein. Eine einfache Form sind die *drei Prüf-Kriterien*:
>
> 1. *Muss-Kriterium:* Welches Kriterium muss durch die getroffene Entscheidung erfüllbar sein? Beispiel: Ein Budget, eine Investitionssumme von x ist einzuhalten.
> 2. *Soll-Kriterium:* Dieses Kriterium ist nicht absolute Bedingung, es sollte aber (wenn irgendwie möglich) abgedeckt sein. Beispiel: Der optimale Termin wäre der x, aber es ginge auch noch 4 Wochen später bis zum ….
> 3. *Kann-Kriterium:* Es wäre ergänzend auch vorteilhaft, wenn noch dieser Faktor hinzukäme. Beispiel: Außenstehende Berater können einbezogen werden, wenn selbst kein Weg zum Ziel aktuell gefunden wird.
>
> Es ist eigentlich klar, dass die Entscheidung und damit jene Lösung einer Aufgabe am bestmöglichen bezeichnet werden kann, die alle drei Kriterien enthält.

Auf dem Weg zum Ziel (dem Wert, dem Sinnvollen) kann es – und das zeigt die Lebens- und Arbeitspraxis – immer wieder Widerstände geben. Was gibt dann die Kraft, doch durchzuhalten und nicht zu resignieren, abzubrechen? Es ist die „geistige Präsenz" des als sinnvoll erachteten Ziels, das Wofür und Wozu. Ist diese stark, ist also der „Grund zu agieren, zu leben" stark, ist ein existenzieller Wert angesprochen, den es zu verwirklichen gilt, so wird auch über einen Umweg das Ziel erreichbar sein. Konsequent bedeutet in diesem Kontext nicht stur, sondern Durchhaltevermögen. Dazu braucht es kompetente, wertebewusste Führungsverantwortliche.

4.3 Folgerungen für die Praxis

4.3.1 Selbstführung

- **Den eigenen Freiraum als Gestaltungsraum kennen und nutzen.** Erkennen Sie, dass Ihr beruflicher und privater Alltag Freiräume bietet, die Sie aktiv gestalten können, anstatt sich nur äußeren Zwängen zu unterwerfen. Nutzen Sie diese Freiräume bewusst, um eigene Akzente zu setzen, innovative Ideen einzubringen oder Prioritäten nach Ihren Wertvorstellungen zu setzen. So wird der persönliche Freiraum zu einer kraftvollen Möglichkeit, die Umgebung mitzugestalten und sich selbst als wirksam zu erleben.
- **Den Sinn des Augenblicks erfassen: sehr konkret das Wohl aller Beteiligten, also der von einer Maßnahme Betroffenen, im Fokus halten.** Stellen Sie sich bei jeder Entscheidung die Frage, wie sie sich auf die Menschen in Ihrem Umfeld auswirkt. Diese Perspektive hilft, egoistische oder impulsive Entscheidungen zu vermeiden und stattdessen Maßnahmen zu ergreifen, die für alle Beteiligten nachhaltig und förderlich sind. So entwickeln Sie eine Haltung, die Verantwortung mit Empathie verbindet und gesunde, langfristige Beziehungen fördert.
- **Die Kraft des Sich-Entscheiden-Könnens wahrnehmen.** Machen Sie sich bewusst, dass jede Entscheidung eine Chance bietet, Werte zu leben und Einfluss zu nehmen. Statt Entscheidungen aufzuschieben oder zu fürchten, sollten Sie sie als Ausdruck Ihrer Freiheit und Verantwortung begreifen. Diese Haltung gibt Ihnen Kraft und ermöglicht es Ihnen, auch in schwierigen Situationen klar zu handeln.
- **Das Zusammenspiel von Intuition und Fakten stärken.** Lernen Sie, Ihre analytischen Fähigkeiten und Ihre Intuition gezielt einzusetzen. Vertrauen Sie auf Ihr Gewissen, insbesondere bei komplexen Entscheidungen, und kombinieren Sie diese mit faktenbasiertem Denken, um fundierte und ausgewogene Entscheidungen zu treffen.

4.3.2   Führung

*   **Die Entscheidungsräume anderer kennen und als Handlungsräume würdigen.** Respektieren Sie die Entscheidungsfreiheit Ihrer Mitarbeitenden, indem Sie ihnen klar definierte Handlungsspielräume lassen. Ermutigen Sie Ihr Team, eigene Lösungen zu entwickeln und zeigen Sie Wertschätzung für die Eigenständigkeit in ihrem Verantwortungsbereich. Das stärkt die Motivation und das Vertrauen innerhalb der Organisation.
*   **Verschiedenen Möglichkeiten erarbeiten und analysieren, sinnvolle Alternative(n) erarbeiten (lassen) und eine eindeutige Wahl treffen.** Führen bedeutet auch, Optionen zu schaffen und Klarheit zu bieten. Entwickeln Sie gemeinsam mit Ihrem Team verschiedene Lösungswege, wägen Sie Vor- und Nachteile ab und treffen Sie eine klare Entscheidung. So fördern Sie eine strukturierte Problemlösungskultur, die Kreativität und Orientierung bietet.
*   **Die Scheu vor dem Zulassen von Verantwortung überwinden: nicht (selbst) entscheiden heißt, anderen die Entscheidung im Aufgabenbereich zu überlassen und sie dadurch zu stärken.** Trauen Sie Ihren Mitarbeitenden zu, Verantwortung zu tragen, und lassen Sie ihnen bewusst Raum für Entscheidungen. Statt alles selbst machen zu wollen, delegieren Sie Aufgaben und unterstützen Sie nur, wo es nötig ist. Diese Haltung fördert nicht nur die Eigenverantwortung, sondern auch die persönliche Entwicklung Ihres Teams.
*   **Veränderungsprozesse bewusst begleiten.** In Zeiten des Wandels sollten Führungskräfte die Rolle von Begleitern einnehmen, die Unsicherheiten anerkennen und Orientierung geben. Kommunizieren Sie klar, welche Werte und Ziele in der Veränderung wichtig sind, und unterstützen Sie Ihr Team dabei, neue Strukturen oder Denkweisen zu integrieren, ohne zu überfordern.

Literatur

Ahrendt B, Nikolaus RS, Zilinski J (2023) Das organisationale Ikigai: Theoretische Grundlagen für die Transformation zu einer purpose-driven Organisation. Springer Gabler, Berlin
Biller K, Md, Lourdes Stiegeler (2008) Wörterbuch der Logotherapie und Existenzanalyse von Viktor Emil Frankl. Bölau, Wien
Frankl VE (1985) Der Mensch vor der Frage nach dem Sinn. 10. Aufl. München: Piper
Frankl VE (1990) Der leidende Mensch. Anthropologische Grundlagen der Psychotherapie. München: Piper

Hoppenberger G (2001) Konzeptpapier an Autor Ostberg PM, Konfliktlösung durch Entscheidungsbewusstsein

Lukas E (1991) Spannendes Leben, Ein Logotherapie-Buch. München: Quintessenzverlag

Frankl VE (2015) Ärztliche Seelsorge, Grundlagen der Logotherapie und Existenzanalyse, 6. Aufl. Deutscher Taschenbuch Verlag, München

Lukas E (1989) Psychologische Vorsorge. Krisenprävention und Innenweltschutz aus logotherapeutischer Sicht. Herder, Freiburg

Lukas E (1999) Lebensstil und Wohlbefinden. Logotherapie bei psychosomatischen Störungen. Profil, München

Lukas E (2014) Lehrbuch der Logotherapie. Menschenbild und Methoden, 4. Aufl. Profil, Wien

Lukas E (2020) Eine kurze Einführung in die Logotherapie. Fragen von Bernd Ahrendt an Elisabeth Lukas. In: Lukas E, Schönfeld, H (Hrsg) Psychotherapie in Würde. Logotherapie konkret. Bamberg: Elisabeth-Lukas-Archiv gGmbH, S 11–30

Steindl-Rast D (2021) Orientierung finden. Schlüsselworte für ein erfülltes Leben. Tyrolia, Innsbruck

Vierter Impuls: Führung ist zukunftsorientiert

5

Zusammenfassung

Zeit ist mehr als eine lineare Abfolge von Momenten – sie ist ein Fluss voller Möglichkeiten, der sich durch unsere Entscheidungen formt. Dieses Kapitel zeigt, wie das Gewissen als innerer Kompass dient, um sinnvolle Optionen in der Gegenwart zu erkennen und so die eigene Zukunft aktiv zu gestalten, während die Vergangenheit als Schatz erlebter Erfahrungen erhalten bleibt.

5.1 Kernaussagen

- Der Mensch ist in die Dimensionen von Raum und Zeit eingebettet, wobei Zeit als individueller Fluss von Möglichkeiten betrachtet werden kann, der aus der Zukunft in die Vergangenheit reicht. Entscheidungen in der Gegenwart schaffen Wirklichkeiten und prägen die eigene Vergangenheit, während ungenutzte Möglichkeiten unwiderruflich vergehen. Das Zeitflussmodell von Viktor E. Frankl verdeutlicht, dass die Zukunft ein Raum voller Potenziale ist – sowohl förderlicher für Entwicklungen als auch schädlicher –, die in der Gegenwart wählbar sind, und die Vergangenheit als Archiv gelebter Erfahrungen dient.

- Frankls Zeitflussmodell betont die Bedeutung des Gewissens als „Entscheidungskompass", der es dem Menschen ermöglicht, in jedem Moment Entscheidungen, basierend auf der in einem Augenblick erkannten Sinnmöglichkeit, zu treffen. Das Gewissen geht über das Bewusstsein hinaus und fördert eine qualitative Bewertung der Zeit, indem es Werte über äußere Normen stellt. Trotz seiner Unvollkommenheit bleibt das Gewissen das entscheidende Werkzeug für die Orientierung in der persönlichen Lebensgestaltung und für das Streben nach einem sinnvollen Dasein.

81

B. Ahrendt et al., *Führung auf festem Grund – mit Sinn*,
https://doi.org/10.1007/978-3-662-71109-5_5

- Jeder Moment im Leben erfordert eine Entscheidung, die das individuelle Wesen des Menschen zum Ausdruck bringt und aktiv die Umgebung beeinflusst. Veränderungen sind unvermeidlich und sollten als natürliche Elemente des Lebens angesehen werden, die zur Entfaltung der eigenen Identität und zur positiven Gestaltung der Welt beitragen.
- Jeder Mensch kann durch bewusste Entscheidungen in der Gegenwart seine Realität aktiv gestalten, während die Vergangenheit als wertvolles Fundament dient. Das Denken, bei dem wir uns bereits in die Phase der Realisierung versetzen, bedeutet, dass die Zukunft als Orientierung für die eigenen Entscheidungen genutzt wird. Der Sinn fungiert als Qualitätsmaßstab und die Vorstellungskraft trägt dazu bei, unterschiedliche Möglichkeiten für die Zukunft zu entwickeln.

5.2   Basiswissen

5.2.1 Die Entscheidung von heute ist die Verantwortung von morgen: Das Zeitflussmodel von Viktor E. Frankl

Jeder Mensch ist von seiner Geburt bis zu seinem Tod in die Dimensionen Raum und Zeit eingebettet. Traditionell wird Zeit oft als ein linearer und kontinuierlicher Fluss betrachtet, der unaufhaltsam von der Vergangenheit über die Gegenwart in die Zukunft verläuft. Diese Sichtweise prägt auch das Verständnis individueller Lebensläufe: Die Entscheidungen und Ereignisse der Vergangenheit formen die Gegenwart und bestimmen, in welche Richtung die Zukunft weist.

Wie in Kap. 4 dargelegt, stellt die Zeit den Menschen immer wieder in einen neuen Augenblick, in welchem er aus den vorhandenen Möglichkeiten eine Wahl treffen muss. Indem die Gegenwart als ein konkreter Möglichkeitsraum verstanden wird – Lukas (2020a, S. 28) vergleicht ihn treffend mit einem „Sternenhimmel an Möglichkeiten" – wird deutlich, dass dieser Raum eine direkte Folge der Zukunft und all ihrer Potenziale ist. Gleichzeitig umfasst die Vergangenheit jene Momente, in denen aus Möglichkeiten Wirklichkeiten wurden, weil der Mensch sich in einem bestimmten Augenblick für ihre Realisierung entschieden hat.

Es wird klar, dass es nicht die Zeit ist, die „verfliegt" oder „flüchtet", sondern die ungenutzten Möglichkeiten, die ohne Wahl unweigerlich vergehen. Lukas (2003, S. 345) bringt dies prägnant auf den Punkt: „Nicht die Zeit flieht, nicht die

Zeit an sich ist flüchtig, wie es uns ununterbrochen scheint, sondern Mögliches ist flüchtig: es „flieht" vor dem Nichts und „drängt" zum Sein."
Diese Perspektive führt zu einer kritischen Hinterfragung des klassischen Zeitverständnisses. Denn nun wird die Zeit als ein individueller Fluss aus der Zukunft in die Vergangenheit gesehen, der für jeden Menschen einzigartig ist. Viktor E. Frankl beschreibt diese Umkehrung in seinem Zeitflussmodell, das drei zentrale Aspekte offenbart, die das Menschsein in seiner gesamten Tiefe erfassen (vgl. im Folgenden Frankl 1991, S. 47–57):

1. **Zukunft:** In Frankls Modell ist die Zukunft kein feststehendes Ziel, sondern ein Raum voller Möglichkeiten, die auf ihre Verwirklichung in der Gegenwart warten. Diese Möglichkeiten bieten sich auf dem Lebensweg kontinuierlich an und eröffnen Chancen, die je nach Umständen und Entscheidungen verwirklicht werden können. Doch es gibt auch unvorhersehbare Ereignisse, wie Unfälle oder Pandemien, die sich dem Einfluss des Einzelnen entziehen und die Zukunft in unvorhergesehene Bahnen lenken. Dennoch bleibt die Zukunft in erster Linie jener Raum, in dem sich das Potenzial eines Menschen zeigt.
2. **Gegenwart:** Die Gegenwart ist jener Moment, in dem diese Möglichkeiten erkennbar und wählbar werden. In diesem Augenblick leuchten sie wie Sterne am Himmel, jedoch mit unterschiedlicher Intensität. Manche Optionen erscheinen klar und hell, während andere schwächer strahlen oder gar dunkel anmuten. Diese Variationen in der Helligkeit symbolisieren die unterschiedlichen Auswirkungen, die jede Entscheidung auf die Welt und das eigene Leben hätte – sei es positiv oder negativ. Die Gegenwart stellt somit den Raum dar, in dem der Mensch die Freiheit, aber auch die Verantwortung hat, eine Wahl zu treffen. Jede getroffene Entscheidung, die auch realisiert wird, geht von der Gegenwart in die Vergangenheit über, während die ungenutzten Möglichkeiten unwiderruflich verschwinden.
3. **Vergangenheit:** Die in der Gegenwart getroffenen Entscheidungen und verwirklichten Möglichkeiten formen die Vergangenheit eines Menschen. Diese Vergangenheit ist nicht nur eine Ansammlung vergangener Ereignisse, sondern ein dauerhaftes Archiv der gelebten Wirklichkeiten. Frankl betont, dass nichts, was in der Vergangenheit geschehen ist, unwiederbringlich verloren ist. Vielmehr bleibt alles, was erlebt und geschaffen wurde, für immer bewahrt und kann den weiteren Lebensweg beeinflussen. Die Vergangenheit wird so zu einer Schatzkammer voller Erfahrungen und Realitäten, die nicht mehr verändert, aber als Teil der eigenen Identität mitgeführt werden.

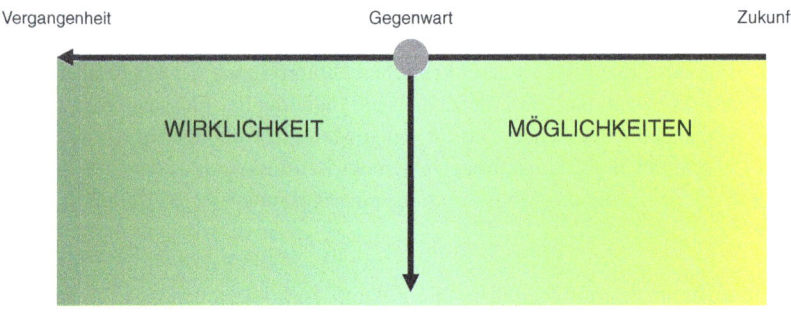

Die Entscheidung von heute
ist die Verantwortung von morgen!

Abb. 5.1 Die Entscheidung von heute ist die Verantwortung von morgen! (Quelle: Eigene Darstellung)

Damit wird deutlich: in jedem Augenblick verwirklicht sich der Mensch, indem er sich für eine Möglichkeit entscheidet und diese verwirklicht. Nur diese eine Möglichkeit gelangt auf diese Weise aus der Zukunft durch die Entscheidung in der Gegenwart in die Vergangenheit – und eröffnet auf diese Weise unter Umständen neue Möglichkeiten in der Zukunft. Wir können somit sagen: Die Entscheidung von heute ist die Verantwortung von morgen (vgl. Abb. 5.1).

Beispiel

In einem Unternehmen arbeitet ein langjähriger Mitarbeiter, der für das Management von Produktionsprozessen verantwortlich ist. Seit über zwei Jahrzehnten hat er sich einen hervorragenden Ruf erarbeitet, indem er die Effizienz der Abläufe kontinuierlich verbessert und dabei geholfen hat, das Unternehmen wettbewerbsfähig zu halten. Nun steht er vor einer der bedeutendsten Entscheidungen seiner Karriere: Es geht um die Investition in eine neue, hochmoderne Produktionsanlage.

Die Entscheidung ist nicht leicht. Die neue Anlage verspricht, die Produktionskosten erheblich zu senken, die Qualität der Produkte zu verbessern und das Unternehmen technologisch auf den neuesten Stand zu bringen. Sie stellt aber auch eine enorme finanzielle Belastung dar und würde bedeuten, dass das Unternehmen in den nächsten Jahren bei anderen Projekten Einsparungen vornehmen müsste. Zudem besteht das Risiko, dass die Umstellung auf die neue Technologie mit Herausforderungen verbunden ist, die kurzfristig zu

Produktionsausfällen oder zu einer steilen Lernkurve bei den Mitarbeitenden führen könnten.

Vor dieser Entscheidung stehend, überlegt der Mitarbeiter gründlich, welche Konsequenzen jede Option haben könnte. Er könnte die Investition befürworten und damit das Unternehmen in eine zukunftsorientierte Richtung lenken, was langfristig zu einer höheren Wettbewerbsfähigkeit und Profitabilität führen könnte. Gleichzeitig wäre dies eine mutige Entscheidung, die kurzfristig mit Unsicherheiten und Risiken behaftet ist.

Alternativ könnte er sich dafür entscheiden, bei den bestehenden Anlagen zu bleiben, die zwar verlässlich, aber nicht mehr ganz auf dem neuesten Stand sind. Diese Entscheidung würde kurzfristig Sicherheit bieten, das Unternehmen aber langfristig eventuell hinter die Konkurrenz zurückfallen lassen.

Hier zeigt sich die Bedeutung des Zeitflussmodells von Frankl: In der Gegenwart steht der Mitarbeiter vor einem „Sternenhimmel an Möglichkeiten", wobei jede Entscheidung die Zukunft des Unternehmens erheblich beeinflussen wird. Sein Gewissen wird zum „Entscheidungskompass", der ihm hilft, nicht nur die finanziellen Aspekte zu bedenken, sondern auch die Frage nach dem langfristigen Sinn und Nutzen für das Unternehmen, die Mitarbeitenden und die Kunden.

Schließlich trifft er eine Entscheidung, indem er die langfristigen Ziele des Unternehmens in den Fokus rückt und die Investition in die neue Anlage befürwortet. Er erkennt, dass diese Entscheidung die Möglichkeit bietet, das Unternehmen zukunftssicher zu machen und den Mitarbeitenden neue Entwicklungsmöglichkeiten zu eröffnen, auch wenn dies kurzfristig mit Risiken verbunden ist.◄

5.2.2 Zum Gewissen als „Entscheidungskompass"

Die Überlegungen zum Zeitflussmodell bieten einen tiefgreifenden Einblick in das menschliche Dasein, indem es drei zentrale Aspekte beleuchtet (vgl. Ahrendt 2022, S. 85 ff.):

- **Bewusstsein des Entscheidens:** Das Modell verdeutlicht, dass Zeit eine der kostbarsten Ressourcen des Menschen ist. In jedem Augenblick, der ihm im Raum und in der Zeit gegeben wird, steht der Mensch vor der Notwendigkeit,

Entscheidungen zu treffen. Frankl betont, dass das menschliche Sein ein „entscheidendes Sein" ist. Die Gegenwart wird so zum Raum, in dem der Mensch die Freiheit und zugleich die Verantwortung hat, Entscheidungen zu fällen, die sein Leben formen.

- **Der Qualitätsmaßstab der Entscheidung:** Viele Zeitmanagement-Modelle basieren auf einer quantitativen Betrachtung der Zeit, indem sie diese als festgelegte Ressource betrachten, die jeden Tag neu verteilt werden muss. Häufig bleibt dabei jedoch die Frage unbeantwortet, wie die Qualität der genutzten Zeit gemessen werden kann. Modelle wie das Eisenhower-Prinzip unterscheiden zwischen „Wichtigkeit" und „Dringlichkeit", doch gerade die „Wichtigkeit" bleibt oft schwer greifbar. Frankl bietet mit der „sinnvollen Möglichkeit" einen präzisen und zugleich anspruchsvollen Maßstab an, der auf den Sinn einer Handlung fokussiert, unabhängig von persönlichen Vorlieben oder momentanen Impulsen (vgl. hierzu auch Abschn. 4.2.2). Die Zeit wird auf diese Weise nicht nur nach ihrer Quantität, sondern vor allem nach ihrer Qualität bewertet, was eine grundlegende Verschiebung in der Betrachtung von Zeitmanagement bedeutet.
- **Fähigkeit zum Entscheiden:** Das Zeitflussmodell betont einen weiteren wichtigen Aspekt: Wenn das menschliche Sein ein Sich-entscheidendes-Sein ist und der Maßstab für Entscheidungen der Sinn ist, dann besitzt jeder Mensch grundsätzlich die Fähigkeit, Entscheidungen auch treffen zu können. Diese Fähigkeit, Entscheidungen zu fällen und umzusetzen, ist erlernbar und entwickelbar.

▶   Frankls Zeitflussmodell hebt die Gestaltungsfreiheit und die Verantwortung jedes Menschen hervor, sein Leben sinnzentriert zu führen. Da die menschliche Existenz zeitlich begrenzt ist und der Zeitpunkt des Todes ungewiss bleibt, wird die Zeit zur wertvollsten Ressource, über die der Mensch verfügt. Der Sinn, den ein Mensch in jedem Augenblick seines Lebens erkennen und umsetzen kann, wird somit zum entscheidenden Maßstab, an dem die Bedeutung und Wertigkeit der in einem Augenblick zur Verfügung stehenden Möglichkeiten gemessen werden.

Für das Erkennen und Entscheiden der jeweils sinnvollen Möglichkeit in einem Augenblick verfügt gemäß Frankl jeder Mensch über ein Gewissen. Dieses Gewissen ist eine intuitive Instanz, die über das Bewusstsein hinausgeht und den Menschen auf den Sinn hinweist, der in jeder Situation enthalten resp. verborgen ist. Frankl definiert das Gewissen als „Sinn-Organ" und beschreibt es als die Fähigkeit, den einzigartigen und einmaligen Sinn, der in jeder Situation liegt, intuitiv zu erfassen (vgl. Frankl 2015, S. 87; für eine ausführlichere Darlegung zum Gewissen vgl. Ahrendt 2023).

Das Gewissen geht über das menschliche Bewusstsein hinaus und verweist auf eine noetische Vorwegnahme, die in einem Werteverständnis wurzelt. Es ist vor der bestehenden Logik und Moral angesiedelt und kann als „prälogisch" sowie „prämoralisch" beschrieben werden (vgl. Frankl 1999, S. 23). Während das Bewusstsein das gegenwärtige Sein erfasst, richtet sich das Gewissen auf den Sinn, der noch nicht realisiert ist, aber als Sein-Sollendes angestrebt wird (vgl. Frankl 1999, S. 23 f.). Dieses tiefgehende Wissen kann auch als „Weisheit des Herzens" bezeichnet werden (Frankl 1991, S. 170).

▶ Das Gewissen kann dem Menschen als „Entscheidungskompass" die- nen, da es Werte kennt, die über bestehende Normen und Regeln hinausgehen und auf die jeweils sinnvolle Möglichkeit hinweisen. Es dient dem Menschen als Kompass bei seiner Orientierung im Leben (vgl. Frankl 1999, S. 25; Lukas 2014, S. 31). Da Entscheidungen innerhalb eines gewissen Freiraums getroffen werden können, sollten diese idealerweise in Übereinstimmung mit dem Gewissen erfolgen. Die Entscheidung, dem Gewissen zu folgen oder nicht, bleibt immer dem Einzelnen überlassen.

Das Gewissen äußert sich meist leise und sanft und bietet dem Menschen eine innere Stimme oder ein Gefühl, das anzeigt, was „an sich gut" und im Hinblick auf das Sein-Sollende wahr ist. In diesem Sinne kann das Gewissen als „beste Freundin" oder „bester Freund" des Menschen betrachtet werden. Die Fähigkeit, auf das Gewissen zu hören, verleiht dem Menschen eine Form von Souveräni- tät, da sie es ihm ermöglicht, unabhängig von äußeren Einflüssen und eigenen Schwächen, Entscheidungen zu treffen, die seiner inneren Wahrheit entsprechen.

▶ **Tipp**
Ahrendt und Keding beschreiben zwei Ausdrucksformen des Gewis- sens, Gespür und Intuition (vgl. 2022, S. 75–83):

• **Intuition:** Die Intuition äußert sich in plötzlichen, oft unerklärli- chen Impulsen, die uns zu Handlungen führen, deren Sinn sich erst später erschließt. Intuition ist nicht verfügbar und entzieht sich der bewussten Kontrolle. Sie verlangt innere Offenheit und Abwesenheit von Erwartungen oder egoistischer Motivation, um

wahrgenommen zu werden. Es kann jedoch eine Situation oder
ein Umfeld gesucht werden, indem diese Intuition sich (leichter)
einstellen kann (Beispiele: Kreatives Umfeld, Entspannung, selbst-
vergessende Offenheit, störungsfreie Zeit).

- **Gespür:** Das Gespür entwickelt sich demgegenüber aus einer sub-
tilen Wahrnehmung, die allmählich an Klarheit gewinnt. Es entsteht
aus einer aktiven Resonanz mit der Umwelt, erfordert aktive Auseinandersetzung und kann gezielt geschult werden. Anders als die
Intuition ermöglicht das Gespür eine bewusste Nachverfolgung,
um Erkenntnisse zu vertiefen. Es dient als steter Begleiter, der auf
äußere Signale reagiert (etwa Spannungen zwischen Menschen
oder subtile Veränderungen in der Atmosphäre).

Beide Qualitäten bereichern das zwischenmenschliche Miteinander
und können durch Übung, Reflexion und Begleitung weiterentwickelt
werden. Es ist wichtig, die Empfindung für das eigene Gewissen zu
entwickeln und kontinuierlich zu schärfen. Verschiedene Methoden
können helfen, das Gewissen zu trainieren, darunter das Beschäftigen
mit Werten, das Reflektieren über mögliche Konsequenzen, das achtsame Handeln und das Üben von Demut und Toleranz. In der Stille
kann der Mensch oft besonders gut in sich hineinhorchen und sein
Gewissen wahrnehmen.

Auch wenn das Gewissen eine unverzichtbare Orientierung bietet, ist es nicht
unfehlbar. Fehler und Irrtümer können nicht vollständig ausgeschlossen werden.
Dennoch stellt das Gewissen das beste verfügbare Instrument dar, um den Sinn
eines Augenblicks zu erkennen. Lukas hebt hervor, dass trotz möglicher Irrtümer die Orientierung an der objektiven Sinnhaftigkeit der beste Maßstab für
Gewissensentscheidungen bleibt (vgl. Lukas 2014, S. 30; vgl. hierzu auch die
Überlegungen von Ahrendt und Keding 2022, S. 74).

5.2.3 Veränderungen gehören zum Leben dazu

Jeder Augenblick im Leben eines Menschen enthält im Sinne des Zeitflussmodells eine Aufforderung an den Menschen, eine Wahl zu treffen. Indem der
Mensch sich in einem konkreten Augenblick (also ad personam und ad situa-
tionem) für eine Möglichkeit entscheidet und diese verwirklicht, bringt er seine
Individualität zum Ausdruck. Er manifestiert sich als ein „entscheidendes Sein":

Jeder Augenblick fordert eine neue Entscheidung, und jede Entscheidung spiegelt die persönlich gelebte Verantwortung wider. Der Mensch vollzieht somit eine Entscheidung, die zu einem bestimmten Verhalten führt, sei es bewusst oder unbewusst, sichtbar oder unsichtbar für andere.

Ein Mensch kann sich etwa für eine bestimmte Möglichkeit entscheiden und diese konsequent umsetzen, oder er kann sich dazu entscheiden, die Entscheidung hinauszuzögern. Ebenso ist es möglich, dass jemand eine Entscheidung trifft, dann aber eine andere Möglichkeit realisiert (vgl. hierzu auch Abschn. 4.2.5). Unabhängig davon, wie der Mensch sich verhält, gestaltet er aktiv seine Wirklichkeit. Insofern kommen stets drei Aspekte des menschlichen Seins in jedem Augenblick zum Ausdruck:

a) **Der Mensch als entscheidendes Sein:** In jedem Augenblick wird der Mensch aufgefordert, eine Entscheidung zu treffen.
b) **Der Mensch als sich einbringendes Sein:** Der Mensch lässt eine Möglichkeit Wirklichkeit werden, indem er seine vorhandenen Kompetenzen in diesen Moment in einer bestimmten – quantitativen wie qualitativen – Weise einbringt.
c) **Der Mensch als visionäres Wesen:** Nichts ist im Grunde vorherbestimmt. Folgen wir dem vorher beschriebenen Prinzip b), so ist es ratsam, eine zuversichtliche Vision – eine mutmachende Utopie, keine niederdrückende Dystopie – von der Zukunft zu entwerfen und sie zur Basis für Entscheidungen und Handlungen zu machen. Dies ist gerade in einem unsteten, permanent veränderlichen, agilen Umfeld angebracht. Denn es braucht einen festen Grund, eine „innere Stabilität" aller in der Organisation Tätigen, um auf „etwas hinleben, hinwirken" zu können. Hier kann dem französischen Soziologen Jean Viard gefolgt werden, dessen Motto es ist (2024, S. 15): „Versucht es doch mal mit einem zuversichtlichen Zukunftsbild" (vgl. auch Abschn. 9.2.3).

Frankl schreibt in seinem berühmten Buch „… trotzdem Ja zum Leben sagen" (1992, S. 121): „Wer an eine Zukunft, wer an seine Zukunft nicht mehr zu glauben vermag, ist hingegen im Lager [Anmerkung: Konzentrationslager] verloren. Mit der Zukunft verliert er den geistigen Halt, lässt sich innerlich fallen und verfällt sowohl körperlich, als auch seelisch." Die extreme Situation eines Lagers – Frankl spricht ja vom Leben im Konzentrationslager – haben wir bei uns nun wirklich nicht. Die Aussage von Frankl kann andererseits aber auf die heutige Zeit insoweit übertragen werden, als Menschen und Organisationen etwas brauchen, was sie „anzieht", ihnen geistiger Halt ist – ein Glaube an die Zukunft also. Der Mensch als visionäres Wesen wird erst durch sein konkretes Tun zum zukunftsorientierten Wesen. Allein das Zukunftsbild reicht nicht, es braucht die Tat.

▶ **Wichtig**

Wenn wir vor einer Herausforderung stehen oder eine Krise erleben, stellen wir uns oft die Frage *Warum?* (zum Beispiel „Warum gerade ich?" oder „Warum genau jetzt?"). Wenngleich sie in einigen Fällen zur Klärung beitragen kann, führt sie uns oft in nicht endende Gedankenspiralen über die Vergangenheit. Hilfreicher kann es deshalb sein, die Frage *Wozu?* zu stellen, die unseren Blickwinkel ändert.

Die Frage *Warum?* ist im Wesentlichen durch folgende Aspekte gekennzeichnet:

* Zeitbezug: Retrospektiv, also ein starker Fokus auf die Vergangenheit
* Haltung: Eher defensiv, abhängig von anderen
* Handlung: Abwehren

Im Gegensatz dazu ist die Frage *Wozu?* durch folgende Charakteristika geprägt:

* Zeitbezug: Prospektiv, also der Fokus auf die Gegenwart und/oder Zukunft
* Haltung: Aktiv, selbstwirksam
* Handlung: Gestalten

Mit der Frage *Wozu?* (bspw. Wozu fordert mich diese Situation jetzt heraus?) können wir eine neue Perspektive auf eine scheinbar aussichtslose oder stagnierende Situation entwickeln und somit zu neuer (Gestaltungs)Kraft kommen.

Indem sich jedoch der Mensch für etwas entscheidet und für die Umsetzung seine Kompetenzen einbringt, verändert er seine Mitwelt. Entscheidet er sich hierbei für die Realisierung der sinnvollen Möglichkeit, verändert er sie in der Regel für alle Beteiligten zum Positiven. Da jeder Mensch in jedem konkreten Moment sich immer aufs Neue entscheidet und realisiert, verändert sich die (Mit)Welt somit in einem stetigen Fluss allein durch das menschliche Handeln. Hinzu kommen all jene Ereignisse, die Menschen nicht (direkt) beeinflussen (etwa Naturereignisse).

▶ **Wichtig**

Das Leben im Allgemeinen und das Leben jedes Menschen im Speziellen befinden sich in einem ständigen Veränderungsprozess. Veränderungen sind „normal" und gehören dazu. Statt sie also in „positive" und „negative" Veränderungen zu unterteilen, dabei die einen anzustreben und die anderen möglichst zu vermeiden, sollten wir als Menschen lernen, Veränderungen vom Grundsatz her als etwas zum Leben Dazugehöriges zu verinnerlichen – so schmerzhaft sie auch manchmal sein können:

> „Das Leben ist wie Schokolade: süß und bitter. Es ist ein ständiger Veränderungsprozess und fordert uns auf, unsere Einzigartigkeit zu leben. Das Bestmögliche aus uns herauszuholen und zu entwickeln. Egal, ob als Mensch oder als Organisation." (www.berndahrendt.de)

5.2.4 Gestaltung durch die Ausrichtung auf die Zukunft: Denken in der Realisierung

Alle drei Zeitbereiche haben ihre ganz eigene, wichtige Bedeutung für den Menschen:

a) Die Vergangenheit wird zur Hüterin des Verwirklichten. Das betont auch Frankl, wenn er schreibt (1992, S. 60):

> „Im Vergangensein ist nämlich nichts unwiederbringlich verloren, vielmehr alles unverlierbar geborgen. Für gewöhnlich sieht der Mensch nur das Stoppelfeld der Vergänglichkeit; was er übersieht, sind die vollen Scheunen des Vergangenseins. Was immer wir getan und geschaffen haben, was immer wir erlebt und erfahren haben – wir haben es in diese Scheunen hineingerettet, und nichts und niemand kann es jemals wieder aus der Welt schaffen."

Das Bewahren der im Leben geschaffenen Wirklichkeiten wird zu einem zentralen Aspekt menschlicher Verantwortung. Die Frage „Was möchte ich in die Vergangenheit hineinretten?" verdeutlicht, dass die Vergangenheit zur eigentlichen Zukunft des Menschen wird. Die Entscheidungen und Handlungen der Gegenwart formen nicht nur das, was war, sondern schaffen zugleich die Grundlage für das, was als dauerhaft wertvoll und bedeutsam in Erinnerung bleibt.

b) Das Zeitflussmodell verweist des Weiteren auf die in der Gegenwart und Zukunft liegenden Chancen und Potenziale. Damit aber betont es die Bedeutung des Menschen als Mit-Gestalter seines Lebens. Gegenwart und Zukunft werden zu den entscheidenden Ausrichtungen für die individuelle Lebensgestaltung.

Die Entscheidung, auf welche Weise das eigene Leben mitgestaltet wird, ist somit von zentraler Bedeutung: Obwohl die Vergangenheit nicht mehr geändert werden kann, bleibt die Möglichkeit bestehen, im Hier und Jetzt bewusste Entscheidungen zu treffen und das eigene Leben aktiv zu formen. Auf diese Weise wird die Vergangenheit zu einem wertvollen Fundament, während die Gegenwart und Zukunft jene Räume bieten, in denen das Leben weiterentwickelt und Sinn gefunden werden kann.

Die Gegenwart stellt hierbei den zentralen Gestaltungsraum des Menschen dar (Lukas spricht hierbei von der Gegenwart als „Verfügungsraum" (Lukas 2020b, S. 42), da er nur in diesem Zeitbereich agieren kann. Da es bei der Gestaltung immer darum geht, einen aktuellen Ist-Zustand in einen noch nicht vorhandenen Soll-Zustand (im Fall der sinnvollen Möglichkeit also das Sein-Sollende) zu verändern, rückt für die aktive Gestaltung der für möglich gehaltenen Zukunft in den Fokus.

Gestaltung ist somit Ausrichtung auf die Zukunft als möglichst Sein-Sollendes. Diese kann sich der Mensch in den unterschiedlichsten Szenarien vorstellen. Eine solche Vorstellungskraft setzt allerdings voraus, dass der Mensch über einen freien Willen verfügt (vgl. Abschn. 3.2.1). Entsprechend führt die Zukunftsforscherin Florence Gaub aus (2023, S. 37):

„Sich die Zukunft vorstellen zu können, hat aber eine noch viel abstraktere Funktion, nämlich unterstützt sie die Idee, dass der Mensch einen freien Willen hat und damit für seine Handlungen voll selbst verantwortlich ist. Das wiederum ist eine philosophische Frage, die schon seit Aristoteles (und bis heute) unter Philosophen und Theologen erhitzt diskutiert wird. Gegner der Ideen des freien Willens sind sowohl Fatalisten als auch Deterministen. Fatalisten glauben, dass es keinen freien Willen gibt, das Schicksal des Einzelnen steht fest und kann nicht verändert werden. Nach dieser Logik ist das eigene Leben wie ein Film, bei dem man nur Zuschauer ist, das Ende ist von Anfang an vorherbestimmt, egal ob man Popcorn auf die Leinwand wirft oder nicht. Der Determinismus dagegen geht zwar ebenfalls davon aus, dass das Schicksal feststeht, aber gibt dem Menschen die Illusion, Entscheidungsfreiheit zu haben, dabei ist es genau diese Entscheidung, die das Schicksal in Bewegung setzt. Ein Beispiel dafür sind »Choose Your Own Adventure«-Bücher, bei denen der Leser immer wieder aus verschiedenen Optionen wählen, aber selbst keine neuen hinzufügen kann.

Für beide Denkschulen ist die Zukunftsfähigkeit irrelevant, denn die Zukunft ist schon vorherbestimmt."

Der Sinn als Qualitätsmaßstab wirkt hierbei wie ein Horizont, der uns eine Richtung und damit Orientierung bietet, jedoch niemals vollständig erreichbar ist. Dieser Horizont dient als Leitlinie, die uns hilft, unsere Entscheidungen und Handlungen auszurichten, ohne dass wir ihn jemals ganz erreichen können. In diesem Sinne ist die Zukunft immer nur so positiv, wie wir sie uns vorstellen können. Sie bleibt eine Projektion unserer Ziele, Werte und Wünsche, die uns antreibt, unser Handeln in der Gegenwart zu gestalten, auch wenn die vollständige Verwirklichung dieses Ideals unerreichbar bleibt. Sich über die (eigenen) verschiedene Zukunftsszenarien Gedanken zu machen, öffnet dabei den eigenen Freiraum, wie auch Gaub betont (2023, S. 39):

> „So betrachtet besteht der eigentliche Zweck der Zukunft für den Menschen nicht nur darin, zu überleben und sich in der Ungewissheit sicherer zu fühlen, sondern auch darin, Optionen zu schaffen, aus denen man wählen kann. Und je mehr Optionen es gibt, desto größer ist die Freiheit zu wählen. Um den Gedanken noch weiter zu treiben: Je mehr Zukünfte man sich vorstellen kann, desto freier ist man."

▶ **Wichtig**

Gestaltung ist Ausrichtung auf die Zukunft. Das bedeutet jedoch nichts anderes, als darüber nachzudenken, was auf welche Weise umgesetzt wird. Gestaltung ist daher „Denken in der Realisierung". Damit wird zudem deutlich, dass eine gesunde Ausrichtung auf die Zukunft immer die nähere Zukunft meint, also jene, die bereits in „greifbare Nähe" gekommen ist, frei von Belastungen der Vergangenheit und/oder der Angst mit Blick auf die fernere Zukunft – ein Fokus, den Lukas (2003, S. 14) auch als „noetische Temporalität bei seelisch gesunden Menschen" bezeichnet.

Unser Ausdruck „Denken in der Realisierung" betont die Dynamik, die jedem konkretem Augenblick innewohnt. Sie verdeutlicht die Wechselwirkung zwischen Entscheidung und Handlung und hebt auf diese Weise den tieferen Sinn und die Bedeutung der Gegenwart hervor.

Denken in der Realisierung: Der Mensch gestaltet in der Gegenwart, indem er bereits auf die (zu diesem Zeitpunkt erkennbaren)

Möglichkeiten der Zukunft schaut und überlegt, welche dieser Möglichkeiten so werte-voll ist, dass sie verwirklichungswürdig ist. Um sie dann auch bestmöglich umzusetzen.

5.2.5   Zeit – ein werte-volles Gut

Wenn Führung auf festem Grund stehen soll, ist der Umgang mit der Zeit ein bedeutender Faktor im Zusammenwirken von Menschen. Führungsverantwortliche haben dabei eine zweifache Verantwortung: erstens, Verantwortung für die eigene Zeitnutzung; zweitens, Verantwortung für die Zeitnutzung im Zusammenspiel mit anderen (zum Verständnis von Organisationen als lebendige Gemeinschaften vgl. Abschn. 6.2.1)

Mit dieser Verantwortung verbunden scheint die Frage auf, für was ich oder wir wie die Zeit, die ja Lebenszeit für jeden bedeutet, nutze bzw. nutzen. Es können Werte oder Unwerte sein (vgl. auch Abschn. 10.2.4; ferner Ahrendt et al. 2024, S. 20 f.).

* Werte – Beispiele: Kreative Problemlösungsprozesse, kooperative Zusammenarbeit, Zuverlässigkeit, themenkonzentrierte Kommunikation.
* Unwerte – Beispiele: Streitereien, oppositionelles Verhalten, Machtgehabe.

Es ist nachvollziehbar, dass im ersten Fall eine motivierende und im zweiten Fall eine frustrierende Atmosphäre entstehen kann. Wir wollen mit diesem Kapitel der Bedeutung dieser Zeitnutzung gerecht werden, denn Zeit ist weder vermehrbar, noch ansparbar. Zeit ist eine Maßeinheit, die uns ein Zusammenwirken geordnet möglich macht. Es geht immer um die Qualität, die wir der Zeit in der Gegenwart geben, im konkreten Augenblick eines Geschehens.

▶   In der Gegenwart wählen wir unter vielen Möglichkeiten immer aus und durch die nachfolgende Handlung schaffen wir in die Zukunft hinein. So ist der Zukunftsraum zugleich der Raum der Möglichkeiten. Die gewählte und verwirkliche Entscheidung wird dann zur Wirklichkeit, „gerettet" in die Vergangenheit. Der Augenblick der Entscheidung im Jetzt zeigt die Verantwortung für morgen. Und dieses Morgen kann nicht besser sein, als unsere Entscheidung heute ist. Daraus folgt die Überlegung, was ich bzw. was wir in Zukunft verwirklichungswürdig finden.

Nun ist dies nicht nur ein Thema im organisationalen Kontext, sondern ebenso in der persönlichen Lebenswelt. Führungsverantwortliche sind damit aufgefordert, die eigene Zeitnutzung zu reflektieren. Beispiel 1: Wenn ich mich immer wieder unpünktlich verhalte und Zusagen nicht einhalte, so bin ich unzuverlässig. Solch eine Haltung wird sich (meistens) dann auch in der Führung von Mitarbeitenden wieder finden. Beispiel 2: Wenn ich selbst strukturiert, geordnet und mir selbst gegenüber zuverlässig handle, wird sich dies auch im Zusammenspiel in der Organisation zeigen. So sagte Edward Young einmal (1999): „Verschwendete Zeit ist Dasein. Gebrauchte Zeit ist Leben." Der Umgang mit der Zeit ist eine elementare Qualität der Selbstführung und Selbstorganisation. Eine zentrale Frage ist dabei: Wie kann eine „Prozessqualität" geschaffen werden, die für alle Beteiligten nützlich ist? Dabei schlägt sich auch die Zeitqualität (wie und wofür nutze ich die zur Verfügung stehende Zeit) im Leistungsprozess nieder.

Eine solche Qualität kann nicht „von oben" verordnet oder „von außen" vorgegeben, noch durch irgendwelche Fakten und Kennziffern hervorgebracht werden, sondern weitgehend durch die Mitgestaltung aller an einem Leistungsprozess unmittelbar Beteiligten. Und solch eine Qualität entwickelt sich nicht, wenn durch eine permanente Beschleunigung, durch Druck und/oder Überforderung der Beteiligten versucht wird, eine Organisation voran zu bringen. Führungsverantwortliche sind somit doppelt gefordert, a) was sie selbst betrifft und b) was die organisationale Gemeinschaft betrifft.

> **Tipp**
> Zeit ist ein wertvolles Gut, das durch klare Strukturen, Werteorientierung, Konzentration und effektive Zusammenarbeit sinnvoll genutzt werden kann. Selbstführung und ein werteorientierter Umgang mit Zeit fördern nicht nur die eigene Produktivität, sondern auch die Effizienz und den Erfolg von Organisationen. Daher hier nochmal einige praktische Tipps:
>
> • **Systematik & Struktur:** Zeitkompetenz ergänzt die klassischen fünf Kernkompetenzen von Führungskräften (Fach-, Methoden-, Sozial-, personale und Sinn-/Wertekompetenz) und ist essenziell für effektive Führung. Eine kritische Selbstanalyse der eigenen Zeitkompetenz hilft, ineffiziente Verhaltensmuster zu identifizieren, z. B. zu viel selbst zu erledigen, Spontanentscheidungen ohne Grundlage zu treffen oder Aufgaben unzureichend zu delegieren. Zeitmanagement verlangt klare Ziele, präzise Kommunikation, strukturierte Tagespläne und die Fähigkeit, Wichtiges von Dringendem

zu unterscheiden. Effektive Arbeitssystematik reduziert Chaos und verbessert die Effizienz.

• **Werteklarheit:** Werte bieten Orientierung und setzen qualitative Prioritäten in Handlungen und Projekten. In einer hektischen Welt, die schnelle Ergebnisse fordert, wird die Qualität oft vernachlässigt. Doch nachhaltige Qualität braucht Zeit und Ruhe wie es am Beispiel von Bier- oder Brotproduktion deutlich wird. Zeitdruck führt häufig zu suboptimalen Lösungen, die später korrigiert werden müssen. Werteklarheit innerhalb einer Organisation fördert die Sinnorientierung und nachhaltige Entscheidungen. Eine ruhige und reflektierte Herangehensweise stärkt die Qualität und den Wert von Ergebnissen.

• **Konzentration:** Ein strukturierter Tages- und Wochenplan schafft einen Rahmen für Prioritäten und Reserven für Unvorhergesehenes. Konzentration und Zeitrhythmen, z. B. 2 h Arbeit gefolgt von 20 Min. Pause, fördern Effizienz. Unerledigte Aufgaben belasten und reduzieren die Leistungsfähigkeit. Digitale Störquellen sollten bewusst eingeschränkt werden, indem feste Zeitfenster für E-Mails, Anrufe oder Nachrichten definiert werden. Konzentrierte Arbeit ohne Unterbrechungen vermeidet den sogenannten „Sägeblatteffekt", bei dem die Leistung durch ständige Ablenkungen stark sinkt.

• **Entscheiden und Handeln:** Klare Prioritäten, etwa nach dem Eisenhower-Prinzip, helfen, Wichtiges von Dringendem zu unterscheiden. Aktionismus ohne tiefere Reflexion ist ineffizient. Entscheidungen sollten ein klares „Wofür" haben. Häufige Probleme wie Entscheidungsangst oder Lippenbekenntnisse lassen sich durch gezielte Reflexion und ein langfristiges Zielbewusstsein überwinden. Gute Entscheidungen basieren auf einem stabilen Wertefundament und fördern zielgerichtetes Handeln.

• **Zeitwert achten:** Zeit ist ein begrenztes Gut und sollte bewusst genutzt werden. Arbeitszeit kann nach Prioritäten aufgeteilt werden: 60 % für wichtige Aufgaben (A), 30 % für weniger wichtige (B), und 10 % für Unvorhergesehenes. Zeitlimits, z. B. für Meetings, verhindern ineffizienten Zeitverbrauch. Neue Gewohnheiten können durch konsequentes Handeln über 4 Wochen etabliert werden. Zudem sollte die Zeitplanung persönliche Leistungshochs und -tiefs berücksichtigen, um Aufgaben effizient zu erledigen. Ruhezeiten sind essenziell für Regeneration und Produktivität. Nach dem

vergangenen „Schluss mit dem Mythos der offenen Tür", sollte es
heute heißen: „Schluss mit dem Mythos der jederzeitigen Erreich-
barkeit." Jeder Mensch hat das Recht und für sich die Pflicht,
Erholzeiten zu nutzen, um Kraft zu schöpfen und leistungsfähig zu
sein.

- **Kooperation:** Effektive Zusammenarbeit erfordert klare Abspra-
  chen über Verantwortlichkeiten, Aufgaben und Fristen. Temporäre
  Unterstützung durch Kolleginnen und Kollegen kann die Qualität von Projekten verbessern. Besprechungen und Meetings sollten regelmäßig auf ihre Wirksamkeit überprüft werden. Eine gute
  Kommunikationskultur stärkt Beziehungen und fördert die Zusammenarbeit.
- **Koordination:** Effiziente Arbeitsabläufe verlangen klare Zustän-
  digkeiten und Schnittstellen. Dokumentationen sollten auf das
  Wesentliche reduziert werden, z. B. durch Prioritätenlisten (A-B-C-
  Kategorisierung). Ziel der Koordination ist es, dass kompetente Personen ihren Beitrag zur Organisation leisten können, ohne durch
  übermäßigen Druck oder ineffiziente Abläufe behindert zu werden.
  Selbstbestimmung und Bewusstsein für die eigenen Potenziale
  entlasten und fördern eine nachhaltige Selbstführung.
- **Meetings:** Meetings sind häufig ineffizient, da sie schlecht vorbe-
  reitet oder strukturiert sind. Erfolgreiche Besprechungen erfordern:
  - Einladung mit klaren Details (Ort, Zeit, Ziel, erwartete Vorberei-
    tungen).
  - Effiziente Teilnehmerzahl (5–7 Personen).
  - Zielorientierung statt problemorientierter Diskussion.
  - Klare Struktur und Zeitlimits für Tagesordnungspunkte.
  - Konstruktive Kommunikation und Einbindung aller Teilnehmen-
    den.
  - Pünktlichkeit und Wertschätzung aller Anwesenden.
- Die Meetingkultur sollte die Zusammenarbeit fördern, indem sie
  klare Ergebnisse, Entscheidungsfindung und Zielverfolgung ermög-
  licht. Frust durch ineffiziente oder destruktive Diskussionen wird
  vermieden, wenn Fokus auf Lösungen gelegt und destruktive Kritik
  vermieden wird.

5.3   Folgerungen für die Praxis

5.3.1   Selbstführung

- **Zeit als Raum für neue Möglichkeiten sehen.** Betrachten Sie Zeit als Raum, in dem Sie kreative und sinnvolle Entscheidungen treffen können. Nehmen Sie sich bewusst Zeit, um über Ihre Optionen nachzudenken und sich gezielt für die sinnvolle Möglichkeit zu entscheiden.
- **Auf etwas wert(e)- und sinnvolles „Hinleben" und Engagement darauf ausrichten.** Richten Sie Ihre Energie auf Ziele aus, die persönlich und beruflich sinnvoll sind. Planen Sie Ihre Aktivitäten so, dass sie langfristigen Wert umsetzen, und überprüfen Sie regelmäßig, ob Ihre Handlungen zum Erreichen Ihrer sinnvollen Ziele beitragen.
- **Die existentielle Bedeutung des Gewissens annehmen und das Gewissen trainieren.** Vertrauen Sie Ihrer inneren Stimme, um in schwierigen Situationen Entscheidungen zu treffen. Üben Sie, auf Ihr Gewissen zu hören, indem Sie sich regelmäßig fragen, was im Moment richtig und sinnvoll ist. Ziel dieser Übung ist es, den Sinn des Augenblicks als die wichtigste Aktualität zu erkennen.
- **Denken als Wahl in der Gegenwart für die Realisierung des Zukünftigen.** Nutzen Sie jeden Augenblick, um bewusst zu handeln und Verantwortung für die Zukunft zu übernehmen. Entwickeln Sie eine tägliche Routine, in der Sie sich fragen, welche Handlung heute einen positiven Unterschied für morgen machen kann.

5.3.2   Führung

- **Sich vergangener (erfolgreicher) und zukünftiger (sinnvoller) Möglichkeiten bewusst werden (und danach handeln).** Nutzen Sie Erfahrungen aus der Vergangenheit, um realistische, aber inspirierende Visionen für die Zukunft zu entwickeln. Fördern Sie Diskussionen im Team darüber, welche Potenziale die Vergangenheit bietet und wie diese für die Zukunft genutzt werden können.
- **Das Gewissen als Grundlage für Entscheidungsprozesse einbinden.** Binden Sie bei Entscheidungen die Werte der Organisation und des Teams ein. Schaffen Sie Räume, in denen Mitarbeitende ihre Perspektiven teilen und so zu einer wertebasierten Entscheidungsfindung beitragen.
- **Durch das Handeln heute der Verantwortung für morgen gerecht werden.** Treffen Sie Entscheidungen, die nicht nur aktuelle Herausforderungen lösen,

sondern auch zukünftige Entwicklungen ermöglichen. Kommunizieren Sie Ihre langfristigen Überlegungen, um das Verantwortungsbewusstsein im Team zu stärken.

• **Zeitqualität als Führungskultur etablieren.** Fördern Sie eine Kultur, in der Zeit nicht nur als Ressource, sondern als wertvolles Gut betrachtet wird. Schaffen Sie eine Atmosphäre, die konstruktive Zusammenarbeit ermöglicht und unnötige Hektik oder Verschwendung von Zeitressourcen minimiert.

Literatur

Ahrendt B (2022) Der Mensch zwischen Möglichkeit und Wirklichkeit. In: Elisabeth-Lukas-Archiv (Hrsg) ...und es geht weiter. Elisabeth Lukas zum 80. Geburtstag. Elisabeth-Lukas-Archiv gGmbH, Bamberg, S 83–87

Ahrendt B (2023) Lebenssinn und Psychotherapie. Viktor E. Frankl und die Logotherapie. In: Jüttemann G (Hrsg) Wie der Mensch sich selbst entdeckte: Zur Psychologie des Erkennens von Sinn. Psychosozial-Verlag, Gießen, S 167–175

Ahrendt B, Keding C (2022) Sinnorientierung und Tiefgangprinzip in Coaching und Beratung. Einfacher zum Wesentlichen gelangen. Beltz, Weinheim

Ahrendt B, Bürklin N, Ostberg PM (2024) Wege agiler Führung – mit Sinn. Praktische Grundlagen für lebendige Organisationen. Berlin: Springer Gabler

Frankl VE (1991) Der Wille zum Sinn. Ausgewählte Vorträge über Logotherapie. Piper, München

Frankl VE (1992) ... trotzdem Ja zum Leben sagen. 11. Auflage. München: Deutscher Taschenbuch Verlag

Frankl VE (1999) Der unbewusste Gott. Psychotherapie und Religion, 5. Aufl. Deutscher Taschenbuch Verlag, München

Frankl VE (2015) Ärztliche Seelsorge, Grundlagen der Logotherapie und Existenzanalyse, 6. Aufl. Deutscher Taschenbuch Verlag, München

Gaub F (2023) Zukunft: Eine Bedienungsanleitung. Deutscher Taschenbuch Verlag, München

Lukas E (2003) Psychotherapie in Würde. Sinnorientierte Lebenshilfe nach Viktor E. Frankl. Beltz, Weinheim

Lukas E (2014) Lehrbuch der Logotherapie. Menschenbild und Methoden, 4. Aufl. Profil, Wien

Lukas E (2020a) Eine kurze Einführung in die Logotherapie. Fragen von Bernd Ahrendt an Elisabeth Lukas. In: Lukas E, Schönfeld, H (Hrsg) Psychotherapie in Würde. Logotherapie konkret. Elisabeth-Lukas-Archiv gGmbH, Bamberg, S 11–30

Lukas E (2020b) Was wirklich zählt. Worte als Wegbegleiter. Neue Stadt, München

Viard J (2024) In: Reißt euch zusammen. Süddeutsche Zeitung, Ausgabe vom 09./10. November 2024, S 15

Young E (1999) Zitat gefunden unter https://www.aphorismen.de/zitat/19680. Zugegriffen: 30. Nov. 2024

Fünfter Impuls: Führung ist Ausrichtung auf die Mitwelt

6

Zusammenfassung

Organisationen sind mehr als Strukturen und Prozesse – sie sind lebendige Gemeinschaften, in denen Werte verwirklicht und Beziehungen gestaltet werden. Dieses Kapitel zeigt, wie Führungskräfte durch Selbst-Distanzierung und Selbst-Transzendenz nicht nur die Leistung der Gemeinschaft, sondern auch die persönliche Sinnorientierung aller Mitglieder fördern können.

6.1   Kernaussagen

- Die Sichtweise von Organisationen als lebendige Gemeinschaften betont die Bedeutung der individuellen Werteverwirklichung, die nicht nur das Wohl des Einzelnen, sondern auch das der gesamten Gemeinschaft im Blick hat. Durch dieses ständige Zusammenwirken der Werte entstehen gelingende Beziehungen, die sowohl die persönliche Leistungsfähigkeit als auch die Gemeinschaft fördern und die Sinnverwirklichung der Mitglieder stärken.
- Der Unterschied zwischen Job und Beruf liegt in der Sinnhaftigkeit und Identifikation mit der Tätigkeit: Während ein Job oft nur dem Gelderwerb dient, ist ein Beruf eng mit persönlicher Qualifikation, sozialer Verantwortung und Sinnerfahrung verbunden. Führungsverantwortliche, die ihre Tätigkeit als Beruf und nicht nur als Job verstehen, fördern Beziehungen und Gemeinschaftsleistung in Organisationen.
- Das traditionelle Denken in Arbeitgebende und Arbeitnehmende ist ein Anachronismus, der den wechselseitigen Abhängigkeiten und der Werteorientierung in modernen Organisationen nicht gerecht wird. Jeder Mensch fungiert sowohl als Arbeitnehmender als auch als Arbeitgebender, was einen

dynamischen Kreislauf von Leistungen und Abhängigkeiten schafft, der auf gegenseitigem Interesse und Unterstützung basiert. Eine erfolgreiche Organisation erfordert daher ein echtes Interesse an den Talenten und Fähigkeiten der anderen, um kollektive Leistung und Sinnverwirklichung zu ermöglichen.

• Für sinnzentrierte Führung ist es entscheidend, dass Führungsverantwortliche die Fähigkeiten der Selbst-Distanzierung und Selbst-Transzendenz entwickeln. Selbst-Distanzierung fördert eine objektive Sichtweise auf eigene Bedürfnisse, während Selbst-Transzendenz es ermöglicht, sich über persönliche Interessen hinaus für höhere Ziele und die Gemeinschaft zu engagieren.

6.2   Basiswissen

6.2.1   Organisationen als lebendige Gemeinschaften begreifen

Die Definition der sinnvollen Möglichkeit eines Augenblicks (vgl. Abschn. 4.2.2) verdeutlicht, dass (Selbst)Führung niemals nur auf sich selbst ausgerichtet ist, sondern stets das Wohl aller Beteiligten in den Fokus nimmt. (Selbst)Führung bedeutet daher die Ausrichtung auf die jeweilige Mitwelt. Da Sinnrealisierung immer durch die Umsetzung von Werten erfolgt, führt diese Ausrichtung zu einem ständigen Prozess, in dem Werte realisiert werden, die sich positiv auf die Mitwelt auswirken. Umgekehrt resultieren aus Werterealisierungen in der Mitwelt positive Auswirkungen auf den einzelnen Menschen. Auf diese Weise entsteht ein Zusammenwirken von Werten sowie ein Werteaustausch zwischen einem Individuum und seiner Mitwelt, was im Kontext von Organisationen einen Werteaustausch zwischen dem Organisationsmitglied und seiner Organisation bedeutet – aus einer anonymen Organisation wird eine lebendige Gemeinschaft.

▶   Die individuelle Verwirklichung von Werten führt zu einem dynamischen Austausch zwischen dem Menschen und seiner Umgebung. Dadurch entsteht eine lebendige Verbindung zwischen Individuum und Gemeinschaft, in die jeder seine Einzigartigkeit und Einmaligkeit einbringen kann und soll. Diese Besonderheit birgt ein enormes Potenzial für die Gemeinschaft: Kein Mensch ist perfekt; jeder hat seine Stärken und Schwächen. Gerade diese einzigartige Vielfalt macht jedes Individuum wertvoll und grundsätzlich unersetzlich für die Gemeinschaft.

Es entwickelt sich eine wechselseitige Beziehung zwischen Individuum und Gemeinschaft: Wie die Gemeinschaft auf ihre Mitglieder angewiesen ist, so braucht auch jedes Individuum die Gemeinschaft. Frankl beschreibt dies treffend: „Der Sinn der Gemeinschaft wird durch Individualität konstituiert und der Sinn der Individualität durch Gemeinschaft..." (Frankl 2015a S. 126). Eine Gemeinschaft wird lebendig, wenn die Individualität jedes Einzelnen erkannt und geschätzt wird, im Gegensatz zur Masse, die keine Individualität duldet. Lukas vergleicht die Gemeinschaft (hier: Familie) und ihre sinnvolle Interaktion mit einem Orchester (vgl. Lukas 2017, S. 100): Jeder Musiker ist unverzichtbar und trägt mit seiner individuellen Stimme zum Gesamtklang bei, darf jedoch nicht unabhängig spielen. Um eine harmonische Melodie zu erzeugen, bedarf es der gegenseitigen Abstimmung der Funktionen. Sollte ein Musiker eine zu geringe oder zu intensive Rolle übernehmen, leidet die gesamte Harmonie darunter.

▶   Eine erfolgreiche Gemeinschaft besteht aus Personen, die sich mit ihrer Einzigartigkeit und Einmaligkeit sowie in Freiheit und Verantwortung für das Wohl dieser Gemeinschaft einsetzen. Dabei zählt, wie sich jemand einbringt: „Dieser Sinn und Wert haftet jedoch jeweils der Leistung (als einer Leistung für die Gemeinschaft) an, nicht aber dem konkreten Beruf als solchen" (Frankl 2015a, S. 167). Wenn sich ein Individuum aktiv in die Gemeinschaft einbringt, entsteht ein kontinuierlicher Werteaustausch. Lukas bezeichnet diesen Austausch als einen „regelmäßige[n] Pulsschlag[, der] dem Individuum an Werten zurückerstattet, was es an Werten für die Gemeinschaft verwirklicht" (Lukas 1989, S. 151). Diese Beziehung zeigt die Fülle an Werten und die sinnorientierte Einbettung des Individuums in der Gemeinschaft und darf nicht mit einem reinen Nutzenverhältnis verwechselt werden.

Jeder kooperative Mensch ist somit unersetzlich und unvertretbar für eine Gemeinschaft. Es kommt nicht darauf an, wieviel jemand beitragen kann, sondern dass jeder das individuell Aufgegebene erfüllt. Frankl schreibt hierzu (2019, S. 38 f.), dass es

„nie und nimmermehr darum ... [geht], wo jemand im Leben steht, etwa in welchem Beruf er hineingestellt ist, sondern lediglich darum ... , wie er seinen Platz, seinen Kreis ausfüllt – nicht auf die Größe des Aktionsradius kommt es an, sondern darauf, ob der Kreis ausgefüllt ist, ein Leben ‚erfüllt' wird. In seinem konkreten Lebensumkreis ist jeder Mensch unersetzlich und unvertretbar, und dort ist es jeder. Die Aufgaben, die ihm das Leben auferlegt, hat nur er, und ausschließlich von ihm wird

erwartet, sie zu erfüllen. Das Leben eines Menschen, der seinen größeren Lebens-
kreis nicht vollständig ausgefüllt hat, bleibt unerfüllter als das eines Menschen, der
seinem enger gezogenen Kreis wirklich genügt. In seiner konkreten Umwelt kann dieser Schneidergehilfe mehr leisten und ein sinnvolleres, sinnerfüllteres Leben führen
als der von ihm Beneidete, sofern dieser sich seiner größeren Lebensverantwortung
nicht bewusst ist und ihr nicht gerecht wird."

Ein solches „Ausfüllen des Kreises" durch die Wertevielfalt führt zu einer
ausgeprägten Flexibilität in der Verwirklichung sinnvoller Möglichkeiten und
dadurch im Zeitverlauf zu einer Wechselwirkung zwischen Kompetenzfacetten und korrespondierenden Wertekategorien (vgl. Ahrendt und Nikolaus 2020,
S. 222):

1. Die individuelle Arbeits- und Leistungsfähigkeit wird durch die **Verwirklichung schöpferischer Werte** gestärkt, sodass der Mensch aktiv, konzentriert,
   neugierig und leistungsfähig ist. Die Verwirklichung schöpferischer Werte
   stärkt wiederum die Leistungsfähigkeit.
2. Durch die Wahrnehmung von **Erlebniswerten** wird die Liebesfähigkeit eines
   Menschen zu anderen und gegenüber der Welt gestärkt, was Vertrauen fördert
   und ihn konstruktiv, friedfertig und kooperativ macht. Dies führt wiederum zu
   einer intensiveren Liebesfähigkeit.
3. Frankl stellt fest, dass Sinnerfüllung nicht nur glücklich, sondern auch lei-
   densfähig macht (vgl. Frankl 1990, S. 67). Diese Leidensfähigkeit, auch als
   Frustrationstoleranz bekannt, entwickelt sich durch die **Umsetzung von Einstellungswerten** und die konstruktive Einstellung zu einem unabänderlichen
   negativen Schicksal. Dadurch wird ein Mensch tolerant, gelassen, hoffnungs-
   voll und vital. Die Leidensfähigkeit stärkt wiederum die Verwirklichung von
   Einstellungswerten.

▶ **Tipp**
   Sofern ein Mensch sinnzentriert lebt, entwickelt er eine reichhal-
   tige Wertevielfalt. Er verfügt über ein horizontales Wertesystem, was
   bedeutet, dass in seinem Leben viele Werte parallel existieren (etwa
   Gesundheit, Partnerschaft, Kinder, Hobbies, Kunst, Naturerlebnisse,
   Freundschaften und Beruf). Der Sinn als Taktgeber von Augenblick zu
   Augenblick weist darauf hin, welcher dieser Werte aktuell gefragt ist.
   Entsprechend kann es vorkommen, dass man eine Zeit lang vor allem
   einen Wert verfolgt, aber dann sind die anderen Werte gewissermaßen in einem Standby-Modus, sodass keine Fokussierung in Bezug
   auf nur einen Wert besteht.

Dem gegenüber verfügt der Mensch bei einem pyramidalen Wertesystem lediglich über *einen* Wert, der das Leben prägt. Ein solches Wertesystem ist gefährlich, da er den Fanatismus in Bezug auf diesen einen Wert fördert. Ferner besteht das Risiko, dass der Mensch in eine existenzielle Krise stürzt, sobald dieser Wert in seinem Leben wegfällt (vgl. auch Frankl 2015b, S. 62).

Lukas verdeutlicht die Realisierung der jeweils sinnvollen Möglichkeit in einem konkreten Augenblick durch einen konkreten Wert mit einer Reihe von Lampen, die auf einem Brett nebeneinander befestigt sind (Lukas 2019, S. 17 f. – Hervorhebungen übernommen):

> „Man stelle sich ein Brett vor, auf dem eine Reihe von Lampen befestigt ist. Die Lampen stehen für unsere Wertbezüge. Normalerweise (und hoffentlich!) sind viele Bezüge da. In einem reichhaltigen Wertsystem ist die Familie ein Wert, die Arbeit, die Hobbys und die freundschaftlichen Kontakte sind Werte, unsere Gesundheit und die Interessen, die wir haben, sind Werte usw. Alles will gepflegt werden, und Verpflichtungen kommen dazu. Es ist prima, wenn genügend solcher Lampen am Brett unseres Daseins befestigt sind, denn die Alternative wäre ein gähnende Leere, ein „existenzielles Vakuum", wie es Viktor E. Frankl genannt hat, das uns extrem krisenanfällig machen würde. Viele Lampen bedeuten also viele Wertbezüge … Und nun schaltet sich der „Sinn des Augenblicks" ein und bringt *eine* davon zum Leuchten. Der aufleuchtende Wert ist sozusagen *jetzt* an der Reihe, nicht gestern oder morgen, nein *jetzt*. Sobald wir den Dienst an diesem Wert, den „Sinnanruf", jedoch erfüllt haben, leuchtet eine andere Lampe auf, und ein anderer Wertbezug will genährt werden. Der Sinn leuchtet gleichsam immer in unserem Leben, aber in wechselnden Lampen; er erscheint uns wie Blinklicht, das auf dem Brett unseres Daseins hin- und herhüpft und uns erzählt, wozu wir *gerade jetzt* gerufen sind."

▶ Wenn Frankl betont, dass Sinnverwirklichung durch Werterealisierung geschieht und die in einem konkreten Augenblick jeweils sinnvolle Möglichkeit die Chance hat, das Positive in der (Mit)Welt zu vermehren, dann verweisen die Wertekategorien nach Frankl entsprechend auf transsubjektive bzw. objektive Werte (zur Objektivität bzw. Transsubjektivität von Werten vgl. etwa Frankl 2015a, S. 85; auch Lukas 2003, S. 100)! Somit geht es bei der Verwirklichung von Werten in diesem Sinn immer auch um den Abgleich zwischen dem individuellen, subjektiven Wertesystem und dem Verständnis der objektiven Werte gemäß Frankl.

6.2.2 Grundüberlegungen zu lebendigen Organisationen

6.2.2.1 Zur Begegnungsqualität in lebendigen Organisationen

Der Begriff Begegnungsqualität ist seit einiger Zeit immer wieder zu lesen und zu hören. Wir wollen aus der Sicht des Frankl'schen Menschenbildes ableiten, was wir darunter verstehen.

Begegnungsqualität ist als ein gedankliches Konzept zu betrachten, das beschreibt, auf welche Art und Weise jemand mit anderen Menschen im Augenblick des direkten Kontaktes umgeht (vgl. Abb. 6.1). Ist dieser Kontakt geprägt von Offenheit, Zuwendung, Wertschätzung oder von Anfang an mit Vorbehalten, Zweifeln und Widerstand verbunden? Bei der Begegnungsqualität steht aber nicht ausschließlich der Mensch im Fokus, auch die umgebende Atmosphäre spielt eine Rolle (Raumqualität, Dekorationen, Ort der Begegnung, Geräusche, etc.). Wir wollen uns hier auf die Menschen konzentrieren.

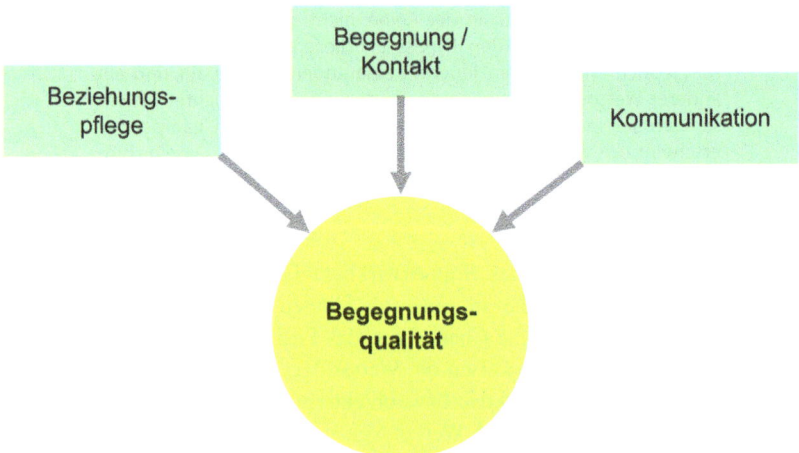

Abb. 6.1 Die Begegnungsqualität. (Quelle: Eigene Darstellung)

Jede Begegnung mit einem anderen Menschen hat eine qualitative Dimension – ob im privaten oder beruflichen Kontext. Hierbei sind sowohl die Kommunikation, die Art und Weise der Begegnung, sowie die Beziehungspflege wichtige Faktoren, die wie folgt spezifiziert werden können:

- **Jede Art von Kommunikation wirkt:** Beteiligt sind immer Sender und Empfänger (zwei oder mehrere Personen). Und durch jede Kommunikation wird eine Wirkung beabsichtigt. Die Begegnung kann für die Teilnehmenden förderlich und konstruktiv sein, oder destruktiv, somit hinderlich für ein Miteinander oder Füreinander. Damit Organisationen sich zu lebendigen Gemeinschaften entwickeln können, kommt es daher auf die Begegnungsqualität an. Folgende Aspekte bestimmen hierbei eine konstruktive Begegnungsqualität
- **Interesse am anderen und Zuwendung:** Wahrnehmen und verstehen wollen, keine Nebenarbeiten während der Begegnung, keine Störungen durch digitale Medien zulassen, Blickkontakt und körperliche Zuwendung, sofern angemessen.
- **Konzentration auf das Gegenwärtige:** Was wird jetzt gerade gesagt, was hat das mit der aktuellen Situation bzw. dem Thema zu tun? Kein Rück- oder Vorgriff: „aber damals haben Sie doch gesagt" oder „in einem Jahr werden Sie dann sagen ..."
- **Werte ansprechen, Werte klären:** Was ist wertvoll und für wen? Was wäre in Zukunft werte- und sinnvoll verwirklicht zu werden?
- **Wahr und vertrauenswürdig sein:** Unterscheidung von Meinung und Wirklichkeit, klare Informationen und nachvollziehbare Argumente, nur haltbare Versprechen machen, Verbindlichkeit bei Zusagen, Grundhaltung der Offenheit.
- **Wirklichkeitsurteile bilden:** Zwischen Fakten und Meinungen, Stimmungen und Emotionen abwägen – Aufwand und Risiko gegenüber Nutzen und Werten unterscheiden.
- **Haltung der Zuversicht:** Bereitschaft, Antworten zu finden für das Wertvolle für den anderen (Partner, Kollegen, Kunden, Patienten) und das Gemeinsame, Wege zur Lösung finden (Bereitschaft zum Helfen) (zum Thema förderliche und hinderliche Haltungen vgl. auch Abschn. 3.2).

▶ Es wird deutlich, dass die gesamte Gestaltung von Beziehung die Begegnungsqualität bestimmt. Jede Beziehungsqualität – ob im Kleinen oder Großen – wird leiden, wenn der Kommunikationspartner das Gefühl hat, nicht wahrgenommen zu werden. Dies bedingt die volle, ja volle, Konzentration auf das Gespräch, auf den Partner. Es wird u. a. viel

geschrieben über das „Aktive Zuhören". Nur, dies ist zu wenig. Wenn
mit dem Zuhören nicht ein Wille zum Verstehen verbunden ist, wird
dies vom Anderen als oberflächlich oder sogar unbedeutend empfunden. Ein „Vollwertiges Zuhören", besser noch ein „Reinhören" in
Andere, ist gekennzeichnet durch ein Nachfragen, wie etwas gemeint
ist, wieso dieses Thema, dieser Vorschlag eine Lösung, einen guten
Weg bedeuten soll. In kurz: Zuhören, um zu verstehen und nicht, um
zu reagieren.

Das Verstehen und Klären von Divergenzen wird in Gesprächen zu wenig
gepflegt. Stattdessen könnten vielmehr in den Ideen Anderer, wenn diese auf
Wirkung untersucht würden, oft Ansätze für wirklich Neues, für außergewöhnli-
che Lösungen enthalten sein. Sehr hinderlich für Offenheit in Beziehungen und
in der Kommunikation sind Vorurteile. Dies nach dem Motto: „Von dem ist noch
nie ein vernünftiger Vorschlag gekommen" oder „Das haben wir ja so noch nie
gemacht" oder „Wer kommt denn auf so eine Idee" oder „Das brauchen wir gar
nicht zu diskutieren, das funktioniert ja sowieso nicht" oder „Da brauchen wir
mit … sowieso nicht zu sprechen." Gründe für die Ablehnung, für den Widerstand, werden meist nicht ausgeführt. Förderlich wäre es somit zu versuchen zu
verstehen, was der Kern des Anliegens, die Substanz des Vorschlags enthält. Ein
Grundsatz sollte lauten: „Respekt vor der Meinung der Anderen". Bei Differenzen
würde eine sachbezogene, situativ betrachtete Auseinandersetzung ein förderlicher Umgang miteinander sein, der Beziehungen verbessern kann. Dies kann
sich wiederum positiv auf die Kreativität auswirken, weil der Mut, sich zu äußern
und sich einzubringen, einen Aufschwung bekommt. Folgende Frage kann eine
nützliche Denkrichtung und lösungsorientierte Diskussion auslösen (Lukas und
Ostberg 2022, S. 83): „Was wäre in der Zukunft wert, verwirklicht zu werden?"
Und wenn wir es auf der Basis des Frankl'schen Menschenbildes betrachten, so
würde es bedeuten: „Wertvoll ist, was Zukunft hat" (zu den fünf Phasen der
Kommunikation bei Divergenzen vgl. auch Lukas und Ostberg 2022, S. 82 f.).

▶   Ein gelungener Beitrag für Begegnungsqualität ist die Bereitschaft
     anzubieten und bereit zu sein, beim Handeln beizustehen. Dass dabei
     jedoch entsprechende Kompetenzen vorhanden sein müssen, sollte
     eine Selbstverständlichkeit sein. In Organisationen ist professionelles
     Zusammenwirken und professionelles Verwirklichen von Aufgaben
     und wertvollen, angestrebten Zielen notwendig. Ein Verständnis für
     Beziehungspflege ist in der Führung anderer Menschen von elemen-
     tarer Bedeutung. Und damit bietet jede Begegnung die Chance, in

den Mitarbeitenden nicht nur die Mit-Arbeitenden, sondern auch die Menschen zu sehen. Und das bedeutet, dass die Arbeitskraft nun auch als Mensch seiner Einmaligkeit und Einzigartigkeit erkannt und anerkannt wird. Frankl bringt es wie folgt auf den Punkt (2015a, S. 214):

> „Begegnung ist eine Beziehung zu einem Partner, in der der Partner als Mensch anerkannt ist. Daraus ergibt sich bereits, daß er nicht etwa als bloßes Mittel zum Zweck benützt wird – und nach der zweiten Version des kategorischen Imperativs von Immanuel Kant gehört es ja zum Wesen menschlicher Haltung und Einstellung, daß der Mitmensch unter keinen Umständen zu einem bloßen Mittel zum Zweck degradiert wird."

6.2.2.2 Job oder Beruf – eine kritische Betrachtung

In unserer Zeit wird wenig über Berufe gesprochen, mehr über Jobs. Überall suchen Menschen Jobs, gibt es staatliche Job-Center, in Unternehmen Job-Rotation und Job-Enrichment. Man sucht Traum-Jobs und besucht Job-Börsen. Betrachten wir die Arbeitswelt, so wird aus unseren bisherigen Überlegungen deutlich, dass die individuelle Arbeits- und Leistungsfähigkeit durch die Verwirklichung von Werten gestärkt wird. Welcher Unterschied und damit welche Bedeutung ist gerade zwischen Job und Beruf zu kritisieren, wenn Wertefragen mit einbezogen werden?

Arbeit ist eine Tätigkeit, der man aktuell nachgeht. Die Einstellung dazu ist schon ein erstes Kriterium. Arbeit kann als „Vergnügen und Freude" betrachtet werden (Gartenarbeit, Musik spielen, ein Buch schreiben, eine sinnvolle Aufgabe erfüllen („ich will") oder als „Last" („ich muss"). Arbeit kann als solche im Job oder im Beruf mit dem Ziel „Geld verdienen" gesehen werden.

Allerdings: ein Job ist eine Tätigkeit, die vor allem dem Gelderwerb dient. Gemäß dem Duden (1974, S. 350) ist ein „Job" in der ersten Definition beschrieben als „Gelegenheitsarbeit, vorübergehende einträgliche Beschäftigung, Verdienstmöglichkeit. Job kommt vom „jobber", einem Händler an der Londoner Börse, einem Börsenspekulanten". Dem gegenüber ist ein Beruf mit einem Bild von der eigenen Lebenszukunft begründet sowie mit Perspektiven, erfordert eine qualifizierte Ausbildung und damit eine oft längere Qualifikationszeit, bis Professionalität besteht. Jobs sind (meist) Arbeitsverhältnisse, in denen es um Lebensunterhalt und Selbsterhaltung geht. Die Identifikation mit der Aufgabe oder dem Unternehmen ist (häufig) mangelhaft. Der vermeintlich bessere Job kann ja schon morgen um die Ecke warten. Ist die Identifikation mit dem, was

man macht, stark, im Kontext einer beruflichen Ausbildung, so sind wir beim
Beruf als eine personale und soziale Funktion. Beruf ist eine erlernte, speziali-
sierte Kompetenz, die Wissen mit Erfahrung zu Fachkönnen vereint. Anerkannte
Abschlüsse und Qualifikationsnachweise sind Ausdruck eines Berufsbildes.

▶ Die Begriffe „Job" und „Arbeit" werden heute unreflektiert verwendet. Man kann einen Job haben, ohne eine Berufsausbildung – aber
auch umgekehrt. Man kann aber auch temporär einen Job haben, der
nichts mit der eigenen Qualifikation eines Berufs zu tun hat. Warum
diese differenzierte Betrachtung? Immer mehr Menschen fragen nach
der Sinnhaftigkeit von Arbeit, ihrer Arbeit. Jobs bieten meist wenig
Sinnerfahrungen, bieten möglicherweise nur (kurzfristige) Bedürfnisbefriedigung. Berufliche Ausrichtungen, die idealerweise aus einem
Werteverständnis, aus Mitverantwortung für Gesellschaft (und/oder
Familien- und eigenen Lebensweg) verstanden werden, sind der
Grund für einen höhere Selbstmotivation durch eigene, erfahrbare
Selbstwirksamkeit, Leistungsbereitschaft und soziales Engagement.
Sinnerfahrung im organisationalen Kontext hat immer etwas mit
anderen Menschen zu tun, mit der Verwirklichung von Werten.

In der Umgangssprache ist eine Differenzierung in Aussagen zu hören: „Ich habe
einen Job" bzw. „Das ist mein Beruf". Es mögen Feinheiten sein, aber sie sagen
klar aus, wie jemand seine Tätigkeit selbst bewertet, wie sie/er dazu steht. Und:
Eine berufliche Voll-Ausbildung gibt eine andere Beschäftigungs- und Einkom-
menssicherheit im Verlaufe des Lebens. Auch wenn jemand nicht kontinuierlich
seinen Beruf ausüben kann, so ist doch die Qualifikation und das Erfahrungs-
wissen „sein Pfund, mit dem er wuchern kann". Nimmt dagegen jemand immer
wieder Jobs ganz unterschiedlicher Art an, so fehlt letztlich der Aufbau einer
fachlichen und personalen Kompetenz. Wie sich das im Alter einmal auswirken
wird, wäre eine ernste Frage.

▶ Wenn Führungsverantwortliche ihre Aufgabe als Job verstehen (was
bei vielen Managern der Fall ist), leiden Beziehungen und so die
Gesamtleistung einer Organisation. Geht es Managern „nur" um
die Erfüllung von Zielen und betriebswirtschaftlichen Ergebnissen
(sprich auch Börsenkursen und Performance), betrachten sie Mitarbeitende (immer noch) als Erfüllungsgehilfen, so dürfte ihre Führungskompetenz recht minder sein. Haben Führungsverantwortliche
eine „echte berufliche Kompetenz" und betrachten sie Mitarbeitende

als wertvolle Mitwirkende am Gesamterfolg, wo jeder für jeden wichtig ist, so wird das Zusammenwirken als Gemeinschaftsleistung verstanden und wirkt entsprechend.

6.2.3 Ein Anachronismus: Das Denken in Arbeitgebende und Arbeitnehmende

Ein Anachronismus belastet jede Form von Organisation: Hier die Arbeitgebenden, dort die Arbeitnehmenden. In einer Zeit, in der Menschen – egal ob Unternehmerinnen oder Unternehmer, Führungsverantwortliche oder Mitarbeitende – die existenzielle Fragen nach dem „Sinn des Lebens" und dem „Sinn im Leben" stellen, ist in umfassenden Zusammenhängen neu zu denken, Einstellungen und Verhaltensweisen auf ihre (brauchbare) Aktualität zu überprüfen.

Was ist der Unterschied zwischen einer Arbeitnehmerin resp. einem Arbeitnehmer und einer Arbeitgeberin bzw. einem Arbeitgeber? Aus rechtlicher Sicht handelt es sich gemäß § 611a BGB bei einem Arbeitnehmer um eine Person, die gegen Entgelt für einen Arbeitgeber arbeitet, während ein Arbeitgeber eine Person oder ein Unternehmen ist, das einen Arbeitnehmer zur Ausführung von Aufgaben anstellt. Insofern sind Arbeitgeber und Arbeitnehmer abhängig voneinander und gehen ein Arbeitsverhältnis des Miteinander ein. Während hierbei Arbeitgebende Arbeitsplätze zur Verfügung stellen und Arbeitsort und -zeit sowie Aufgabenschwerpunkte anordnen, bieten Arbeitnehmende ihre Arbeitskraft an und folgen den festgelegten Anweisungen.

Dies ist immer noch das gängige Verständnis. Die arbeitnehmende Person wird einerseits auf die Position einer Erfüllungsgehilfin reduziert. Andererseits „verkauft" sie ihre Lebenszeit gegen Entgelt. Dass diese Ansichten auf beiden Seiten zu vielfältigen Frustrationen führen, Konflikte geradezu heraufbeschwören, ist abzusehen.

Betrachten wir dieses Verhältnis in einem Wirkungszusammenhang – so wie er sich in einer lebendigen Gemeinschaft widerspiegelt – so *muss* es neu verstanden werden. Denn die Grundmotivation und damit die stärkste Kraft der menschlichen Motivation ist die *Sinnorientierung* (vgl. auch Abschn. 3.2.1). Wenn Organisationen Leistungsgemeinschaften und ein soziales Gefüge sind, dann geht es um das Erkennen, dass Arbeitgebende auch Arbeitnehmende sind, Arbeitnehmende auch Arbeitgebende. Heute allerdings wird noch die „übliche" Abhängigkeit nur in eine Richtung gedacht: Die Arbeitnehmenden fühlen sich dadurch abhängig

von ihren Arbeitgebenden. Denken wir in Vernetzungen und Ergebniszusam-
menhängen einer Organisation, so ist jedoch eine „gegenseitige Abhängigkeit"
gegeben.

Beispiel

Ein Beispiel, um dies zu verdeutlichen und zu begründen: Der Arbeitgeber
(AG) stellt dem Arbeitnehmer (AN) Werkzeuge zur Verfügung. Mit diesen
Werkzeugen fertigt der AN nach Plan ein Gerät. Dieses wird vom AN für den
AG fertiggestellt, sodass dieser es auf den Markt bringen kann. Der AG wird
durch das fertige Produkt (verbunden mit dem unausgesprochenen Verkauf-
Auftrag) zum AN, denn er hat nun „etwas zu tun". Bei Absatzerfolg kann
aufgrund der Einnahmen neues Material vom AG an den AN bereitgestellt
werden. Der Kreislauf beginnt von Neuem.

Durchdenken wir diese Prozesse, so erkennen wir die „qualitative Abhängigkeit" beider. Gleiches kann auch in einer Arbeitsgruppe beschrieben
werden, wenn A dem B ein von ihm produziertes Werkstück weiterreicht:
A ist hier AG für B und B ist AN von A. Gibt B seine Leistung an C weiter,
so ist B ein AG und C ein AN. Das marktfähige Endprodukt wird „sozusagen"
die Aufgabe für den ursprünglichen AG, der jetzt AN ist und für den Absatz
zu sorgen hat. ◄

Wir können diese Zusammenhänge sogar noch erweitert betrachten. So ist jeder
Konsument „Arbeitnehmer", wenn er ein Produkt kauft, und durch den Konsum
wird er wieder zum „Arbeitgeber" für Mitarbeitende einer Organisation.

► Jeder Mensch ist Arbeitnehmender *und* Arbeitgebender. Denn: Jeder
   Arbeitnehmende gibt durch die Erfüllung seiner Aufgabe das Ergebnis (die Leistung, das Produkt) als Arbeitgebender an einen anderen, also einen Arbeitnehmer, weiter. Ein immer wiederkehrender
   Prozess, der im Verständnis weit über die aktuelle Betrachtung
   hinausgehen sollte.

Es wird deutlich: Kein Mensch kommt ohne einen anderen aus, einer braucht den
anderen. „Jeder Mensch lebt von der Arbeit anderer" (Archiati 1997, S. 190).
Somit wird ein weiterer Aspekt zu verstehen sein. Wenn wir qualifiziert in Organisationen zusammen bestmögliche Leistungen erbringen wollen, braucht es das
(ehrliche) Interesse am Anderen. Es geht um das „Sich-interessieren" für den
Anderen, darum, Bedingungen oder greifbare Leistungen bereitzustellen, denn

die Leistung des B ist von A abhängig. „Sich-interessieren" geschieht nur dann, wenn ich es bewusst und freiwillig mache. Warum fehlt häufig dieses Interesse am anderen? Weil nicht verstanden wird, dass man von den Begabungen und Fähigkeiten und den daraus folgenden Leistungen anderer abhängig ist, um wiederum selbst eine bestmögliche Leistung erbringen zu können. So können wir in Orientierung an Archiati feststellen (in Erweiterung von Archiati 1997, S. 191): Da ich ein Mensch mit Sinnorientierung als Grundmotivation sowie mit vielen Bedürfnissen auf der psychophysischen Ebene bin, lebe ich dank der anderen, die *mich unterstützen,* dass ich meinen Sinn finden und meine Bedürfnisse befriedigen kann. Und als Mensch, der viele Talente hat, *lebe ich für die anderen.* Denn jede menschliche Individualität ist eine unerschöpfliche Quelle von Talenten.

Diese „Unterstützung" geschieht bewusst oder auch unbewusst, einfach dadurch, dass von anderen „etwas" (eine Leistung als Angebot; vgl. Abschn. 3.2.3) zur Verfügung gestellt wird, das für mich „brauchbar" bzw. „hilfreich" sein kann oder ist.

In der Gesamtsicht einer Organisation hat kein „Chef" bzw. keine führungsverantwortliche Person eine Existenzgrundlage ohne Mitarbeitende, bestenfalls mit werte- und sinnmotivierten Mitarbeitenden (vgl. hierzu auch Comelli et al. 2014, S. 107). Die alltägliche Pflege der Aufmerksamkeit und das Interesse am Anderen führen erst zu Werteverwirklichung und personaler Sinnerfahrung, der stärksten Kraft der Motivation.

6.2.4 Die beiden Schlüssel zur gelingenden Ausrichtung auf die Mitwelt

Um sich bei den (Führungs-)Entscheidungen in einem konkreten Augenblick die jeweils sinnvolle Möglichkeit erkennen und umsetzen zu können, hat die führungsverantwortliche Person zwei existentielle Aufgaben zu erfüllen:

1. sich von den eigenen Bedürfnissen distanzieren können, damit sie sich
2. auf das Wohl aller Beteiligten ausrichten kann. Hierfür sind zwei Fähigkeiten, die dem Menschen eigen sind, trainieren: Selbst-Distanzierung und Selbst-Transzendenz.

► Selbst-Distanzierung und Selbst-Transzendenz sind Schlüssel für gelingende „Führung auf festem Grund".

6.2.4.1 Distanzierung vom eigenen Psychophysikum: Selbst-Distanzierung

Die Logotherapie betont die Bedeutung der Selbst-Distanzierung als einen zentralen Aspekt der menschlichen Existenz. Frankl argumentiert, dass die Fähigkeit, von sich selbst Abstand zu nehmen und sich gegenüberzutreten, es dem Individuum ermöglicht, sich von den Herausforderungen des Lebens nicht überwältigen zu lassen (vgl. Frankl 1996b, S. 234). Durch die Selbst-Distanzierung kann eine Person eine Art "inneren Freiraum" schaffen, der es ihr ermöglicht, ihre Reaktionen und Handlungen bewusster zu gestalten und eine größere Autonomie über ihr Leben zu erlangen.

Aus dieser Autonomie der „geistigen Potenz" kann ein Mensch seinen eigenen Trieben oder Stimmungen entgegentreten und bis zu einem gewissen Grad trotz seiner Ängste oder anderen Einschränkungen dem nachgehen, was ihm in der jeweiligen Situation richtig und wertvoll erscheint. Frankl selbst wird in diesem Kontext der Satz zugeschrieben: Ich muss mir von mir selbst nicht alles gefallen lassen. Wichtig hervorzuheben ist, dass die Fähigkeit zur Selbst-Distanzierung grundsätzlich jedem Menschen gegeben ist, allerdings unterschiedlich stark trainiert sein kann.

Selbst-Distanzierung ist somit die Fähigkeit einer Person, von sich selbst (logotherapeutisch gesprochen von seinem Psychophysikum) Abstand zu nehmen und sich selbst gegenüberzutreten. Dies beinhaltet auch die Fähigkeit, über sich selbst zu lachen und Humor zu nutzen, um eine Distanz zu den eigenen Problemen aufzubauen. Zudem kann ein bewusster Perspektivwechsel die eigene Selbst-Distanzierung fördern.

Die amerikanische Psychologin Susan David beschreibt diese zwei Aspekte mit ganz praktischem Bezug zum Alltag (vgl. David 2020, location 1782):

„(…) Lachen Sie. Humor kann beim Heraustreten äußerst hilfreich sein, da er Sie dazu zwingt, neue Möglichkeiten wahrzunehmen. Solange Sie Ihren Humor nicht dafür benutzen, Ihren wirklichen Kummer zu verstecken (Verdrängen), kann das Finden eines lustigen Aspekts über Sie selbst oder die Umstände, in denen Sie sich befinden, Ihnen helfen, die Dinge zu akzeptieren und eine Distanz dazu aufzubauen. (…) Ändern Sie Ihren Blickwinkel. Versuchen Sie, Ihr Problem aus der Sicht eines anderen Menschen zu betrachten – vielleicht Ihrer Zahnärztin, Ihres Kindes oder vielleicht sogar Ihres Hundes."

6.2.4.2 Die Welt in den Fokus nehmen können: Selbst-Transzendenz

Selbst-Transzendenz, wie von Frankl beschrieben, bezieht sich darauf, dass das Menschsein immer über sich selbst hinaus auf etwas verweist, das nicht wieder es selbst ist – sei es ein Sinn, den zu erfüllen es gilt oder die Hingabe an eine Sache oder eine andere Person (vgl. Frankl 1996b, S. 270). Die Logotherapie betont die Selbst-Transzendenz als einen wesentlichen Bestandteil der menschlichen Existenz und hebt hervor, dass wahre Erfüllung nur dann erreicht werden kann, wenn man sich über die eigenen Bedürfnisse und Interessen hinaus für etwas Größeres einsetzt. Selbst-Transzendenz ist demnach definiert durch den Umstand, dass der Mensch erst dann ganz Mensch wird, wenn er aus sich heraustritt und in der Hingabe an eine Sache oder an einen Menschen aufgeht (vgl. Frankl 2015a, S. 54). Selbst-Transzendenz hat als innere Voraussetzung die Selbst-Distanzierung und als äußeren Referenzpunkt Werte in einem Orientierung gebenden Sinnzusammenhang.

Wichtig ist hierbei zu betonen, dass Selbstverwirklichung als eine Art Nebenprodukt entsteht, aber nicht als direktes Ziel angestrebt werden kann. Frankl merkt hierzu an: „Allein, wer sich solcherart die Selbst-Verwirklichung zum Ziel setzt, übersieht und vergisst, dass der Mensch letzten Endes nur in dem Maße sich verwirklichen kann, in dem er einen Sinn erfüllt – draußen in der Welt, aber nicht in sich selbst. Mit anderen Worten, die Selbst-Verwirklichung entzieht sich insofern der Zielsetzung als sie sich im Sinn einer Nebenwirkung dessen einstellt, was ich die „Selbst-Transzendenz" der menschlichen Existenz nenne" (Frankl 1996a, S. 16).

Bemerkenswert ist, dass Abraham Maslow, bekannt geworden durch seine fünfstufige Bedürfnispyramide diese später um eine sechste Dimension erweitert hat (vgl. Venter 2016; Koltko-Rivera 2006). Insbesondere in Erweiterung des Begriffs der Selbstverwirklichung wählte er den Begriff der Selbst-Transzendenz, um das menschliche Potenzial zu beschreiben, über die Grenzen der eigenen Geschichte, Kultur und Umgebung hinaus ein gemeinsames Bewusstsein mit anderen Menschen zu teilen. Während Selbstverwirklichung als ein sehr individualistisches Bedürfnis nach persönlicher Entwicklung und Entfaltung interpretiert werden kann, spricht Maslow mit Selbst-Transzendenz explizit das menschliche Bedürfnis nach Sinn jenseits der individuellen Entwicklung an. Allerdings sei angemerkt, dass Maslow auch in der Selbst-Transzendenz ein Bedürfnis erkennt (welches zu befriedigen gilt), während Frankl diese Fähigkeit der noetischen Dimension zuordnet (zur Unterscheidung von Homöostaseprinzip und Noodynamik vgl. Abschn. 3.2.2).

Selbst-Transzendenz ist also die Fähigkeit des Menschen, über sich selbst hinauszuschauen und sich für etwas Größeres zu engagieren. Dies kann bedeuten, sich einer höheren Mission zu widmen, sei es das Wohl des Unternehmens, der Gemeinschaft oder der Gesellschaft im Allgemeinen. Indem man sich für diese höheren Ziele einsetzt, erfährt man eine tiefere Erfüllung und Sinnhaftigkeit im eigenen Leben.

6.2.4.3 Wissenschaftliche Erkenntnisse und grundsätzliche Bedeutung für den Führungskontext

Der aktuellen psychologischen Forschung zufolge können selbsttranszendente Erfahrungen (englisch: self-transcendent experiences, STEs) verschiedene Formen annehmen, die von Achtsamkeit (mindfulness) über Flow und Gipfelerlebnisse (peak experiences) bis hin zu mystischen Erfahrungen (mystical-type experiences) und Ehrfurcht (awe) reichen (vgl. Yaden et al. 2017, S. 145 ff.). Diese Erfahrungen können zu einem tieferen Verständnis der eigenen Existenz und zu größerer Lebenszufriedenheit führen.

Achtsamkeit an einem Ende des Spektrums von selbsttranszendenten Erfahrungen beinhaltet das bewusste Erleben des gegenwärtigen Moments und das Loslassen von Selbstbezogenheit und Sorgen. Durch eine regelmäßige Achtsamkeitspraxis können Menschen eine tiefere Verbundenheit mit sich selbst und ihrer Umgebung erfahren, was zu Selbst-Transzendenz führen kann. Ehrfurcht („awe") am anderen Ende des Spektrums ist wiederum ein Gefühl der Überwältigung und Bewunderung angesichts von etwas Größerem als das Selbst, wie zum Beispiel die Schönheit der Natur oder die Größe des Universums. Menschen, die Ehrfurcht erleben, fühlen sich oft demütig und verbunden mit etwas, das größer ist als sie selbst. Besonders anschaulich werden diese Erkenntnisse durch die oft geschilderten Erfahrungen von Astronauten: Beim Anblick der Erde aus dem All berichten Astronauten häufig von überwältigenden Emotionen und Gefühlen der Identifikation mit der Menschheit und dem Planeten als Ganzes – ein Erleben, das als Overview-Effekt bezeichnet wird (vgl. Yaden et al. 2016, S. 1 ff.).

In der Arbeitswelt ist die Fähigkeit zur **Selbst-Distanzierung** besonders wichtig, um mit Herausforderungen und Stress besser umgehen zu können. Mitarbeitende müssen sich immer wieder von ihren eigenen Emotionen und Problemen distanzieren können, um klar denken und angemessen handeln zu können. Humor kann dabei als Werkzeug dienen, um eine gesunde Distanz zu schaffen und neue Perspektiven zu gewinnen. Darüber hinaus ermöglicht die Selbst-Distanzierung den Mitarbeitenden, ihr eigenes Verhalten und ihre Entscheidungen reflektierter zu betrachten, was zu einem besseren Selbstmanagement führen kann.

Selbst-Transzendenz im organisationalen Kontext bedeutet, über die eigenen Interessen hinauszublicken und sich für etwas Größeres zu engagieren. Führungspersonen sollten in der Lage sein, eine Vision zu entwickeln, die über eigene Ziele und Gewinne hinausgeht und das Wohl der Organisation, ihrer Mitarbeitenden und der Gesellschaft im Blick hat. Dies erfordert die Fähigkeit, sich mit den Werten der Organisation zu identifizieren und sich für eine höhere Mission einzusetzen. Selbst-Transzendenz kann Führungskräfte dazu motivieren, Verantwortung zu tragen und sich für das Gemeinwohl einzusetzen, was letztlich zu einer inspirierenden und wirkungsvollen Führung führt.

▶ **Wichtig**

Um Führung entscheidend, konsequent und verantwortlich zu leben, können aus den bisherigen Überlegungen einige konkrete Handlungsempfehlungen abgeleitet werden.

Eine erfolgreiche Selbstführung erfordert adäquate Reflexion, das Setzen und Verfolgen von sinnvollen Zielen sowie die Fähigkeit, sich von eigenen Emotionen und Bedürfnissen zu distanzieren. Durch die bewusste Gestaltung Ihres Entscheidungsraums, die Orientierung an klaren Werten und die Förderung von Selbst-Distanzierung und Selbst-Transzendenz können Sie Ihre Führungsfähigkeit stärken und effektivere, verantwortungsbewusste Entscheidungen treffen. Diese Praktiken helfen Ihnen nicht nur dabei, in Ihrem beruflichen Umfeld erfolgreicher zu sein, sondern tragen auch zu einem erfüllteren und sinnvolleren Leben bei.

Die Führung von Mitarbeitenden erfordert eine Balance aus Vertrauen, klaren Strukturen und der Förderung von Eigenverantwortung. Durch die Schaffung eines Entscheidungsfreiraums, die Ausrichtung auf gemeinsame Werte und die Förderung von Selbst-Transzendenz können Sie ein Umfeld schaffen, in dem Ihre Mitarbeitenden ihr volles Potenzial entfalten und sich engagiert und motiviert fühlen. Diese Ansätze tragen nicht nur zur individuellen Entwicklung bei, sondern auch zum langfristigen Erfolg und Wachstum Ihres Teams und Unternehmens.

6.3 Folgerungen für die Praxis

6.3.1 Selbstführung

- **Die eigene Einzigartigkeit und Einmaligkeit annehmen.** Erkennen Sie Ihre individuellen Stärken und Schwächen als wertvolle Teile Ihrer Persönlichkeit. Nutzen Sie Ihre Stärken bewusst und lernen Sie, mit Schwächen konstruktiv umzugehen, um persönliches Wachstum zu fördern.
- **Werte als Quellen von Sinn reflektieren.** Identifizieren Sie regelmäßig Werte, die für Sie und für die Organisation von Bedeutung sind. Nehmen Sie sich Zeit für die Reflexion, z. B. durch Tagebuchführung oder Gespräche mit vertrauten Personen, um diese Werte als Orientierung für Ihre Entscheidungen zu nutzen.
- **Selbst-Distanzierung und Humor üben.** Lernen Sie, Ihren Körper und Ihre Psyche aus einer gewissen Distanz zu betrachten, besonders in stressigen oder emotional angespannten Situationen. Nutzen Sie Humor als Werkzeug, um schwierigen Momenten mit Leichtigkeit und einem Perspektivwechsel zu begegnen.
- **Selbst-Transzendenz anstreben.** Richten Sie Ihre Aufmerksamkeit auf das, was Sie für andere und die Gemeinschaft tun können. Setzen Sie sich Ziele, die über Ihre persönlichen Bedürfnisse hinausgehen, und erleben Sie dadurch ein tieferes Gefühl von Sinn.

6.3.2 Führung

- **Individuelle Stärken für das Team nutzen.** Identifizieren Sie die einzigartigen und einmaligen Fähigkeiten Ihrer Teammitglieder und setzen Sie sie strategisch für gemeinsame Ziele ein. Fördern Sie eine Kultur, in der Diversität als Stärke erkannt und geschätzt wird.
- **Die Organisation als lebendige Gemeinschaft sehen.** Begreifen Sie Ihre Organisation als ein dynamisches System, in dem jeder Beitrag zählt. Fördern Sie einen proaktiven Austausch. Verinnerlichen Sie, dass Ideen und Perspektiven Ihrer Mitarbeitenden unterschiedlich sein können, aber dadurch auch einen Beitrag für die Gesamtleistung bringen können.
- **Gemeinsame Werte fördern.** Erkennen und unterstützen Sie die Übereinstimmung zwischen individuellen und organisationalen Werten. Schaffen Sie Raum für Dialoge, in denen Mitarbeitende ihre Werte äußern und diese mit den Zielen der Organisation verknüpfen können.

- **Den organisationalen Zweck vermitteln.** Erklären Sie, wie die Arbeit jedes Einzelnen zum übergeordneten Zweck der Organisation beiträgt. Inspirieren Sie Ihr Team, indem Sie die Bedeutung und den Sinn dieses gemeinsamen Zwecks betonen, um regelmäßig gemeinsam zu verstehen, wie die Teamtätigkeiten im Arbeitsalltag für den Zweck von Bedeutung, von Wirkung sind.

Literatur

Ahrendt B, Nikolaus RS (2020) Das sinnzentrierte Mindset. Seine Bedeutung für eine Purpose Driven Organization. zfo 4:218–224

Archiati P (1997) Jahrtausendwende – Menschheit wohin? Verlag Freies Geistesleben, Stuttgart

Comelli G, Lv R, Nerdinger FW (2014) Führung durch Motivation. Mitarbeiter für die Ziele des Unternehmens gewinnen, 5. Aufl. Vahlen, München

David S (2020) Emotionale Beweglichkeit: Für freie Entfaltung mit klarem Blick und offenem Geist, kindle Edition. Unimedica im der Narayana, Kandern

Duden – Das Fremdwörterbuch (1974) Bibliographisches Institut, Mannheim

Frankl VE (1990) Der leidende Mensch. Anthropologische Grundlagen der Psychotherapie. Piper, München

Frankl VE (1996a) Der Wille zum Sinn. Ausgewählte Vorträge über Logotherapie, 3. Aufl. Piper, München

Frankl VE (1996b) Der leidende Mensch. Anthropologische Grundlagen der Psychotherapie. Piper, München

Frankl VE (2015a) Ärztliche Seelsorge, Grundlagen der Logotherapie und Existenzanalyse, 6. Aufl. Deutscher Taschenbuch, München

Frankl VE (2015b) Psychotherapie für den Alltag. Rundfunkvorträge über Seelenheilkunde. Herder, Freiburg/Breisgau

Frankl VE (2019) Über den Sinn des Lebens. Beltz Verlag, Weinheim

Koltko-Rivera ME (2006) Rediscovering the later version of Maslow's hierarchy of needs: self-transcendence and opportunities for theory, research, and unificationa. Rev Gen Psychol 4:302–317

Lukas E (1989) Psychologische Vorsorge. Krisenprävention und Innenweltschutz aus logotherapeutischer Sicht. Verlag Herder, Freiburg im Breisgau

Lukas E (2003) Psychotherapie in Würde. Sinnorientierte Lebenshilfe nach Viktor E. Frankl. Beltz, Weinheim et al.

Lukas E (2017) Heute ist der erste Tag vom Rest deines Lebens. Schritte zu einer erfüllten Existenz. Verlagsgemeinschaft topos plus, Kevelaer

Lukas E (2019) Den ersten Schritt tun. Konflikte lösen, Frieden schaffen. Butzon & Bercker, Kevelaer

Lukas E, Ostberg PM (2022) Arbeit heute – Last oder Freude? Strategien sinnzentrierter Unternehmenskultur. Profil, München und Wien

Venter HJ (2016) Self-transcendence: Maslow's answer to cultural closeness. J Innov Manag
    4:3–7
Yaden DB, Iwry J, Slack KJ, Eichstaedt JC, Zhao Y, Vaillant GE, Newberg AB (2016) The
    overview effect: awe and self-transcendent experience in space flight. Psychol Conscious
    Theory Res Pract 3(1):1–11
Yaden DB, Haidt J, Hood RW, Vago DR, Newberg AB (2017) The varieties of self-
    transcendent experience. Rev Gen Psychol 21(2):143–160

Sechster Impuls: Führung ist mitgestaltend

7

Zusammenfassung

Mitgestaltung beginnt bei uns selbst: Durch unsere Entscheidungen prägen wir nicht nur die Welt um uns herum, sondern auch unser eigenes Wesen. Dieses Kapitel zeigt, wie Vertrauen als Fundament und Hoffnung als zukunftsgerichtete Energiequelle Verantwortung, Offenheit und konstruktives Handeln fördern.

7.1 Kernaussagen

- Mitgestaltung bedeutet, dass der Mensch durch seine Entscheidungen sowohl die Mitwelt aktiv prägt als auch seine eigene Haltung formt (direkte Mitgestaltung). Wiederholte Handlungen werden zu Gewohnheiten, die zukünftiges Verhalten beeinflussen, ohne dabei die Freiheit zu nehmen, neue Wege zu wählen (indirekte Mitgestaltung). Vertrauen und Hoffnung sind entscheidend, um sich und die Welt im Positiven zu verändern.
- Vertrauen bildet das Fundament für Mitgestaltung, indem es Offenheit und das Tragen von Verantwortung fördert. Trotz der Risiken von Enttäuschungen ist das Urvertrauen als Quelle von Mut und Hoffnung unter Umständen verschüttet, doch stets vorhanden. Durch realistische Erwartungen und gegenseitige Verlässlichkeit kann Vertrauen langfristig gestärkt und bewahrt werden.
- Hoffnung ergänzt Vertrauen als zukunftsgerichtete Energiequelle, die es ermöglicht, über aktuelle Schwierigkeiten hinauszublicken und sich sinnorientiert auf positive Entwicklungen auszurichten. Sie unterscheidet sich von Erwartung, da sie nicht an konkrete Ergebnisse gebunden ist und somit nicht

© Der/die Autor(en), exklusiv lizenziert an Springer-Verlag GmbH, DE, ein Teil von Springer Nature 2025
B. Ahrendt et al., *Führung auf festem Grund – mit Sinn*,
https://doi.org/10.1007/978-3-662-71109-5_7

enttäuscht werden kann. Hoffnung motiviert zu konstruktivem Handeln und erfordert Verantwortung, um eine lebensbejahende Zukunft zu gestalten.

7.2   Basiswissen

7.2.1   Die beiden Richtungen der Mitgestaltung

Aus den bisherigen Gründen – etwa, dass die menschliche Grundmotivation die Sinnorientierung ist, diese Sinnorientierung das Positive in der je konkreten Mitwelt fördert, indem sie Werte durch die individuelle Leistungserbringung realisiert und somit stets auf alle Beteiligten ausgerichtet ist und jeder Mensch in einer konkreten Situation immer auch über einen persönlichen Freiraum verfügt, innerhalb dem er entscheiden kann und die Verantwortung trägt – wird deutlich: Führung auf festem Grund bedeutet, sich in die Mitwelt einzubringen und entsprechend mitzugestalten.

▶ **Wichtig**
Der Mensch ist in jeder Situation sowohl Gestalter seiner Mitwelt als auch seiner selbst. Auf Grundlage seiner Entscheidungen und Handlungen realisiert er Werte, die das Positive in seiner Mitwelt fördern. Dabei verfügt er stets über einen persönlichen Freiraum, der es ihm ermöglicht, Verantwortung zu leben und seine Mitwelt aktiv mitzugestalten.
Sofern sich der Mensch also seines Freiraums in einem konkreten Moment bewusst ist, diesen auf der Suche nach den Möglichkeiten durchschreitet und sich dann für eine – hoffentlich die sinnvolle – Möglichkeit entscheidet, macht er sich zum Mitgestalter dieses Moments. Nutzt er seinen Freiraum nicht bzw. setzt er sich mit diesem und den jeweiligen Möglichkeiten nicht auseinander, bringt er sich aufgrund seines nicht adäquaten Handelns selbst in eine Opferrolle.

Zum einen gestaltet der Mensch in jedem Moment aufgrund seiner Entscheidungen und Realisierungen seine Mitwelt mit – auch, wenn er (äußerlich) untätig bleibt. Zum anderen gestaltet er jedoch auch sich selbst, indem er aus allen Möglichkeiten, die er in einer konkreten Situation erblickt, sich für eine entscheidet und diese umsetzt. Bedenken wir: Jeder Mensch verfügt in jedem Moment in der Regel über eine Vielzahl von Handlungsmöglichkeiten. Aus diesen Möglichkeiten wählt er eine aus, die er realisiert, wodurch die Handlung oder Tat entsteht. Durch diese Wahl gestaltet der Mensch aktiv sein Leben und erkennt dabei mitunter Kompetenzen, die ihm zuvor nicht bewusst waren. Wiederholte Entscheidungen für eine bestimmte Art von Handlung führen dazu, dass sich daraus eine Haltung formen kann. Diese Haltung entsteht durch Gewohnheiten, die durch wiederkehrende Handlungen geprägt werden, und beeinflusst wiederum zukünftige Entscheidungen und Handlungen (vgl. hierzu Ahrendt et al. 2023, S. 95 f.; 2024, S. 31).

Die Haltung kann durch kontinuierliche Wiederholung von Handlungen zur Selbstverständlichkeit werden: Was zunächst bewusst gewählt wurde, wird unbewusst und erscheint „natürlich". Dennoch bleibt der Mensch durch seine Willensfreiheit in der Lage, immer auch neue Möglichkeiten zu wählen und sich aus eingefahrenen Gewohnheiten zu lösen. Diese Freiheit zeigt, dass der Mensch nicht durch seine Vergangenheit oder seine Haltungen determiniert ist. Stattdessen hat er stets die Möglichkeit, seinen Gestaltungsspielraum zu nutzen, sich neu auszurichten und sinnorientierte Entscheidungen zu treffen. Der Mensch bleibt dadurch ein aktiver Mit-Gestalter seines Lebens und seiner Haltung – mit der Verantwortung, sich für oder gegen das Positive zu entscheiden.

▶   Der Gestaltungsprozess vollzieht sich in zwei Dimensionen:

- **Direkte Mitgestaltung:** Durch konkrete Entscheidungen und Handlungen nimmt der Mensch Einfluss auf seine Mitwelt. In einer Organisation bedeutet dies, dass jedes Mitglied innerhalb seiner Möglichkeiten Verantwortung trägt und in einen konstruktiven Werteaustausch tritt.
- **Indirekte Mitgestaltung:** Wiederholte Entscheidungen prägen Verhaltensmuster, aus denen sich Haltungen entwickeln. Diese Haltungen entstehen durch Gewohnheiten, die durch regelmäßige Handlungen verstärkt werden, und beeinflussen künftige Entscheidungen.

Mitgestaltung bedeutet, sich und die Welt zu verändern. Jeder Einzelne kann durch sein Handeln einen Unterschied bewirken. Hierzu benötigt er Urvertrauen – und eine solche (Rück)Besinnung auf das Urvertrauen verlangt Mut, Verantwortung und die Bereitschaft, sich selbst zu verändern. Lukas drückt es wie folgt aus (2020, S. 26 – Hervorhebungen wurden nicht übernommen):

„Wer die Welt verändern will, muss sich verändern. Vertrauen ist nötig, aber auch das Bewusstsein, dass wir frei sind, um Veränderungen voranzutreiben. Und dass jeder einzelne eine wichtige Rolle dabei spielt, welche Veränderungen in Gang kommen, im Positiven oder im Negativen."

Damit wird deutlich, dass für eine positive Mitgestaltung zwei „Grundzutaten" von hoher Bedeutung sind: Vertrauen und Hoffnung.

7.2.2 Vertrauen als Grundlage von Mitgestaltung

Vertrauen ist ein fundamentaler Bestandteil menschlichen Handelns und von Beziehungen. Es ist die Basis für Zusammenarbeit, Kommunikation und persönliche Weiterentwicklung.

Vertrauen kann grundsätzlich in verschiedene Facetten unterteilt werden:

- **Vertrauen in das Leben (synonym Urvertrauen):** Die Überzeugung, dass das Leben trotz Herausforderungen werte-volle Möglichkeiten und Sinn bereithält.
- **Selbstvertrauen:** Die Sicherheit in die eigenen Fähigkeiten und das eigene Potenzial.
- **Vertrauen in andere:** Die Offenheit, die positiven Absichten und die Verlässlichkeit anderer anzuerkennen.
- **Vertrauen als aktive Haltung:** Durch die Handlung Vertrauen in der Beziehung zeigen.

Vertrauen ist ein grundlegendes Merkmal des Menschseins – quasi ein Funke, der auch unter den widrigsten Umständen niemals ganz erlischt (vgl. Lukas 2020, S. 23). Obwohl es durch schlechte Erfahrungen verschüttet werden kann, bleibt das Urvertrauen immer Teil unseres Wesens. Urvertrauen ist Vertrauen in das Leben. Mit bewusster Arbeit, sei es durch therapeutische Unterstützung oder eigenständiges Reflektieren und Handeln, lässt sich dieser innere Funke wieder entfachen und zu einer Kraft entwickeln, die uns im Leben trägt. Hierbei strebt eine Psychotherapie in der Regel ein dreifaches Vertrauen an: Vertrauen zu sich selbst, Vertrauen zu anderen Menschen, Vertrauen in Lebensmöglichkeiten und Lebensentwicklungen.

▶   Urvertrauen bildet die wichtige Basis für gelingendes Leben, wie Biller und Lourdes Stiegeler hervorheben (2008, S. 498): „Urvertrauen ist eine unerlässliche Bedingung für gelingendes menschliches

Leben. Es erlaubt betreffenden Menschen, sich auch in desolaten Lebensumständen Hoffnung auf bessere Zustände zu machen und sich zu öffnen für neue Erfahrungen und bereit sein, Neues zu beginnen." Insofern kann das Urvertrauen auch als ein grundlegender „Sinnglaube" verstanden werden, der sich aus der Einmaligkeit und Einzigartigkeit des eigenen Lebens speist.

„Urvertrauen beschreibt die Zuversicht des Menschen in die lebenserhaltenden bewussten und unbewussten Prozesse seines Körpers und seiner Psyche, Es entbehrt der steten Kontrolle und Sorge über deren angemessenes Funktionieren" (Biller und Lourdes Stiegeler 2008, S. 499). Vertrauen ist mit der Bedeutung von Stärke und Festigkeit verbunden (vgl. im Folgenden Biller und Lourdes Stiegeler 2008, S. 509). Vertrauen braucht Erfahrung. Vertrauen ist eine emotionale Sicherheit, dem eigenen Dasein und auch anderen Menschen offen gegenüber zu treten. Es ist die Grundlage (ein fester Grund) für jede Kommunikation und zwischenmenschliche Beziehungen. Allerdings müssen wir es klar gegen Vertrauensseligkeit abgrenzen. Jedem und allem in naiver Weise zu vertrauen ist problematisch. Denn viele Enttäuschungen wären dann fast „vorprogrammiert".

Doch reicht Vertrauen allein nicht aus. Es bedarf auch eines realistischen Blicks auf die Menschen und die Welt und somit des Zutrauens. Vertrauen bedeutet, anderen etwas zuzutrauen – nicht blind und idealistisch, sondern mit einem klaren Verständnis für die menschlichen Schwächen und Grenzen. Es ist eine bewusste Entscheidung, die das Risiko einer Enttäuschung einschließt. Doch die Alternative, nämlich Vertrauen gänzlich zu verweigern, würde uns der Hoffnung berauben und letztlich von der Möglichkeit trennen, das Leben in seiner ganzen Fülle zu erfahren.

▶ Vertrauen ist kein blinder Optimismus. Es erfordert Realismus, sowohl in der Einschätzung der anderen als auch in der Akzeptanz der eigenen Verletzlichkeit. Enttäuschungen sind möglich, aber kein Grund, das Vertrauen grundsätzlich zu verweigern. Im Gegenteil: Sich auf Vertrauen einzulassen, birgt die Chance, Hoffnung in die Welt zu setzen, die vielleicht langfristig Früchte trägt. Wer jedoch aus Angst vor Enttäuschung jede Hoffnung von vornherein verweigert, verwehrt sich selbst die Möglichkeit, lebendig zu handeln und zu gestalten.

Vertrauen sollte nicht mit Vertrauensseligkeit verwechselt werden. Es erfordert eine realistische Einschätzung der Menschen und Situationen, in denen es gewährt wird. Indem Vertrauen bewusst gelebt wird, schützt es vor Angst und schafft die Grundlage für Offenheit und Kooperation. Vertrauen ist eine Haltung, die es dem Menschen ermöglicht, sich dem Leben mit einer konstruktiven und positiven Grundhaltung zu nähern.

Vertrauen ist eine Grundlage für Handlungen, sei es, dass diese individuell für sich selbst oder mit anderen geschehen sollen. Vertrauen ist eine Basis gegen Angst. Vertrauen zu sich selbst und den eigenen Fähigkeiten und Fertigkeiten, auch zur Mitwelt und anderen Menschen, sowie ins Leben als solchem, schützt vor Angst. Sollte jedoch entgegengebrachtes Vertrauen enttäuscht werden, so führt dies zu Verletzungen des Enttäuschten. Der Eigenschutz findet dann unter Umständen in künftigem Misstrauen statt. Daraus wiederum können langfristige Schäden entstehen, die nur schwer zu reparieren sind. Je mehr Enttäuschungen, umso mehr besteht die Gefahr, dass Skepsis und Zweifel an anderen um sich greifen. Das Misstrauen kann auf diese Weise auch zu einer Lebenseinstellung führen, dass „die anderen" schlecht sind und die Welt schlecht und böse sei. Umso wichtiger ist es, Vertrauen bewusst zu pflegen und Verletzungen zu reflektieren, um diese Haltung nicht zu verlieren. Und um das Risiko eines Vertrauensbruchs einzudämmen, können folgende Regeln helfen (in Orientierung an Lukas 2019, S. 171 f.):

1. **Realistische Erwartungen:** Die übernommenen oder zugewiesenen Aufgaben sollten den Kompetenzen der betroffenen Person entsprechen. Hierbei ist zu berücksichtigen, dass niemand perfekt ist und Schwächen Teil der menschlichen Natur sind.
2. **Anerkennung guter Absichten:** Es wird davon ausgegangen, dass die Absichten einer Person häufig besser sind als ihre Handlungen. Diese Annahme entspricht der Realität menschlichen Verhaltens.
3. **Vertrauen als bewusste Entscheidung:** Vertrauen sollte als freiwilliger Akt verstanden werden, der mit dem Bewusstsein erfolgt, ein Risiko der Enttäuschung einzugehen.
4. **Sich vertrauensvoll verhalten:** Vertrauen gewinnt man, wenn man sich selbst vertrauensvoll verhält. Beispiel: Die Mitarbeitenden können der Führung vertrauen, dass die Meetings pünktlich beginnen und enden, weil diese sich immer wieder so verhalten haben. Oder: Die Zusage bei der Budgetfreigabe wird eingehalten und nicht zu einem späteren Zeitpunkt verändert (außer, es hat einen dringenden Grund, der besprochen wird).
5. **Berücksichtigung von Rückschlägen:** Rückfälle oder Fehltritte der Person, der Vertrauen entgegengebracht wird, sind als mögliche Ereignisse einzuplanen. Eine sachliche Reflexion über die möglichen Folgen sollte (gemeinsam) erfolgen, ohne sie zu dramatisieren.

6. **Förderung gegenseitigen Vertrauens:** Es ist ratsam, aufzuzeigen, in welchen Bereichen eine wechselseitige Vertrauensbasis besteht. Die eigene Verlässlichkeit wird dabei als Grundlage für Fairness angesehen.

7. **Betonung der individuellen Verantwortung für die Gemeinschaft:** Vertrauen kann durch die Hervorhebung einer geteilten Verantwortung gestärkt werden. Ziel ist es, diese Verantwortung gemeinsam wahrzunehmen und zu erfüllen.

▶ Mit Vertrauen geht Verantwortung Hand in Hand. Diese Verbindung ermöglicht es jeden Menschen, mutig voranzugehen: Vertrauen in größere Zusammenhänge, Verantwortung für das eigene Handeln und nicht zuletzt eine Prise Humor, die uns hilft, schwierige Situationen leichter zu nehmen (vgl. Lukas 2017, S. 125). Auf diese Weise findet ein Mensch die Kraft, sowohl die Herausforderungen des Lebens anzunehmen als auch den Sinn darin zu erkennen. Denn Sinn ist es, der Menschen zu über sich hinausgehendem Engagement motiviert und selbst angesichts von Leid eine Perspektive bietet.

Am Ende ist es die bewusste Entscheidung für das Vertrauen, die nicht nur das eigene Leben prägt, sondern auch das Potenzial hat, die Welt ein Stück weit zu verändern. Egal, wie schwierig die Umstände sind, mit Urvertrauen, Sinnorientierung und Verantwortung kann jeder Mensch sein Leben in eine Richtung lenken, die nicht nur für ihn selbst, sondern auch für andere wertvoll ist.

▶ Dem russischen Politiker Lenin wird folgende Redewendung zugeschrieben: „Vertrauen ist gut, Kontrolle ist besser!" Nach diesem Motto verhalten sich heute immer noch viele Führungsverantwortliche. Beispiele: extreme Datenerfassung, überbordende Dokumentationen, permanente Stellungnahmen, enge Kontrolltermine, Vorschriften über Vorschriften. Dabei wäre es im Sinne des Menschen und lebendiger Organisationen, diese Redewendung umzudrehen: „Kontrolle ist notwendig, aber Vertrauen ist besser."

Vertrauen und Hoffnung sind starke Grundlagen für das, was Frankl als „Zukunftsglaube und Zukunftswille" (Frankl 1982, S. 123) bezeichnet.

7.2.3   Hoffnung als Energiequelle für Mitgestaltung

Hoffnung ergänzt das Vertrauen als Perspektive, die den Blick auf zukünftige Möglichkeiten lenkt und in diesem Sinn als „Energiequelle" verstanden werden kann. Sie ermöglicht es, über aktuelle Schwierigkeiten hinauszublicken und an positiven Entwicklungen festzuhalten. Vertrauen und Hoffnung gehen Hand in Hand: Während Vertrauen die Grundlage schafft, bildet Hoffnung die Quelle, die Veränderungen sinnzentriert voranbringt.

Viele Menschen glauben, dass sie „Opfer der aktuellen Situation" sind und keine eigenen Gestaltungsmöglichkeiten haben (Motto: „Ich bin nur ein kleines Rad im Getriebe der Organisation bzw. der Welt"). Als freies Wesen, als entscheidendes und somit entschiedenes Lebewesen haben wir immer eine Möglichkeit, uns so oder anders zu unserer Lebenssituation und auch zu unserer Zukunft einzustellen. Mit der beschriebenen Einstellung laufen Menschen Gefahr, nicht mehr „auf die Zukunft hin zu existieren" (Frankl 1982, S. 115). Und Frankl weiter (Frankl 1982, S. 121): „Wer an eine Zukunft, wer an seine Zukunft nicht mehr zu glauben vermag … verliert den geistigen Halt, lässt sich innerlich fallen und verfällt sowohl körperlich als auch seelisch." Es zeigt sich, dass wir einen Zukunftsglauben und einen Zukunftswillen brauchen. Menschen brauchen etwas, was in ihnen Hoffnung reifen lässt. Es ist etwas, was als das Bessere, Wertvollere, Sinnhafte sein kann, eben das Sein-Sollende. Das Bild von der Zukunft? Es kann zuversichtlich machen oder depressiv. Aber es liegt am je einzelnen Menschen und in Summe an den Menschen einer Organisation, welches Bild, welche Vision gezeichnet wird.

▶   Das Leben ist ein ständiger Dialog, ein Wechselspiel von Fragen und Antworten. Es fordert uns heraus, immer wieder sinnorientiert auf das Unerwartete zu reagieren. Frankl erinnert uns daran, dass wir nicht die Fragenden, sondern die Antwortenden sind (vgl. Abschn. 3.2.5). Zufälle und unvorhergesehene Ereignisse erscheinen oft willkürlich, doch ihre Bedeutung liegt in unserer Haltung und Reaktion. Sie erfordern vom Menschen Entscheidungen, die das Sein formen.

Hoffnung ist eine wesenhafte Eigenschaft des Menschen – der Mensch ist ein hoffendes Wesen. Die Hoffnung liegt immer in der Zukunft, ist im Handeln auf ein Künftiges ausgerichtet. Damit ist die Hoffnung eine Frage der Zukunfts-Qualität. Hoffnung hat immer einen Zeitbezug, der Mensch hat ein bestimmtes Zeit-Bewusstsein. Der Mensch ist in seine Umwelt hineingeboren. Durch seine

Entscheidungen und folgende Handlungen verändert er diese Umwelt – zum Guten oder Schlechten. Durch das Handeln gibt der Mensch so der Umwelt eine Gestalt.

So betont denn auch Václav Havel (o. J.): „Hoffnung ist nicht die Überzeugung, dass etwas gut ausgeht, sondern die Gewissheit, dass etwas Sinn hat, egal wie es ausgeht." Entsprechend ist Hoffnung auch von Wunschdenken zu unterscheiden, wie Gaub ausführt (Gaub 2023, S. 135):

> „Hoffen und Wunschdenken unterscheiden sich dadurch, dass Ersteres noch weiß, dass es andere Möglichkeiten gibt als die erwünschte, Wunschdenken aber hat den Möglichkeitsraum schon zugesperrt. Wo Hoffen relativ ist, Raum für Zweifel, Möglichkeiten, aber auch Unsicherheit lässt, ist das Wunschdenken absolut, Fakten werden durch Wünsche ersetzt. Und das Schlimme daran: Studien zeigen, dass wir, je mehr wir uns etwas wünschen, desto mehr die Wahrscheinlichkeit überschätzen, dass es eintritt."

Hoffnung als Energiequelle nährt sich also aus dem Vertrauen, dass das, was kommt, sinnvoll sein wird – auch wenn es nicht so kommt, wie sich der Mensch es vorgestellt hat. Damit benötigt Hoffnung einen Grund, der einem die Kraft zufließen lässt, aktiv zu werden, nachhaltig am Erhofften zu arbeiten: Was ist das Erhoffbare? Ist der Gegenstand der Hoffnung positiv? Ist das Erhoffte menschenfreundlich? Ist es weltfreundlich? Antworten darauf finden wir zum Beispiel in den vier Prinzipien des Ökosophischen Managements von Peter Kern (1990, S. 146): Ist das Erhoffte personenverträglich (Bleibt die Würde des Menschen erhalten und erleidet der einzelne keine Schäden?), sozialverträglich (Ist Gerechtigkeit gewahrt und dient es der Gemeinschaft?), naturverträglich (Ist es unschädlich für Natur und Mitwelt?), zukunftsverträglich (Ist es auch in der Zukunft wertvoll und pro Leben?)? Hoffnung ist – ganz im Sinne der in einem konkreten Augenblick jeweils sinnvollen Möglichkeit (vgl. Abschn. 4.2.2) – zunächst etwas Ideales, etwas Gutes, eine Verbesserung des aktuellen Zustandes. Hoffnung setzt also einen empfundenen Mangelzustand voraus, der es wert ist, verändert zu werden. Damit hat Hoffnung eine wirklichkeitskritische Komponente. Also:

Fragen

Worauf hoffst Du? Worauf hoffen wir?
Wozu hoffst Du? Wozu hoffen wir?
Was soll weshalb sein?

Dieses sind Beispiele klärender Fragen, die auch für Organisationen von Bedeutung sind, wenn jemand von Hoffnung spricht. Haben wir Antworten, so braucht Hoffnung in der Folge die konkrete Tat, um sich dem Erhofften zu nähern. Wenn wir auf die Erfüllung der Hoffnung aktiv und tätig warten, so ist dieses auch (noch) Hoffnung. Warten heißt offen zu bleiben für die Geschehnisse im Hinblick auf das Erhoffte. Es braucht Achtsamkeit, auch für das Kleine, für das Wahre, das Wertvolle für Leben und Zusammenleben. Und dass Hoffnung auch im Organisationkontext eine hohe Relevanz für das Engagement und die Resilienz von Mitarbeitenden hat, zeigen Scott et al. (2024) in ihrer Studie auf.

Die „*Hoffnung auf*" (etwas) führt uns bewusst oder unbewusst zu Werten, denn Hoffnung ist eine Frage objektiver Werte. Subjektive Hoffnung braucht objektive Grundlagen, dann ist es eine „begründete Hoffnung", ansonsten eine „illusorische Hoffnung". Ist aber alles auch wert, verwirklicht zu werden? Wenn wir die Gegenwart sinnvoll gestalten, Werte durch unser Tun Wirklichkeit werden lassen, dann haben wir auch die Zukunft sinnvoll gestaltet. Bedenken wir: unsere Zukunft kann nicht besser sein, als unsere Entscheidungen und hierauf folgende Taten in der Gegenwart sind. Ernst Bloch (o. J.): „Wenn wir zu hoffen aufhören, kommt, was wir befürchten, bestimmt."

Insofern hat Hoffnung etwas mit einem „Willen zum Leben", mit Lebenskräften, mit Freude zu tun. Freude ist es ja, die das Leben entfaltet. Hoffnung überschreitet die (jetzige) Wirklichkeit. Wir sind noch nicht das, was wir sein könnten. Hoffnung hat etwas Werte- und Sinnhaftes. Philosophisch können wir sagen: Hoffnung mit Taten verbunden schafft Möglichkeiten, die Transzendenz auf der Erde zu sehen. Wenn wir wissen, dass es in jedem Augenblick immer auch die sinnvolle Möglichkeit gibt, haben wir einen Grund zur Hoffnung. Jedoch: Es gibt vieles, was wir nicht wissen können, was in der Zukunft liegt. Es kann etwas geschehen, wovon wir keine Ahnung, keine Vorstellung und kein Wissen haben. Es kann immer zu überraschenden Ergebnissen, zu überraschenden Wendungen kommen.

Hoffnung ist also nicht allein um der Hoffnung willen „brauchbar", sondern Hoffnung ist stets mit der eigenen Anstrengung bzw. der eigenen Tat zu verbinden. Damit steht jedoch der Mensch als „entscheidendes Sein", „sich einbringendes Sein" im Mittelpunkt und „visionäres Wesen" (vgl. Abschn. 5.2.3). Somit wird jedoch auch deutlich, dass Hoffnung nicht vom erwünschten Ergebnis abhängig gemacht werden darf. Denn da sind wir dann bei der Erwartung.

▶   Während Hoffnung die Gewissheit ist, dass etwas Sinn hat, egal
         wie es ausgeht, und daher nicht enttäuscht werden kann, macht sich

die Erwartung von einem bestimmten Ergebnis abhängig und wird enttäuscht, sobald dieses Ergebnis nicht eintritt.

Eine übermächtige Erwartung kann zur „Hölle der Erwartung" führen. Man kann auch das Leben in Erwartung vergeuden. Unsere Lebenszeit ist unsere einzige Zeit, und es ist eine Zeit der Aufforderung, selbst etwas zu tun, und so Lebenszeit nicht in Erwartungen zu vertun. Was also kann ich tun, damit meine Zeit eine erfüllte, nicht eine vergeudete Zeit wird? Selbst ins Handel kommen, denn dann hat man eine begründete Hoffnung. Jedes Tun bewegt etwas.

▶ **Achtung**
Hoffnung kann auch ideologisiert werden – und Hoffnung, die ideolo-gisch begründet ist, ist sehr kritisch zu betrachten, da sie manipuliert, denken wir an manche politischen Versprechungen, die aus Hoffnun-gen Erwartungen werden lassen und somit einen starken Versuch der Manipulation, einen Missbrauch an Menschen bedeuten.
Eine weitere Warnung: Es ist zu hoffen, dass die Erwartungen der Unwissenden und Ideologisierenden nicht in Erfüllung gehen. Echte Hoffnung im logotherapeutischen Sinn ist immer im Dienst des Men-schen (und der Natur, von der wir ein Teil sind). Einen Menschen kann man auch an dem erkennen, was er erwartet bzw. erhofft! Wir brauchen echte Hoffnung auf eine lebendige und lebensbegründete Zukunft. Nicht nur in der Gesellschaft, sondern auch in Organisationen jeder Art.

Erwartung ist zudem dann problematisch, wenn es Erwartung an andere ist. Hier ist der Mensch nicht pro-aktiv, sondern re-aktiv, da die Erfüllung bei Dritten liegt und somit von diesen abhängt. Erwartung ist also die Annahme, was ein anderer oder mehrere andere tun würden oder sollten. Bedeutet: Ich stelle Erwar-tungen an andere. Ebenso stellen andere Menschen Erwartungen an mich – in Organisationen meist auch noch dazu unausgesprochen und auch nicht vorbespro-chen, ob ich diese Erwartung erfüllen kann und will. Der Ursprung ist hierbei in gesellschaftlichen und gemeinschaftlichen Normen (Sozialverhalten, Spielregeln, Moralvorstellungen, „Was man halt macht") zu finden. Oder die Erwartungshal-tung ergibt sich aus Versprechungen (und nicht erfüllte Versprechen führen dann zu Enttäuschungen). Jedes Verhalten von Menschen kann auch eine Erwartung beinhalten, denn wir erwarten bestimmte Ergebnisse oder Reaktionen, die auf unser Verhalten folgen.

▶ Es soll nicht unerwähnt bleiben, dass ein eminenter Unterschied darin besteht, ob wir erwarten, dass ein Konkurrenzunternehmen Fehler macht und aus dem Markt ausscheidet, oder dass wir einen Sieg über die Konkurrenz erwarten (beispielsweise durch aggressive Preispolitik) oder durch eigene verbesserte Leistung und konstruktive Gestaltung ein (friedliches) Ergebnis zu erzielen hoffen.

▶ Im Gegensatz zur Hoffnung, die offen lässt, wann etwas auf welche Weise geschieht, geht die Erwartung von einem bestimmten Ergebnis aus. Wenn Menschen also Erwartungen an das Leben stellen und somit in der Regel auch Erwartungen an andere haben, dann tragen sie bereits die Möglichkeit des Enttäuscht-Werdens in sich. Entsprechend wäre eine andere Sicht wertvoller und förderlicher, nämlich die Antwort auf die Frage: Was erwartet „das Leben" von mir, was kann und soll mein Beitrag sein, was kann und soll mein aktiver Beitrag für unser gelingendes Zusammenleben sein? Diese Sicht ist die Sicht eines Menschen, der die Hoffnung hat, die Zukunft zum Besseren entwickeln zu können, und bereit ist, die Verantwortung in Freiheit zu leben. John F. Kennedy (o. J.): „Frage nicht, was dein Land für dich tun kann. Frage, was du für dein Land tun kannst." Analog können uns diese Frage auch in Organisationen stellen: Was kann mein Anteil sein und was ist mein Beitrag für die Gemeinschaft, für die Organisation, für ein wertebasiertes Gelingen?

Betrachten wir mögliche Wege zu gelungenen Zielen, so können wir diese Wege zweifach beschreiben – entweder Hoffnung oder Vertrauen als Ausgangspunkt: Hoffnung, verbunden mit Mut setzt nachhaltige Aktivitäten in Gang, dies besonders, wenn Vertrauen in die Organisation auch noch vorhanden ist. Vertrauen kombiniert mit sinnvollen Konzepten führt zu einer begründeten Hoffnung. Es ist der andere Weg zu Engagement. Beide sind Wege zu sinnorientierten Wirkungen. Und der persönliche Anteil, mein Anteil, kann in jedem dieser Faktoren zum Einsatz kommen (vgl. Abb. 7.1).

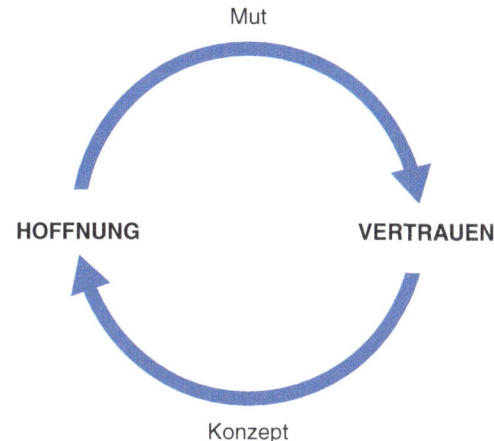

Mut

HOFFNUNG VERTRAUEN

Konzept

Abb. 7.1 Zusammenhang zwischen Hoffnung und Vertrauen. (Quelle: Eigene Darstellung)

7.3 Folgerungen für die Praxis

7.3.1 Selbstführung

- **Unterscheidung zwischen Hoffen und Erwarten reflektieren.** Fragen Sie sich bewusst, wann Sie auf Hoffnung oder Erwartung zurückgreifen und beobachten Sie, wie diese Ihre Entscheidungen und Gefühle beeinflussen.
- **Reflexion der Frage „Was erwartet „das Leben" gerade von mir?"** Nehmen Sie sich regelmäßig fünf Minuten Zeit, um darüber nachzudenken, welche Aufgaben und Herausforderungen aktuell wichtig sind und wie Sie diese sinnvoll angehen können. Nutzen Sie diese Reflexion, um sich auf das wirklich Wichtige zu konzentrieren und Prioritäten zu setzen.
- **Zum „Erhoffbaren" beitragen.** Überlegen Sie, welche konkreten Schritte Sie aktiv unternehmen können, um Ihre Hoffnungen zu unterstützen. Formulieren Sie kleine, realistische Ziele, die Sie erreichen können, um positiv auf Ihre Umgebung einzuwirken und Ihrem Leben eine sinnvolle Richtung zu geben.
- **Hoffnung und Verantwortung verbinden.** Entwickeln Sie ein Bewusstsein dafür, dass Hoffnung Handeln erfordert, um Wirklichkeit zu werden. Setzen Sie sich am Ende eines jeden Tages ein kleines Ziel für den nächsten Tag, das Ihre Hoffnung unterstützt und gleichzeitig Ihre Verantwortung für die Welt um Sie herum zum Ausdruck bringt.

7.3.2   Führung

- **Vertrauen als Grundlage für Zusammenarbeit etablieren.** Fördern Sie eine Kultur, in der Mitarbeitende sich gegenseitig vertrauen und auch Ihnen als Führungskraft vertrauen können, indem Sie Verlässlichkeit vorleben und offen kommunizieren. Überprüfen Sie regelmäßig, ob Ihre Entscheidungen und Handlungen dieses Vertrauen stärken.
- **Hoffnung und Zuversicht aktiv vermitteln.** Zeichnen Sie für Ihr Team ein positives Bild der Zukunft, indem Sie realistische, aber motivierende Szenarien skizzieren. Nutzen Sie Meetings, um konkrete Fortschritte hervorzuheben und Möglichkeiten zu schaffen, die den Mitarbeitenden Zuversicht geben.
- **Engagement auf eine sinnvolle Vision ausrichten.** Entwickeln Sie mit Ihrem Team eine klare und inspirierende Vision und legen Sie konkrete Schritte fest, die für alle machbar sind. Fördern Sie regelmäßige Diskussionen, um sicherzustellen, dass die Vision für alle verständlich bleibt und dass alle gemeinsam darauf hinarbeiten können.
- **Ressourcen für das Erhoffbare bereitstellen.** Erkennen Sie die Hoffnungen Ihrer Mitarbeitenden an und stellen Sie die notwendigen Mittel oder Unterstützung bereit, damit diese Hoffnungen verwirklicht werden können. Schaffen Sie eine Atmosphäre, in der es willkommen ist, Ideen und Anliegen offen anzusprechen.

Literatur

Ahrendt B, Nikolaus RS, Zilinski J (2023) Das organisationale Ikigai: Theoretische Grundlagen für die Transformation zu einer purpose-driven Organisation. Springer Gabler, Berlin

Ahrendt B, Bürklin N, Ostberg PM (2024) Wege agiler Führung – mit Sinn. Praktische Grundlagen für lebendige Organisationen. Springer Gabler, Berlin

Biller K, Lourdes Stiegeler Md (2008) Wörterbuch der Logotherapie und Existenzanalyse von Viktor Emil Frankl. Bölau, Wien und Köln

Bloch E (o. J.) https://www.zitate.de/autor/bloch%2C+ernst. Zugegriffen: 27. Okt. 2024

Frankl VE (1982) … trotzdem Ja zum Leben sagen. Deutscher Taschenbuch, München

Gaub F (2023) Zukunft: Eine Bedienungsanleitung. Deutscher Taschenbuch, München

Havel V (o. J.) https://www.zitate7.de/autor/V%C3%A1clav+Havel/. Zugegriffen: 27. Okt. 2024

Kennedy (o. J.) https://www.zitate7.de/4734/Frage-nicht-was-Dein-Land-fuer.html. Zugegriffen: 27. Okt. 2024

Kern P (1990) Ethik und Wirtschaft. Leben im epochalen Umbruch: Vom berechnenden zum besinnenden Denken?, 3. Aufl. Lang, Frankfurt/Main et al.

Lukas E (2017) Heute ist der erste Tag vom Rest deines Lebens. Schritte zu einer erfüllten Existenz. Verlagsgemeinschaft tops plus, Kevelaer

Lukas E (2019) Den ersten Schritt tun. Konflikte lösen, Frieden schaffen. Butzon & Bercker, Kevelaer

Lukas E (2020) Eine kurze Einführung in die Logotherapie. Fragen von Bernd Ahrendt an Elisabeth Lukas. In: Lukas E, Schönfeld H (Hrsg) Psychotherapie in Würde. Logotherapie konkret. Elisabeth-Lukas-Archiv gGmbH, Bamberg, S 11–30

Scott K L, Ferrise, E, Sheridan S, Zagenczyk T J (2024) Work-related resilience, and well-being among music industry workers during the COVID-19 pandemic: a multiwave model of mindfulness and hope. Stress and Health 40:e3466. https://doi.org/10.1002/smi.3466

Siebter Impuls: Führung ist potenzialfördernd

Zusammenfassung

Die Qualität unseres Handelns wird von zwei Kräften geprägt: erstens unser Können, gekennzeichnet durch unveränderliche Rahmenbedingungen (apersonales Können) sowie individuellen Freiraum und Fähigkeiten (personales Können), zweitens unser personales Wollen. In diesem Kapitel erfahren Sie, wie Kompetenzen entwickelt und Herausforderungen gemeistert werden können, um persönliche und organisationale Potenziale zu entfalten und darüber in einen Flow-Zustand zu kommen.

8.1 Kernaussagen

- Beziehungsgestaltung (und damit auch Führung) ist ein dynamischer Prozess, der auf der ständigen Entscheidung basiert, wie man mit sich selbst und anderen umgeht. Sie wird durch unveränderliche Rahmenbedingungen (apersonales Können) sowie individuellen Freiraum und Fähigkeiten (personales Können) beeinflusst. Die Aspekte Können und Wollen prägen diese Dynamik und sind entscheidend für die persönliche und organisatorische Potenzialentfaltung.
- Kompetenzen sind individuelle Potenziale, die in konkreten Situationen eingesetzt werden und sich durch Anwendung weiterentwickeln. Sie umfassen Fach-, Methoden-, Sozial-, personale und Sinnkompetenz, wobei letztere als zentrale Grundlage dient. Durch gezielten Einsatz und kontinuierliche Nutzung passen sich Kompetenzen an die Anforderungen an und fördern so lebenslange Weiterentwicklung.

© Der/die Autor(en), exklusiv lizenziert an Springer-Verlag GmbH, DE, ein Teil von Springer Nature 2025
B. Ahrendt et al., *Führung auf festem Grund – mit Sinn*,
https://doi.org/10.1007/978-3-662-71109-5_8

• Apersonales Können umfasst die Rahmenbedingungen des Handelns, die durch externe Einflüsse wie Gesetze oder Marktentwicklungen sowie interne Faktoren wie Organisationskultur oder Strukturen definiert sind. Neben diesen Begrenzungen durch das „Dürfen" spielt das „Sollen", das sich an organisationalen Zielen und gemeinschaftlicher Sinnorientierung ausrichtet, eine zentrale Rolle. Beide Aspekte fördern oder hemmen die Entwicklung lebendiger Gemeinschaften in Organisationen.

• Das personale Wollen ist zentral für die Qualität des Handelns, da es bestimmt, ob und wie vorhandene Kompetenzen genutzt werden. Es basiert auf vier Aspekten: dem Willen zum Sinn; der Fähigkeit, sinnvolle Möglichkeiten zu erkennen; der Entscheidung für diese Möglichkeiten und der Entfaltung im Handeln. Dadurch wird deutlich, dass nicht mangelnde Fähigkeiten, sondern ein fehlender Wille die Qualität des Einsatzes mindern können.

• Sinnzentriertes Flow-Erleben tritt auf, wenn Menschen mit ihren Kompetenzen optimal auf die Anforderungen einer sinnvollen Aufgabe reagieren und sich dabei vollständig darauf fokussieren. Kennzeichnend sind Zustände wie ein reibungsloser Ablauf, ein Verlust des Zeitgefühls und ein starkes Sinn- und Werteerleben. Der Flow-Zustand variiert in Intensität und Komponenten, wobei das Gleichgewicht zwischen Herausforderung und Fähigkeit entscheidend ist.

8.2   Basiswissen

8.2.1   Zentrale Bereiche der Potenzialförderung: Können und Wollen

Wie wir in Kap. 2 festgestellt hatten, ist (Selbst)Führung immer Beziehungsgestaltung: Gestaltung der Beziehung als geistige Person zu mir oder zu anderen Menschen. Beziehungen sind hierbei nicht als etwas Statisches zu verstehen, das – einmal erreicht – so bleiben wird; vielmehr zeichnen sich Beziehungen gerade durch ihre Dynamik aus. Denn in jeder Situation hat der Mensch sich zu entscheiden, wie er mit sich resp. mit anderen umgehen und welches Verhalten er zeigen wird. Insofern ist auch die Beziehungsgestaltung in jeder Situation von den beiden Aspekten „schicksalhafter Bereich" und „Freiraum" gekennzeichnet (vgl. Abschn. 4.2.1). Das bedeutet aber nichts anderes, als dass in jeder Situation zum einen bestimmte, unveränderliche Rahmenbedingungen zu berücksichtigen sind (= apersonales Können) und zum anderen der individuelle Freiraum zum Tragen kommt, der zunächst durch die beim Menschen vorhandenen Kompetenzen (=

personales Können) bestimmt wird. Zur Integration der Rahmenbedingungen in das Können schreiben Lukas und Ostberg (2022, S. 72 – Hervorhebungen nicht übernommen):

> „Denn was eine Person nicht darf, das kann sie eben auch nicht (es sein denn sie verstößt gegen sämtliche Regeln und nimmt Sanktionen in Kauf). Und was die situativen Möglichkeiten nicht hergeben, das kann sie ebenfalls nicht. … Haargenau hier, bei diesem Punkt 2: „was man will" aber kommt die Motivation ins Spiel, und deren „Quellen" sprudeln in Gründen des Wollens und keinesfalls bloß in den Umständen des Dürfens seitens der enger oder weiter gezogenen Aussenwelt. Sehr wohl aber können die Gründe des Wollens auf die Außenwelt abzielen, was sie bei seelisch gesunden Menschen, die nicht pathologisch besorgt oder fixiert um sich selber kreisen, auch tun."

Des Weiteren wird der individuelle Freiraum von der Art und Weise bestimmt, wie sich der Mensch in dieser Situation entscheidet zu verhalten, also seinem Wollen. Entsprechend ist die Dynamik von Beziehungsgestaltung durch die zentralen Aspekte von Können und Wollen gekennzeichnet (vgl. Abb. 8.1). In beiden Aspekten kann sich der bewusste Mensch weiterentwickeln, sodass beide Bereiche für eine Potenzialförderung (auch durch die Organisation) von Bedeutung ist.

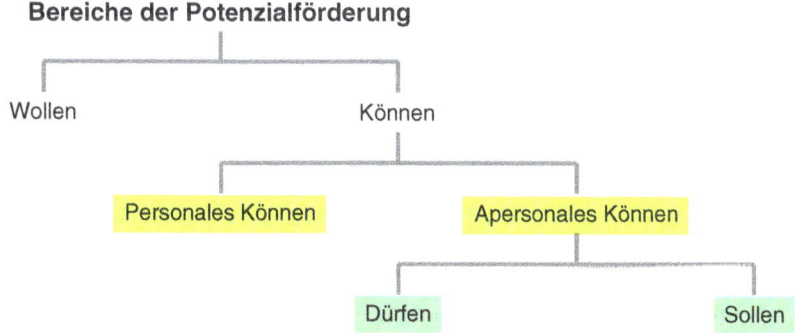

Abb. 8.1 Bereiche der Potenzialförderung. (Quelle: Eigene Darstellung)

8.2.2   Personales Können: Die individuellen Kompetenzen

Eine Kompetenz ist ein Potenzial, das in einer Person vorhanden ist. Dieses Potenzial bildet die Grundlage, um Situationen zu bewältigen und wird erst sichtbar, wenn es angewendet wird. Kompetenzen sind oft nicht direkt erkennbar, können jedoch durch Beobachtungen einer Person zugeschrieben werden (vgl. Erpenbeck und Rosenstiel 2007, S. XVIII f.).

Kompetenzen spiegeln die Fähigkeit einer Person wider, situationsgerecht zu handeln. Sie umfassen alle relevanten Aspekte für die Bewältigung einer konkreten Situation – Wissen, Denken, Fähigkeiten und Fertigkeiten, die eine Person bis zu diesem Zeitpunkt entwickelt hat. Diese ermöglichen es, in einer Situation selbstorganisiert und zielgerichtet zu handeln (vgl. Kauffeld 2006, S. 19 f.; Gnahs 2010, S. 21), weswegen auch von Handlungskompetenz gesprochen wird.

Da menschliches Sein bedeutet, immerwährend von einer Situation zur nächsten zu gelangen, ist der Einsatz von Kompetenzen somit im Kontext der jeweiligen Situation zu sehen. Es ist hierbei weniger relevant, welche Kompetenzen eine Person objektiv besitzt – etwa dokumentiert durch Zeugnisse –, sondern vor allem, auf welche Weise sie bereit ist, diese Kompetenzen anzuwenden um in einer konkreten Situation angemessen zu handeln (vgl. Ahrendt und Heuke 2021, S. 24).

Um den Kompetenz-Begriff, der als Konstrukt ja doch sehr allgemein ist, greifbarer zu machen, wird er oft in verschiedene Facetten unterteilt. Diese Unterteilung ist allerdings wiederum auch nur ein Konstrukt, welches das Verständnis von Kompetenz erhöhen soll. Eine bekannte Unterteilung umfasst Fachkompetenz, methodische Kompetenz, soziale Kompetenz und personalee Kompetenz (vgl. Abb. 8.2; vgl. Ahrendt et al. 2024, S. 34 f.; Ahrendt und Heuke 2021, S. 32 f.):

1. **Fachkompetenz („to know what")**: Diese drückt die Fähigkeit zum fachlich-selbstorganisierten Handeln aus und umfasst das Potenzial zur fachlichen Bewältigung von Aufgaben. Sie beinhaltet sowohl die Breite und Tiefe fachspezifischer und fächerübergreifender Kenntnisse und Erfahrungen als auch die Fähigkeit, diese zu verknüpfen, kritisch zu reflektieren und angemessen anzuwenden.
2. **Methodenkompetenz („to know how")**: Dies bezeichnet die Fähigkeit zum instrumentell selbstorganisierten Handeln. Es umfasst situationsunabhängige Fähigkeiten zur Problemstrukturierung und -lösung, Kenntnisse über Aufgabenstrukturierung und Lernstrategien sowie den Umgang mit Informationen einschließlich deren Interpretation und Präsentation.

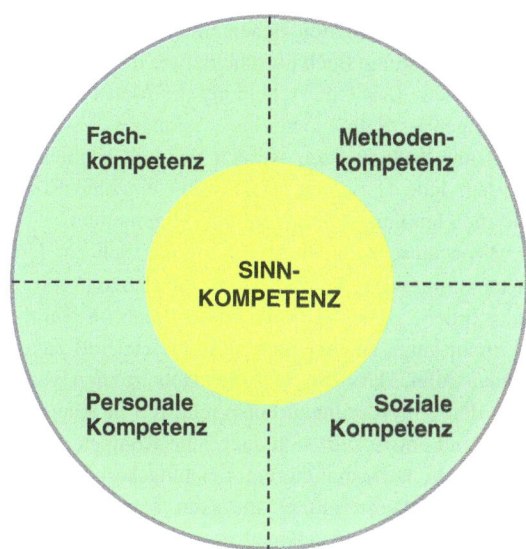

Abb. 8.2 Die Kompetenzfacetten eines Menschen. (Quelle: In Anlehnung an Ahrendt et al. 2024, S. 35)

3. **Soziale Kompetenz („to know the others"):** Diese umfasst die Fähigkeit zu kommunikativem und kooperativem Handeln. Sie bezieht sich auf die Fähigkeit, Beziehungen zu und mit anderen Menschen zu gestalten.
4. **Personale Kompetenz („to know yourself"):** Diese beinhaltet personenbezogene Fähigkeiten wie Konzentrationsfähigkeit, kognitive Fähigkeiten sowie körperliche und psychische Gesundheit.

Wir können davon ausgehen, dass diese vier Facetten gemäß dem Menschenbild von Viktor E. Frankl dem Psychophysikum zuzuordnen sind. Richtet sich der Mensch entsprechend seiner Grundmotivation bei dem Einsatz dieser Facetten auf die jeweils sinnvolle Möglichkeit aus, kommt seine Sinnorientierung zum Tragen, die der geistigen Dimension des Menschen entspringt und daher abzugrenzen ist, indem eine fünfte Facette ergänzt wird:

5. **Sinnkompetenz („to know what for"):** Diese bezieht sich auf die Berücksichtigung der Sinn- und Wertefrage bei Entscheidungen und stellt die Grundlage der anderen Facetten dar (in der Abbildung als Nukleus dargestellt; zur Sinnkompetenz vgl. auch Berschneider 2003, S. 52 ff.).

Alle Kompetenzfacetten stehen einer Person in einer konkreten Situation potenziell zur Verfügung, doch entscheidet sie in jedem Moment neu, inwieweit sie diese auch einsetzt (zur Unterscheidung des Menschen als „entscheidendes Sein", „sich einbringendes Sein" sowie als „visionäres Wesen" vgl. Abschn. 5.2.3). Die eingesetzten Kompetenzen werden dadurch trainiert und können weiterentwickelt werden. Jede Handlung stärkt somit einzelne Kompetenzfacetten im Speziellen und die Handlungskompetenz im Allgemeinen.

Wenn diese Kompetenzen kontinuierlich zur Umsetzung sinnvoller Möglichkeiten eingesetzt werden, wird die Person gefordert, jedoch nie über- oder unterfordert. „Alles Gesollte bewegt sich im Rahmen des Gekonnten, denn was ich nicht kann, ist mir auch nicht als ein Soll zugedacht" (Lukas 2014, S. 229). Daraus folgt, dass das Gesollte stets zu den vorhandenen Kompetenzen passt bzw. den Anforderungen entspricht, die in jenem Moment gestellt werden. Entsprechend entwickeln sich auch jene Kompetenzen, die mit den Wertekategorien von Frankl korrespondieren: Leistungskompetenz, Liebeskompetenz und Leidkompetenz. Diese gilt es im Kern weiterzuentwickeln. Durch sinnorientiertes Handeln werden sie adäquat eingesetzt und trainiert, sodass vorhandene Kompetenzen aufgefrischt, vertieft und/oder neue Teilkompetenzen aufgenommen werden. „Kompetenzentwicklung ist somit das Resultat eines Erfahrungs- und Lernprozesses über das gesamte Leben eines Menschen" (Ahrendt und Heuke 2021, S. 28).

8.2.3 Apersonales Können: Die Rahmenbedingungen

Das personale Können kann sich nur innerhalb des jeweiligen Freiraums entfalten. Dieser Freiraum kann als individueller Wirkungskreis oder Verfügungsraum (vgl. Abschn. 5.2.4) verstanden werden, der durch Bedingungen begrenzt respektive eingezäunt ist. In Organisationen bezieht sich dieser Freiraum auf jenen Wirkungskreis, der einem Mitglied von seiner Organisation gewährt wird und in dem es agieren darf. Dieses „Dürfen" setzt sich aus zwei Aspekten zusammen (vgl. Lukas und Ostberg 2022, S. 71):

1. **Externe Bedingungen:** Dies sind die Umstände, die der Organisation und ihren Mitarbeitenden von außen vorgegeben sind, wie bspw. Gesetze, Marktentwicklungen, Verbrauchertrends und Bevölkerungsentwicklungen.
2. **Interne Bedingungen:** Dies sind die organisationalen Aspekte, die das Miteinander beeinflussen, wie Organisationsstrukturen und -prozesse, gelebte Werte

und Normen, Gepflogenheiten und die Führungskultur (zur Bedeutung von gelebten Werten als Spielregeln vgl. Ahrendt et al. 2024, Kap. 4).

Zusätzlich zum „Dürfen" betonen Lukas und Ostberg die Bedeutung des „Sollens" in Bezug auf die individuelle Sinnorientierung in Organisationen (2022, S. 73). Das „Sollen" bezieht sich auf den organisationalen Zweck oder auf konkrete organisationale Ziele, die durch die Umsetzung von Aufgaben erreicht werden sollen, und ist somit aus Sicht eines Organisationsmitglieds auf seine organisationale Mitwelt ausgerichtet, wodurch die grundsätzliche Möglichkeit besteht, dass sich aus Organisationen lebendige Gemeinschaften entwickeln. Dieses „Sollen" umfasst soziale und situative Aspekte, die das Wollen der Mitarbeitenden leiten. „Etwas soll gut bleiben oder gut werden. Man bemüht sich … dem Fortbestand der Firma zuliebe …, den Kollegen zuliebe …, den Kunden zuliebe …, der sauberen Umwelt zuliebe … egal, was es ist … der Gemeinschaft zuliebe wächst der Einzelne über sich selbst hinaus" (Lukas und Ostberg 2022, S. 73).

▶ Das apersonale Können besteht aus dem Dürfen und dem Sollen. Beide Aspekte werden auch in Organisationen letztlich von Menschen vorgegeben und können daher sinnvoll, aber auch sinnwidrig sein.

8.2.4 Zusammenwirken von Kompetenz und Personales Wollen

Wie wir in Abschn. 4.2.2 festgestellt hatten, zeichnet sich die jeweils sinnvolle Möglichkeit unter anderem dadurch aus, dass sie weder über- noch unterfordert. Dies hat zur Folge, dass jene Kompetenzen, die für eine erfolgreiche Bewältigung einer Situation erforderlich sind, immer als Potenziale vorhanden sind. Somit kommt es bei der Wahl der sinnvollen Möglichkeit primär nicht auf die Kompetenzen an, sondern vielmehr auf das Wollen des Menschen, das sich somit in der Qualität des Handelns ausdrückt: In welcher Form und welcher Intensität möchte jemand seine vorhandenen Kompetenzen auch wirklich einbringen? Eine niedrige Qualität kann daher auch nicht auf eine „Willensschwäche" zurückgeführt werden, sondern auf einen in dieser Situation nicht vorhandenen Willen. Dieses Wollen kann dabei als das Zusammenwirken von vier Aspekten angesehen werden (für eine ausführlichere Darlegung vgl. Ahrendt et al. 2023, Abschn. 3.3):

1. **Wille zum Sinn:** Der Wille zum Sinn ruft den Menschen auf, den stets vorfindlichen Sinn zu finden.
2. **Erkennen der sinnvollen Möglichkeit:** Sofern der Mensch dem Willen zum Sinn folgen möchte, liegt es an ihm, den Sinn auch zu erkennen. Dies mag manchmal beim Anblick der jeweils vorhandenen Möglichkeiten deutlich, dann wiederum gar nicht so leicht sein. So oder so, verfügt jeder Mensch über ein „Sinn-Organ", das ihn die jeweils sinnvolle Möglichkeit eines augenblicks erkennen lässt: das Gewissen (vgl. hierzu Abschn. 5.2.4).
3. **Entscheiden für diese Möglichkeit:** Der Mensch hat aus der Menge an vorhandenen Möglichkeiten zu wählen, sodass Frankl den Menschen auch als „entscheidendes Sein" bezeichnet (vgl. Frankl 2015, S. 131). Entscheidungen zu treffen, fällt vielen Menschen allerdings nicht leicht. Insofern ist es häufig von Vorteil, Entscheidungen auf Basis eines ausgeprägten Pro-Motivs zu treffen (vgl. Abschn. 4.2.5; ferner ausführlicher Ahrendt et al. 2024, Kap. 5).
4. **Entfaltung:** Zur erfolgreichen Bewältigung einer Situation ist es erforderlich, dass sich der Mensch – als sich-einbringendes Sein und visionäres Wesen – auf den Augenblick und die Realisierung fokussiert und sich in diesem Sinne in gesunder Weise selbst vergisst.

8.2.5 Die Folge von adäquatem Können und Wollen: Das sinnzentrierte Flow-Erleben

Wenn Menschen tatsächlich (aufgrund ihres ausgeprägten Pro-Motivs) etwas umsetzen wollen und ihre erforderlichen Kompetenzen angemessen einsetzen, ist häufig zu beobachten, dass sie in ein Flow-Erleben gelangen. Dies geschieht unabhängig von Alter, Geschlecht, sozioökonomischem Status oder kulturellem Hintergrund (vgl. Ufer 2020, S. 14; Csikszentmihalyi 1992, S. 17). Entsprechend beschreibt Csikszentmihalyi (2008, S. 4) Flow als einen Zustand, „in which people are so intensely involved in an activity that nothing else seems to matter; the experience itself is so enjoyable that people will do it even at great cost, for the sheer sake of doing it." Dieser Zustand ist durch folgende Komponenten gekennzeichnet (vgl. Rheinberg und Engeser 2018, S. 439; Ufer 2020, S. 13 f.):

1. **Passung von Kompetenzen und Anforderungen:** Der Mensch fühlt sich optimal gefordert und hat trotz hoher Anforderungen das sichere Gefühl, die Situation gut unter Kontrolle zu haben.

2. **Adäquates Handeln:** Handlungsanforderungen und Rückmeldungen sind klar und interpretationsfrei, sodass der Mensch jederzeit weiß, was zu tun ist, ohne darüber nachzudenken.
3. **Reibungsloser Ablauf:** Die Handlung verläuft fließend, ein Schritt geht nahtlos in den nächsten über, als ob das Geschehen einer inneren Logik folgt.
4. **Fokussierung:** Die Konzentration kommt von selbst. Alle Gedanken, die nicht unmittelbar auf die aktuelle Aufgabe gerichtet sind, werden ausgeblendet.
5. **Verlust des Zeitgefühls:** Das Zeiterleben verändert sich stark; der Mensch vergisst die Zeit und weiß nicht, wie lange er schon tätig ist. Stunden vergehen wie Minuten.
6. **Verschmelzen mit der Tätigkeit:** Der Mensch geht vollständig in der Tätigkeit auf und verliert das Bewusstsein für sich selbst.

Durch die Ausrichtung auf sinnvolle Aufgaben wird dieser Zustand um eine weitere Komponente ergänzt:

7. **Sinn- und Werteerleben:** Der Mensch spürt die Bedeutung seiner Tätigkeit in Bezug auf seine Mitwelt und erlebt dadurch die Umsetzung von Sinn im jeweiligen Moment durch ihn selbst. Damit geht es ihm auch um das Realisieren der in einem Augenblick sinnvollen Möglichkeit an sich, während Reaktionen auf diese Realisierung (Erleben von innerer Freude oder Lob von außen) lediglich nicht-intendierte Folgen sind. Es geht ihm um das Vermehren des Positiven in der Welt – und das Wissen darum ist Belohnung genug. So betont etwa Lukas (2017, S. 141 f.):

> „Was wirklich Gewicht hat, ist das eigene redliche Bemühen und das Urteil, das man sich über sich selbst bildet. So ermunternd Anerkennung und Gratifikationen durch andere sein mögen, so wenig sollen sie der Motor unseres Handelns sein. Der Sinn der Sache, der wir uns widmen, ist Motor genug. Widmen wir uns einer Sache mit bestem Willen und Engagement, ist Eustress (positiver Stress) statt Disstress unser Lohn – und ob der Rest der Welt mit uns zufrieden ist, darf ‚neben‘ der Sache, eben nebensächlich bleiben."

Flow tritt in der Regel plötzlich auf, wobei die genannten Komponenten nicht immer gleichzeitig und in gleicher Intensität erlebt werden. Häufig treten nur einzelne Komponenten situativ auf und variieren in ihrer Intensität und Häufigkeit. Flow kann daher als ein Kontinuum zwischen Micro-Flow (leichtes Flow-Erleben) und Deep-Flow (intensives Flow-Erleben) betrachtet werden (vgl. Ufer 2020, S. 14). Der Flow-Zustand wird umso intensiver, je mehr und je intensiver die einzelnen Komponenten erlebt werden.

▶ Wichtig ist zu betonen, dass sinnzentriertes Flow-Erleben nicht unbedingt mit Wohlbefinden oder angenehmen Gefühlen verbunden ist.
Die zentrale Annahme ist, dass Flow genau dann entsteht, wenn
ein optimales Gleichgewicht zwischen den objektiven Anforderungen einer Tätigkeit und der subjektiven Wahrnehmung der eigenen
Kompetenzen besteht. So kann beispielsweise auch das Korrigieren von Klausuren oder die Bewertung von Hausarbeiten mit einem
Flow-Erleben einhergehen.

8.3   Folgerungen für die Praxis

8.3.1   Selbstführung

• **Persönliche Pro-Motive identifizieren und nach Möglichkeiten zur Umsetzung suchen.** Erkennen Sie, was Sie an Werte-vollem anzieht, und schaffen
Sie sich gezielt Räume zur Umsetzung dieser Motivationen. Reflektieren Sie
regelmäßig, ob Ihre Tätigkeit Ihnen Möglichkeiten bietet, diese zu realisieren,
und passen Sie Ihre Ausrichtung bei Bedarf an.
• **Eigene Kompetenzen erkennen, umsetzen und weiterentwickeln.** Analysieren Sie Ihre Stärken und setzen Sie diese bewusst im Arbeitsalltag
ein. Investieren Sie in Weiterbildungsangebote oder suchen Sie aktiv nach
Herausforderungen, die Sie fordern und Ihre Kompetenzen erweitern.
• **Das eigene Wollen auf einem festen Grund im Organisationskontext reflektieren.** Fragen Sie sich regelmäßig, wie Ihre persönliche Motivation mit den
Zielen der Organisation zusammenpasst. Erarbeiten Sie eine klare Verbindung
zwischen Ihren individuellen Zielen und dem „größeren Ganzen", um Ihre
Arbeit langfristig sinnvoll zu gestalten.
• **Selbstbewusst der Verantwortung gerecht werden und eigene Entschei-
dungen gestalten.** Werden Sie der Verantwortung für Ihre Aufgaben gerecht
und gestalten Sie Ihren Arbeitsbereich aktiv. Treffen Sie Entscheidungen auf
Basis Ihrer Werte und Prioritäten, um Ihre berufliche Identität zu stärken und
Vertrauen aufzubauen.

8.3.2   Führung

• **Mitarbeitende mit Blick auf ihre unterschiedlichen Kompetenzen kennen-
lernen, sie fördern und einsetzen.** Identifizieren Sie gezielt die verschiedenen

Kompetenzen Ihrer Mitarbeitenden und nutzen Sie diese im Team. Bieten Sie individuelle Entwicklungswege an, um Fach-, Methoden-, Sozial- , personale und Sinnkompetenz nachhaltig zu stärken.

- **Das begründete Sollen in einer Organisation klar hervorheben (um das Wollen der Mitarbeitenden anzuleiten).** Kommunizieren Sie klar, *wofür* bestimmte Aufgaben wichtig sind und welchen Beitrag sie zum Erfolg der Organisation leisten. Verknüpfen Sie diese Anforderungen mit individuellen Zielen, um den Antrieb der Mitarbeitenden zu stärken.
- **Mit Mitarbeitenden in den Dialog für sinnzentrierten Flow gehen.** Diskutieren Sie gezielt mit Ihren Mitarbeitenden, wann und wie sie ihren „sinnzentrierten Flow" erleben. Schaffen Sie Bedingungen, die solche Flow-Zustände fördern, wie etwa klare Ziele, angemessene Herausforderungen und ein unterstützendes Umfeld.
- **Eine Kultur der gemeinsamen Sinnorientierung etablieren.** Fördern Sie eine Unternehmenskultur, in der Mitarbeitende ihre persönliche Sinnorientierung mit den Zielen der Organisation verbinden können. Organisieren Sie regelmäßige Workshops oder Feedback-Runden, um den Sinn von Aufgaben und Zielen zu beleuchten und gemeinsam zu gestalten.

Literatur

Ahrendt B, Heuke U (2021) Soziale Kompetenzen verstehen – grundlegende Überlegungen. In: Ahrendt B, Heuke U, Neumann W, Tubbesing F (Hrsg) Erfolgsfaktor Sozialkompetenz. Mitarbeiterpotenziale systematisch identifizieren und entwickeln. Haufe Group, München und Stuttgart, S 23–44

Ahrendt B, Nikolaus RS, Zilinski J (2023) Das organisationale Ikigai: Theoretische Grundlagen für die Transformation zu einer purpose-driven Organisation. Springer Gabler, Berlin

Ahrendt B, Bürklin N, Ostberg PM (2024) Wege agiler Führung – mit Sinn. Praktische Grundlagen für lebendige Organisationen. Springer Gabler, Berlin

Berschneider W (2003) Sinnzentrierte Unternehmensführung. Was Viktor E. Frankl den Führungskräften der Wirtschaft zu sagen hat. Orthaus, Lindau am Bodensee

Csikszentmihalyi M (1992) Flow: Das Geheimnis des Glücks. Klett-Cotta, Stuttgart

Csikszentmihalyi M (2008) Flow: The Psychology of Optimal Experience, New York: HarperCollins

Erpenbeck J, Rosenstiel Lv (2007) Einführung. In: Erpenbeck J, Rosenstiel Lv (Hrsg) Handbuch Kompetenzmessung. Erkennen, verstehen und bewerten von Kompetenzen in der betrieblichen, pädagogischen und psychologischen Praxis, 2. Aufl. Schäffer-Poeschel, Stuttgart, S XVII–XLVI

Frankl VE (2015) Ärztliche Seelsorge, Grundlagen der Logotherapie und Existenzanalyse, 6. Aufl. Deutscher Taschenbuch, München

Gnahs D (2010) Kompetenzen – Erwerb, Erfassung, Instrumente, 2. Aufl. Bertelsmann, Bielefeld

Kauffeld S (2006) Kompetenzen messen, bewerten, entwickeln. Ein prozessanalytischer Ansatz für Gruppen. Schäffer-Poeschel, Stuttgart

Lukas E (2014) Lehrbuch der Logotherapie. Menschenbild und Methoden, 4. Aufl. Profil, Wien und München

Lukas E (2017) Persönliches und Besinnliches. Kleines logotherapeutisches Lesebuch. Profil, München und Wien

Lukas E, Ostberg PM (2022) Arbeit heute – Last oder Freude? Strategien sinnzentrierter Unternehmenskultur. Profil, München und Wien

Rheinberg F, Engeser S (2018) Intrinsische Motivation und Flow-Erleben. In: Heckhausen J, Heckhausen H (Hrsg) Motivation und Handeln, 5. Aufl. Springer, Berlin, S 423–450

Ufer M (2020) Motivationspsychologische Grundlagen des Flow-Erlebens. Merkmale, Entstehung, Auswirkung von Flow im Sport, Beruf und Alltag. Springer Fachmedien, Wiesbaden

Achter Impuls: Führung ist kreativ und innovativ

9

Zusammenfassung

Unsere innere Haltung beeinflusst nicht nur unser Handeln, sondern auch die Fähigkeit, kreative und innovative Lösungen zu finden. Dieses Kapitel zeigt, wie eine sinn- und werteorientierte Denkkultur, unterstützt durch Techniken wie den Sokratischen Dialog, die Basis für nachhaltige Innovationen und zukunftsorientierte Führung legt.

9.1 Kernaussagen

* Die innere Haltung, als Ausgangspunkt unseres Denkens und Handelns, prägt maßgeblich das kreative Potenzial und die Führung einer Person. Sie beeinflusst sowohl das aktive Handeln („Doing") als auch die zugrunde liegende, werteorientierte Ausrichtung („Being"). Durch die Balance beider Aspekte wird Handeln nicht nur effizient, sondern auch sinnorientiert und nachhaltig gestaltet.
* Die Art und Weise, wie wir Ereignisse und Situationen deuten, beeinflusst in einem hohen Maße unser Verhalten. Dieses Denken bildet nicht nur im individuellen Kontext die Grundlage für Beziehungen, sondern stärkt in Organisationen das gemeinsame Engagement, das durch gegenseitige Verbundenheit und freiwilligen Einsatz zur Entwicklung einer lebendigen, innovativen Organisation führt.
* Eine Denkkultur, die Kreativität und Innovation fördert, setzt voraus, dass Organisationen vielseitige Denkansätze bewusst einsetzen und Denkgrenzen überschreiten. Neben der Unterstützung offener Denkweisen wie dem

© Der/die Autor(en), exklusiv lizenziert an Springer-Verlag GmbH, DE, ein Teil von Springer Nature 2025
B. Ahrendt et al., *Führung auf festem Grund – mit Sinn*,
https://doi.org/10.1007/978-3-662-71109-5_9

lateralen Denken ist es entscheidend, dass Organisationen werteorientiert fundierte Urteile und kreative Methoden zur Problemlösung anwenden, um eine zukunftsfähige Führung zu ermöglichen.

• Im Sokratischen Dialog werden durch Fragen Reflexion und Selbstverantwortung gefördert, sodass die Befragten eigene Einsichten und Lösungen entwickeln. Diese Gesprächsform schafft eine Kommunikationskultur, die kreative Denkprozesse in Organisationen stärkt. Sie fördert eine offene Atmosphäre, in der jede Person zu einem tieferen Verständnis und innovativen Lösungen gelangen kann.

• Kreativität und Innovation entstehen durch das Zusammenspiel von drei Faktoren: Menschen, Business und Technologie. Eine Idee muss sowohl technisch umsetzbar, wirtschaftlich tragfähig als auch für die Zielgruppe wünschenswert und sinnvoll sein, um erfolgreich zu sein. Gleichzeitig erfordert kreative Arbeit den Mut, Fehler zuzulassen, und die Bereitschaft, aus Misserfolgen zu lernen, wie die Forschung zeigt.

9.2   Basiswissen

9.2.1 Kreativität und Innovation beginnen mit der eigenen Haltung

Wenn wir über Führung als Selbstführung und Führung anderer Menschen sprechen, so hängt dies zweifellos von vielen Faktoren ab, wovon jedoch einer als der gewichtigste erscheint: Wie denken wir? So wird etwa Leo Tolstoi der Satz zugeschrieben: „Was du heute denkst, wirst du morgen tun". Auf den organisationalen Kontext übertragen bedeutet das: Was wir heute denken, werden wir morgen tun.

▶ Grundsätzlich ist unser Denken von großer Bedeutung. Allerdings hören wir immer wieder: „Alles was du denkst, kannst du auch verwirklichen". Dem wäre jedoch zu widersprechen, denn wir können uns Vieles in Gedanken ausmalen, was in der Wirklichkeit nicht realisierbar wäre. Ich kann mir wohl denken und ein inneres Bild davon machen, auf dem Gipfel des Mont Blanc zu stehen, kann auch morgen anfangen dort hinzugehen. Aber ohne physische Grundlagen, langes Training, mentale Stärkung und Ausrüstung wird dies zum Scheitern verurteilt sein.

Unsere „erdachten" Vorhaben bedürfen deshalb einer Prüfung, ob wir nicht nur eine fantastische Idee haben, sondern auch die inneren Potenziale und äußeren Möglichkeiten, diese zu verwirklichen (zum Sinn als Maßstab vgl. Abschn. 4.2.2). Bei kreativen Prozessen muss man beachten, dass Potenziale als Voraussetzung für die Verwirklichung von Chancen gegeben sind, da sonst die Gefahr besteht, Schiffbruch zu erleiden. Manche Überheblichkeit im Denken bei organisationalen Entscheidungen hatte schlimme Folgen.

Hier haben wir ein so gewichtiges Thema, dass wir uns dem Denken zuwenden und uns fragen wollen: was ist das, wie sind die Zusammenhänge zu sehen, weshalb folgt aus unserem Denken heute auch unsere Zukunft? Wir können es auch etwas anders formulieren: Die Lebenshaltung und die Haltung in unserer Führungsaufgabe leitet und begleitet uns zu unseren Handlungen. „Unsere Lebenshaltung wird nicht zuletzt über unsere Lebenserhaltung bestimmen" (Lukas 1989, S. 219). Deshalb lohnt es sich, über unsere inneren Haltungen dem gegenüber, was auf uns an Anforderungen und Aufgaben, nachzudenken.

▶ Die innere Haltung (kurz Haltung oder Halt, synonym Mindset) ist unsere Einstellung, unsere Gesinnung, der Standort, von dem ausgehend wir die „Welt ordnen" bzw. unser „Weltbild gestalten". Es ist auch die Perspektive in der Beurteilung und Betrachtung anderer und unserer Aufgaben. Wenn jemand sagt, dieser Mensch *ist* eigenartig, so wird über die besondere Art eines anderen und somit über sein Sein (daher das Verb „sein") gesprochen, welches sich in seiner Meinung und seinen Ansichten äußert. Ob dies dann in unser eigenes Weltbild, zu unserer eigenen Lebenshaltung passt, ist eine weitere Frage.

Menschliche Handlungen und die dahinterstehende Haltung sind somit grundlegende Perspektiven und können auch als „Doing" und „Being" bezeichnet werden (vgl. Abb. 9.1; vgl. hierzu Ahrendt et al. 2024, Abschn. 2.2):

a) **Doing:** Diese Perspektive bezieht sich auf das aktive Handeln und die Anwendung bestimmter Methoden und Techniken, um ein Ziel zu erreichen oder eine bestimmte Aufgabe zu bewältigen. Sie betrifft die äußere, sichtbare Ebene menschlicher Aktivitäten und ist oft auf Effizienz und Ergebnisorientierung ausgelegt. „Doing" umfasst die Ausführung von Aufgaben, das Befolgen von Abläufen und das Umsetzen erlernter Strategien. Dabei stehen die Handlungen im Vordergrund, mit der Intention, konkrete Ergebnisse zu erzielen und die äußere Umwelt effektiv zu gestalten.

b) **Being:** Diese Perspektive betont die Haltung, mit der Menschen an ihre Handlungen herangehen. Sie stellt das Bewusstsein und die innere Einstellung in den Mittelpunkt, die als Grundlage für das eigene Denken und Verhalten dienen. „Being" impliziert ein tiefes Verständnis für die eigenen Werte und Überzeugungen, die das Handeln integer und sinnorientiert prägen. Diese innere Einstellung beeinflusst die Art und Weise, wie Menschen sich selbst und die Welt wahrnehmen, wie sie Entscheidungen treffen und in ihrer Umgebung agieren. „Being" geht dabei über die bloße Handlungsebene hinaus und bezieht sich auf das Bewusstsein und die Achtsamkeit, mit der man sein Leben gestaltet.

Es ist wichtig, Doing und Being adäquat zusammenzubringen, um ein erfülltes und reflektiertes Leben zu führen. Nur auf das Doing zu fokussieren birgt das Risiko, dass Handlungen zwar effizient und zielgerichtet sind, jedoch ohne tiefere Bedeutung oder Selbstverständnis. Andererseits ist ein reines Being ohne konkretes Handeln ebenfalls unvollständig, da es zwar zur Selbstreflexion anregt, jedoch keine äußeren Ergebnisse hervorbringt. Die Balance zwischen Doing und Being bedeutet, dass das Handeln aus einer bewussten, integren Haltung

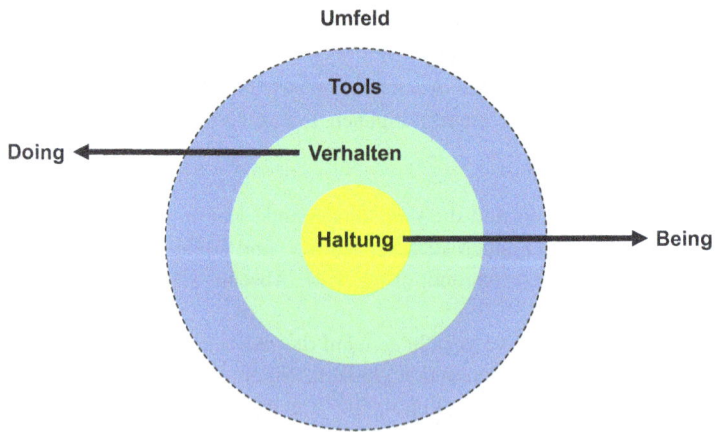

Abb. 9.1 Zum Zusammenspiel von Being und Doing. (Quelle: In Anlehnung an Ahrendt et al. 2024, S. 8)

heraus geschieht – so wird das eigene Tun nicht nur zielgerichtet, sondern auch sinnorientiert. Diese Balance kann dabei helfen, Handlungen nicht nur als Pflichterfüllung zu sehen, sondern als Ausdruck des eigenen Wesens und der persönlichen Werte.

9.2.2 Vom Denken zu den Verhältnissen

Wir haben gewissermaßen ein Postulat, unsere Chancen zur Lebenserhaltung, unsere Chance zu einem würdevollen Zusammenleben, zur Festigung eines inneren Halts in der Verbindung mit anderen Menschen, zu pflegen und weiterzuentwickeln. Menschen sind Wesen, die aus Sicht des Frankl'schen Menschenbildes entscheidungsfähige Wesen sind (in der Freiheit des Willens gründend), und so in jedem Augenblick für eine sinnorientierte Handlung eintreten können (vgl. auch Kap. 4). So können wir feststellen (vgl. Abb. 9.2): Unser *Denken* ist die Grundlage unserer *Einstellungen,* unsere Einstellungen sind die Grundlage unserer *Entscheidungen,* unsere Entscheidungen sind die Basis unseres *Verhaltens* und unser Verhalten beeinflusst im Sinne eines Mit-Gestaltens unsere *Verhältnisse,* die wiederum unser Denken beeinflussen (können). Änderungen von Verhältnissen setzt daher ein verändertes Denken voraus. Äußere Impulse und Ereignisse können dabei auch Auslöser sein.

Und was für das Individuum gilt, gilt in der Folge auch für jede Organisation. Hier kommen Menschen zusammen, die im Idealfall für „ihre" Organisation bereit sind, nicht nur ihre erwartete Arbeit abzuleisten, sondern auch ein Mehr zu leisten, indem sie mitdenken und bereit sind, sich für diese Organisation zu engagieren – freiwillig und gegebenenfalls auch über das Erwartbare hinaus. In einem solchen Fall besteht die Organisation aus mehr als nur der reinen Addition von individuellen Haltungen und Verhaltensweisen der Organisationsmitglieder.

Abb. 9.2 Vom Denken zu den Verhältnissen. (Quelle: Eigene Darstellung)

▶ Wenn Organisationsmitglieder bereit sind, sich freiwillig für ihre Organisation zu engagieren, entsteht ein „Mehr" für die Organisation. Dann werden aus Mitarbeitenden Mit-Arbeitende und die Organisation entwickelt sich zu einer „lebendigen Organisation".

Eine lebendige Organisation ist kreativ und innovativ, sorgt für eine permanente agile Weiterentwicklung. Wie kann diese Lebendigkeit im Denken aktiviert werden, um solchen Prozessen eine Basis zu bieten?

9.2.3 Kreativität und Innovation benötigen eine entsprechende Denkkultur

Denken ist ein schöpferischer Prozess, der nur dem Menschen eigen ist. Für Organisationen gilt, denkerische Prozesse bewusst zu aktivieren, also

* Denken in Alternativen (laterales Denken),
* Denken in Zusammenhängen (Wirkungen),
* Denken in die Tiefe (Sokratischer Dialog),
* Denken vom Ende her (Vision) und
* Denkgrenzen überschreiten (Zufall zulassen)

nicht nur zu fördern, sondern auch einzufordern.

Zum Denken vom Ende her sei ergänzt, dass es für Menschen und Organisationen sehr hilfreich sein kann, ein Bild von der Zukunft zu entwickeln und zu klären, auf was es sich „lohnt" hinzuleben (vgl. auch Kap. 5). Die einzelnen Schritte in der Gegenwart können dadurch auf das, was in der Zukunft sein soll, gestaltet und konsequent beschritten werden. Ob die Vision – genau so wie „erdacht" – auch Wirklichkeit werden kann, wird sich im Laufe der Zeit zeigen. Korrekturen können bei jährlichen Überprüfungen vorgenommen werden, wenn bestimmte Kriterien keinesfalls mehr erfüllt werden können (wenn zum Beispiel neue Gesetze eingeführt werden, die zum ersten Zeitpunkt der Visionsklärung nicht erkennbar waren).

Bei der Etablierung einer solchen Denkkultur kann uns Rudolf Steiner, Begründer der Anthroposophie, weiterhelfen, der sich u. a. mit dem Unterschied von *praktischem Denken* und der *Denkpraxis* auseinandergesetzt hat. Er zeigt in einem Vortrag am 18.01.1909 die „Praktische Ausbildung des Denkens" auf, der in einer Schrift dokumentiert ist (Steiner 1984, S. 7): „Das sogenannte praktische Denken ist oft überhaupt kein Denken, sondern ein Fortwursteln in anerzogenen

Urteilen und Denkgewohnheiten." Es drückt sich aus in der Aussage: „So denkt man halt." Wenn jemand dann mit einem innovativen Gedanken kommt, wird dies schnell als „unrealistisch" und „wirklichkeitsfremd" abgetan. Aber Innovationen sind eben neu, gehen über bisherige Lösungen hinaus. Innovationen brauchen für ihre Realisierung Vertrauen (zur Bedeutung von Vertrauen vgl. Kap. 7).

▶   Praktisches Denken urteilt nur nach anerzogenen Denkgewohnhei-
     ten – ist doch „logo", heißt es dann. Wahres Denken im Sinne einer
     Denkpraxis für Veränderungen braucht ein Überschreiten des bishe-
     rigen Denkens. Entsprechend hat auch Albert Einstein festgestellt,
     dass Probleme nicht mit dem Denken gelöst werden können, mit
     dem sie entstanden sind. Es ist ein weitergehendes Denken – eben
     wahres Denken – erforderlich, bei dem der Mensch bereit ist, krea-
     tiv, neu und unkonventionell zu denken: „Der Glaube, dass die Welt
     durch Denken hervorgebracht worden ist und sich noch fortwährend
     so hervorbringt, der erst macht die eigentliche innere Denkpraxis
     fruchtbar" (Steiner 1984, S. 11). Und eine solche Denkkultur benötigt
     gerade den gesamten Menschen, d. h. auch die geistige Dimension
     des Menschen. In Zeiten, in denen die zerstörerischen Kräfte eine
     Gefahr und stark geworden sind, ist der Einsatz des ganzen Men-
     schen not-wendig. Es kommt auf den Entschluss an, nicht „mit und
     nicht gegen den Strom zu schwimmen", sondern Neuland zu schaf-
     fen, in sich selbst und im eigenen Umfeld, im Gestaltungsraum, der
     mit unseren Entscheidungen beeinflussbar ist.

Damit wird deutlich, dass es um eine bestimmte Qualität des Denkens geht, die wir in Anlehnung an Ahrendt und Keding (2022) als „Geist-Denken" bezeichnen können. Hierbei handelt es sich um eine Metakognition, die uns als Menschen in die Lage versetzt, nicht nur zu denken, sondern eben auch über das Denken nachzudenken und auf diese Weise unser Denken und Handeln bewusst zu gestal-ten. Geist-Denken ist mehr als nur Nachdenken oder Bewusstsein – es handelt sich um ein Denken, das zu Entscheidungen führt und auch unsere Gefühle und Kommunikation gestaltet.

Geist-Denken entspringt entsprechend des Frankl'schen Menschenbildes der geistigen Dimension; die Entwicklung dieser Fähigkeit beginnt schon im Kin-desalter, wenn wir lernen, unsere Bedürfnisse und Emotionen zu kontrollieren. Erwachsene müssen diese Fähigkeit weiterentwickeln, um ihr Verhalten und Denken bewusst zu reflektieren und Sinn im Leben zu finden. Geist-Denken ermöglicht es uns, abstrakt zu denken, Zusammenhänge zu erkennen, Zweifel zu hegen und über uns selbst nachzudenken. Es ist entscheidend für einen freien Willen und Selbstbeherrschung. Es hilft uns, Gedanken und Gefühle in Einklang zu bringen, sodass wir auch kreativ und innovativ gestaltend tätig werden können. Damit wird deutlich, dass es sich beim Geist-Denken um eine Haltung handelt, wie sie auch beim Sokratischen Dialog gefordert wird.

Edward de Bono, maltesischer Mediziner und Kognitionswissenschaftler, schreibt zu den kreativen Prozessen (de Bono 1973, S. 61):

„1. Manchmal bedarf es einer völlig neuen Idee, ehe die Aufgabe gelöst werden kann. 2. Es ist nicht möglich, eine neue Idee von den alten Vorstellungen logisch abzuleiten; sie muss vielmehr von außen kommen oder sich durch Zufall ergeben. 3. Ein Auslesetest, mit dessen Hilfe sich die Brauchbarkeit eines neuen Weges schnell prüfen lässt, kann das Lösen einer Aufgabe beträchtlich beschleunigen, besonders wenn die Zufallsmethode angewandt wird. 4. Beim Lösen einer Aufgabe ist es eine Hilfe, wenn die Endsituation nach und nach in die Ausgangssituation zurückverwandelt oder wenn die Ausgangssituation nach und nach in die Endsituation verwandelt wird [Anmerkung der Autoren: im Jetzt die Aktivitäten auf die Endsituation hin ausrichten]."

De Bono unterscheidet zwischen dem *vertikalen* und dem *lateralen Denken*. Mit vertikalem Denken ist das rationale Denken gemeint, das aus der Analyse der Vergangenheit die Lösungen für Künftiges ableiten will. Der lineare Weg der Logik, so de Bono (1972, S. 22), „ist das Werkzeug, mit dem man Löcher vertieft und vergrößert, damit man alles in allem bessere Löcher erhält. Wenn aber das Loch am falschen Ort sitzt, wird es durch keine Korrektur an die richtige Stelle gerückt ... Es ist nicht möglich, in eine andere Richtung zu sehen, indem man schärfer in die bisherige schaut. Laterales Denken heißt, es anderswo noch einmal zu versuchen". Ein weiterer Hinweis von de Bono ist gerade für Organisationen sehr bedenkenswert (1973, S. 29): „In abgekapselten Gemeinschaften, seien sie wissenschaftlicher oder industrieller Natur, tendieren Vorstellungen gern zur Inzucht. Ein Außenseiter, der einen neuen Gesichtspunkt anbieten kann, regt vielfach auch zu neuen Ideen an."

Fassen wir die Arbeiten und Erkenntnisse von de Bono zusammen, so lassen sich die Prinzipien des lateralen Denkens, also eines kreativen, innovationsfördernden Denkens, wie folgt beschreiben:

1. Die dominierenden Meinungen und polarisierenden Ideen (und bisherigen Lösungswege) erkennen.
2. Suche nach anderen Wegen, die Aufgaben und Projekte, die Lösungen als Anforderungen zu betrachten. Dabei mit kreativen Methoden arbeiten und Offenheit der neuen Idee entgegenbringen.

3. Lockerung der Kausalität und strenger Kontrollen, die im vertikalen Danken wirken.
4. Auch den Zufall, den ungewöhnlichen, noch nie gedachten oder gehörten Ansatz zulassen.

Ein weiterer Aspekt sei anzufügen: Urteile werden, wie wir beschrieben haben, aus der eigenen Einstellung und Lebenshaltung sowie aus moralischen Vorstellungen – als ein „*moralisches Urteil*" – getroffen. Zu unterscheiden wäre, dass ein „*Erkenntnis-Urteil*" (begründet auf Fakten und Daten) sowohl für die Problemlösung als auch für das Vermeiden von Konflikten förderlich ist. Methoden kreativer Problemlösung als Instrumente für Prozesse, die einem Erkenntnis-Urteil dienen können, sind wichtige Hilfsmittel für jede Organisation, sowohl in der Selbstführung als auch in der Führung Dritter. Ergänzend sei auf die Bedeutung des Gewissens im Rahmen des Frankl'schen Menschenbildes hingewiesen (vgl. Abschn. 5.2.2).

Und wieder einmal grundsätzlich gefragt: Wie ist es mit dem Menschenbild, den Einstellungen und dem Werteverständnis? Betrachten wir Menschen als Wesen, die jederzeit so oder auch anders handeln können, die Potenziale beherbergen, die durch kreative Prozesse zum Vorschein gebracht werden können?

▶   Kritik ist an einem solchen Führungsverhalten anzubringen, das auch heute noch sagt:„Das ist doch alles zu theoretisch; zu solchen Arbeiten, Prozessen, zu diesem Aufwand haben wir keine Zeit, denn wir müssen ja schnell zu Lösungen kommen!" Wenn die Kernfrage der Art des Denkens und seiner Auswirkungen nicht beachtet wird, passiert eben das, was wir „intellektuelles oder emotionales Dahinwursteln ohne einen Willen zur Sinnhaftigkeit" bezeichnen können.

9.2.4   Der Sokratische Dialog – gezielte Kommunikation für Kreativität und Innovation

9.2.4.1   Grundgedanken zum Sokratischen Dialog

Wenn wir „den Dingen auf den Grund" gehen wollen, gibt es das Konzept für Dialoge, das als der „Sokratische Dialog" oder auch „die sokratische Haltung" bezeichnet wird. Es ist ein Hinschauen auf das, was (wirklich) ist, was wir (wirklich) erkennen können. Es ist ein Weg, um das Wahre zu erkennen bzw. sich ihm anzunähern. Es ist ein „gemeinsames Schauen auf das hin, was ist" (Lukas 1994, S. 160). In solchen Gesprächen kann es zu tiefgründigen Einsichten kommen, die bei oberflächlicher Denkpraxis nicht zu erkennen sind. Für die Führungsarbeit bedeutet das, sich nicht mit der ersten Antwort zu einer Problemlösung zufrieden zu geben, sondern nachzufassen, somit tiefer „zu bohren": Und wie kommt es zu dieser Situation, und wie könnte es anders gehen, und wie noch, und wie wären dann die Wirkungen, und was wird auf jeden Fall noch offen bleiben? In den Darstellungen Platons bezeichnet Sokrates seine Dialogpraxis als eine „Hebammenkunst".

In der historischen Überlieferung wird berichtet, dass Sokrates als Fragender nicht selbst im Mittelpunkt steht, sondern der Befragte. Diese Haltung steht auch im Fokus der sogenannten „Thinking Environments" (deutsch: Denkumgebungen), welche durch die Amerikanerin Nancy Kline geprägt wurde. Ihre Haltung bringt sie in folgendem Zitat zum Ausdruck (Time to think, 1999, S. 39,[1] eigene Übersetzung):

„Um den Menschen zu helfen, selbst zu denken, muss man zuerst zuhören. Und zuhören. Und dann zuhören. Und wenn sie sagen, dass ihnen nichts mehr einfällt, können Sie ihnen die Frage stellen: ‚Was fällt Ihnen dazu noch ein?' Was fällt Ihnen noch ein, was Sie sagen wollen? Selbst wenn die Menschen sicher sind, dass ihnen nichts mehr einfällt, fällt ihnen fast immer etwas ein. Überraschenderweise führt die einfache Frage „Was fällt Ihnen dazu noch ein?" in der Regel direkt zu weiteren, oft guten Ideen. In der Gegenwart der Frage denkt der Verstand wieder."

Im Sokratischen Dialog setzt der Fragende durch gezielte Fragen Impulse aus einer zurückhaltenden Position heraus, gewissermaßen als (sehr) neugieriger und am Thema interessierter Mensch. Es können verschiedene Fragetypen zum Einsatz kommen (siehe unten). Durch die Fragen wird der Befragte dazu gebracht, tiefer in das Thema zu gehen und selbst schrittweise zu selbstgefundenen Lösungen zu kommen. Führungskräfte, die bei Problemgesprächen mit den Mitarbeitenden schnell eigene Lösungen äußern, könnten sich umorientieren und es zulassen, dass die Mitarbeitenden sich selbst zu kreativen Mitwirkenden entwickeln.

---

[1] Originaltext: „To help people think for themselves, first listen. And listen. Then listen. And just when they say they can't think of anything else, you can ask them the question, ‚What else do you think about this? What else comes to mind that you want to say?' Even when people are sure there is nothing left in their weary brain, there nearly always is. Surprisingly the simple question, ‚What else do you think about this?' can usually lead them straight to more, often good, ideas. In the presence of the question, the mind thinks again."

Die Bedeutung von Fragen gewinnt im Führungskontext nochmal eine andere Dimension: „Eine Frage funktioniert, weil eine Frage im Gegensatz zu einer Aussage, die Sie zum Gehorsam zwingt, zum Nachdenken anregt" (Kline 1999, S. 55,[2] eigene Übersetzung). Generell hält sie die folgenden drei Fragen für gute Fragen (Kline 1999, S. 107,[3] eigene Übersetzung):

1. Was läuft gut in Ihrer Arbeit oder in Ihrem Leben?
2. Welche Erfolge haben Sie seit unserem letzten Treffen erzielt?
3. Was glauben Sie, läuft gut in unserem Projekt?

Zudem hat ein Sokratischer Dialog in einem Team oder in einer Gruppe das Ziel, Teilnehmenden zu helfen, „den Weg vom konkret Erfahrenen zur allgemeinen Einsicht eigenständig selbst zu gehen" (Wisniewski und Niehaus 2016, S. 123). Hilfreich können hier sechs pädagogische Maßnahmen im Sinne von Leitlinien sein, die sich gut auf Führungspersonen übertragen lassen (vgl. Wisniewski und Niehaus 2016, S. 123 ff.).

1. **Gebot der Zurückhaltung:** Die Leitung eines Gesprächs – Meetings, Konferenzen, Kreativgruppen – erklärt den Teilnehmenden die Bedeutung ihres eigenen Urteilsvermögens, ohne seine eigene Meinung zu äußern.
2. **Im Konkreten Fuß fassen:** Die Teilnehmenden erläutern allgemeine Gedanken durch konkrete, erfahrungsnahe Beispiele.
3. **Darauf achten, ob die Teilnehmenden einander wirklich verstehen:** Die Gesprächsleitung sorgt für klare Verständigung, indem sie sicherstellt, dass die Teilnehmenden ihre Gedanken verständlich ausdrücken und die Aussagen der anderen richtig erfassen.
4. **Festhalten an der gerade erörterten Frage:** Die Gesprächsleitung bleibt an einer Frage dran, bis sie hinreichend geklärt ist, oder stellt sie zurück, um später darauf zurückzukommen.
5. **Hinstreben auf Konsens:** Die Gesprächsleitung strebt nach intersubjektiver Gültigkeit und prüft die Gründe für alle Behauptungen, um einen vorläufigen Konsens zu erreichen.

---

[2] Originaltext: „A question works because, unlike a statement which requires you to obey, a question requires you to think."
[3] Originaltext: „Three good questions are: ,What is going well in your work or life?', ,What successes have you had since we last met?' and ,What do you think is going well in our project?'".

6. **Lenkung:** Die Gesprächsleitung lenkt das Gespräch in fruchtbare Bahnen, beobachtet den Gedankengang und stellt sicher, dass wesentliche Fragen und Ansätze aufgegriffen werden.

▶ **Wichtig**

Kernelement des Sokratischen Dialogs ist die Erkenntnis, dass bei Fragen und Problemen zunächst eine gewisse Unwissenheit, eine Ratlosigkeit besteht, zu dem sich echtes Interesse an diesen Fragen und Problemlösungen hinzugesellt (sozusagen ein „Wille zur Problemlösung für alle Beteiligten"). Erst dadurch entsteht durch dieses vertiefende Fragen, durch ein Hinterfragen, ein wirkliches Denken. Einem Gesprächspartner sollen Lösungen nicht „übergestülpt" werden, er soll nicht belehrt werden.

Der Weg ist durch Fragen gekennzeichnet, die dem anderen helfen (und oft auch dem Fragesteller selbst), irrige Meinungen zu korrigieren und sich der praktischen Wirklichkeit anzunähern. Reflexion und Überprüfung der eigenen Einstellungen, Normen und Vorurteile leiten so an, ein eigenverantwortliches Denken zu fördern, zu neuen Entscheidungen zu kommen und auf diese Weise im Verhalten selbstentschieden und selbstverantwortlich zu agieren.

9.2.4.2 Fragetypen im Sokratischen Dialog

Während die Haltung, durch Fragen zu führen und durch Fragen kreatives Denken zu fördern, relativ leicht nachvollziehbar ist, stellt sich die Frage nach den Fragen. Welche Art von Fragen kann ich gerade als Führungsperson stellen, um Mitarbeitende in ihrer Selbstführung zu unterstützen? Welche Fragen helfen mir selbst, um Herausforderungen aus einer anderen Perspektive zu sehen? In ihrem Buch „Management by Sokrates" haben die Autoren Wisniewski und Niehaus (2016) sieben Fragetypen dargestellt (S. 93 ff.), die hier zusammengefasst werden:

1. **Bedeutungsfragen:** die Fragen nach dem „Was" zielen darauf ab, das Wesen und die Bedeutung einer Sache zu hinterfragen. Sie helfen, den Kern und die grundlegenden Prinzipien eines Themas zu erfassen. Beispiele (zu den Themenbereichen Führung und Selbstführung) jeweils nachfolgend.
   – Was ist (für Sie) gute Führung?
   – Was sind Beispiele für gute Selbstführung?
   – Was ist die gesellschaftliche Verantwortung der Organisation?

2. **Konkretisierungsfragen:** Konkretisierungsfragen dienen dazu, allgemeine Aussagen in spezifische, erlebte Situationen zu übersetzen und dadurch Klarheit zu schaffen.
   - Was genau haben Sie erlebt, als Sie das Gefühl hatten, Ihre Selbstführung zu optimieren?
   - Warum ist dies ein gutes Beispiel für die aktuelle Herausforderung im Team?
   - Können Sie diese Überlegung näher beschreiben?
3. **Unterscheidungsfragen:** Diese Fragen klären Unterschiede in Wahrnehmungen und Bewertungen, um Nuancen und Details sichtbar zu machen.
   - Worin unterscheidet sich Ihr Führungsstil von dem Ihrer Kollegen?
   - Besteht diese Schwierigkeit immer oder gibt es Ausnahmen?
   - Gibt es Situationen, in denen Ihre Selbstführung weniger effizient ist? Wenn ja, welche?
4. **Hypothetische Fragen:** Hypothetische Fragen eröffnen neue Perspektiven und ermöglichen das Denken in alternativen Szenarien. Im Coachingkontext werden sie auch oft als „Wunderfrage" bezeichnet.
   - Stellen Sie sich vor, in einem Jahr haben Sie alle Ihre persönlichen Entwicklungsziele erreicht, wie sieht Ihr Alltag dann aus?
   - Angenommen, eine Wunschfee würde Ihnen drei Wünsche erfüllen, welche wären das?
   - Angenommen, Sie sind ab morgen Firmeninhaberin. Was würde sich verändern?
5. **Fragen zweiter Ordnung:** Diese Fragen beziehen sich auf komplexe Zusammenhänge und Wechselwirkungen zwischen verschiedenen Akteuren. Sie reflektieren Selbst- und Fremdwahrnehmung und die entsprechenden Zuschreibungen.
   - Was glauben Sie, würde Frau X zu diesem Problem sagen?
   - Wie würde ein Außenstehender über Ihre Beziehung zwischen Ihnen und Ihrer Führungsperson sagen?
   - Wenn Herr Y hier wäre, was würde er uns bezüglich der bevorstehenden Neustrukturierung raten?
6. **Ziel- und lösungsorientierte Fragen:** Diese Fragen fokussieren sich auf Ziele und Lösungen und helfen, den Handlungsspielraum zu erkunden, in dem sie neue Handlungsalternativen und andere Denkweisen fördern.
   - Welche Schritte sind zur Zielerreichung notwendig?
   - Woran werden Sie im Arbeitsalltag merken, dass Sie Ihr Ziel erreicht haben?
   - Was möchten Sie konkret durch Ihre sinnzentrierte Führung erreichen?

7. **Paradoxe Fragen:** Paradoxe Fragen provozieren durch Überzeichnung und Zuspitzung und können so neue Erkenntnisse und Handlungsweisen stimulieren. Sie wirken durch die Kontrastierung eines Sachverhaltes bzw. zur Reflexion der „anderen" Seite.
   - Was können Sie tun, um sicherzustellen, dass Ihre Führung als völlig wertlos wahrgenommen wird?
   - Was müssten Sie tun, damit Ihre Bemühungen zur Selbstführung garantiert scheitern?
   - Wie könnten Sie Ihre Führung so gestalten, dass Ihre Mitarbeiter absolut unmotiviert wären?

9.2.5   Voraussetzungen für Kreativität und Innovation

9.2.5.1   Allgemeine Überlegungen

Wenngleich freies und eigenständiges Denken eine wichtige Grundlage für neue Ideen und Kreativität ist, bedarf es hierfür ein Zusammenspiel von drei Faktoren. Eine gute Idee allein bringt nichts, wenn sie technisch nicht umgesetzt werden kann. Umgekehrt ist eine technologische Neuerung nicht erfolgsversprechend, wenn sie Menschen nicht auch begeistert. Die Zusammenhänge zwischen Menschen (People), Business und Technologie kann in Anlehnung an die Begründer der internationalen Design- & Innovationsberatung IDEO, Tom und David Kelley, in ihrem Buch „Creative Confidence – Unleashing the creative potential within us all" wie folgt beschrieben werden (2014, S. 19 ff.).

Eine erfolgreiche Innovation muss den goldenen Mittelweg zwischen den drei Faktoren Machbarkeit (Technologie), Tragfähigkeit (Business) und sinnvoller Nutzen (People) finden. Nur durch die Balance dieser drei Elemente können nachhaltige und erfolgreiche Innovationen entstehen:

a) **Technologie (Machbar und nützlich):** Dieser Aspekt bezieht sich auf die technische Machbarkeit einer Innovation. Es ist entscheidend, dass die Technologie tatsächlich funktioniert und realisiert werden kann. Viele Innovationen scheitern nicht an der Idee, sondern an der technischen Umsetzung. Die technische Durchführbarkeit allerdings bildet das Fundament jeder Innovation. Neue Technologien müssen funktionsfähig und realisierbar sein, um eine Basis für weiterführende Entwicklungen zu bieten. Ein innovatives Produkt kann nur dann erfolgreich sein, wenn es technisch zuverlässig und praktisch anwendbar ist. Beispiele sind bahnbrechende Technologien wie das Internet oder erneuerbare Energien, die technisch umsetzbar und praktikabel sind.

b) **Business (Realisierbar und tragfähig):** Hier geht es um die wirtschaftliche Tragfähigkeit einer Innovation. Eine neue Technologie oder Idee muss nicht nur funktionieren, sondern auch in ein tragfähiges Geschäftsmodell integriert werden können, das langfristig finanziellen Erfolg verspricht. Somit muss sich eine Innovation wirtschaftlich lohnen und skalierbar sein. Sie muss so konzipiert sein, dass sie kosteneffizient hergestellt und vertrieben werden kann und in ein Geschäftsmodell passt, das Gewinne generiert. Ohne wirtschaftliche Tragfähigkeit ist selbst die innovativste Idee nicht nachhaltig. Ein Beispiel hierfür sind Elektroautos, die durch passende Geschäftsmodelle wie Leasing- und Ladestruktur erfolgreich in den Markt integriert wurden.

c) **People (Sinnvoll und vorteilhaft):** Nach Kelley und Kelley (2014, S. 20 f.) konzentriert sich dieser Aspekt auf das Verständnis und die Erfüllung der menschlichen Bedürfnisse, Motivationen und Grundüberzeugungen. Erfolgreiche Innovationen berücksichtigen nicht nur das Verhalten der Menschen, sondern auch ihre tieferliegenden Wünsche und Überzeugungen, um Lösungen zu entwickeln, die wirklich wünschenswert sind. Innovationen sollten deswegen immer mit einem tiefen Verständnis der Zielgruppe beginnen. Dies umfasst die Beobachtung und Analyse menschlicher Verhaltensweisen und Bedürfnisse, um Produkte oder Dienstleistungen zu schaffen, die einen echten Mehrwert bieten und von den Menschen angenommen werden. Beispiele umfassen benutzerfreundliche Technologien wie Smartphones oder soziale Plattformen, die sich nahtlos in den Alltag der Nutzer integrieren. Aus Sicht einer sinnzentrierten Führung geht es somit um die jeweils positive Auswirkung einer Innovation auf die jeweils betroffenen Menschen und damit um das je Sinnvolle und Nützliche bzw. um einen sinnvollen Nutzen, den das neue Produkt oder die neue Dienstleistung mit sich bringt.

Alle drei Aspekte umfassen die äußeren Rahmenbedingungen. Was aber ist es, was Menschen innerlich den Mut gibt, anders zu denken? Was kann helfen, neue Wege zu gehen, anstatt den ausgetretenen Pfad zu wählen? Vielen Menschen haben Sorge, etwas falsch zu machen oder gar zu versagen. Dabei hält sich der Mythos hartnäckig, dass erfolgreiche Menschen nie gescheitert wären. Doch ist genau das Gegenteil wahr: Kreative Genies, von Künstlern wie Mozart bis hin zu Wissenschaftlern wie Darwin, scheitern häufig – sie lassen sich „trotzdem" einfach nicht davon abhalten. Die Forschung von Simonton hat ergeben, dass kreative Menschen einfach mehr Experimente machen. Ihre ultimativen „Geniestreiche" kommen nicht zustande, weil sie häufiger Erfolg haben als andere Menschen – sie tun einfach mehr. Punkt. Wenn man mehr Erfolg haben will, muss man bereit sein, mehr Misserfolge in Kauf zu nehmen (Simonton 1999 nach Kelley und Kelley 2014, S. 40).

▶ Was gelingen kann, um die Kreativität im eigenen Leben zu fördern, haben die Brüder Kelley in acht Tipps formuliert (Kelley und Kelley 2014, S. 74, eigene Übersetzung):

1. **Entscheiden Sie sich für Kreativität:** Um kreativer zu werden, müssen Sie sich als allererstes dafür entscheiden, dass Sie es tun wollen.

2. **Denken Sie wie ein Reisender:** Versuchen Sie, wie ein Besucher in einem fremden Land, Ihre Umgebung mit neuen Augen zu betrachten, egal wie alltäglich oder vertraut sie ist. Warten Sie nicht darauf, dass auf magische Weise ein Funke überspringt. Setzen Sie sich mit neuen Ideen und Erfahrungen auseinander.

3. **Sorgen Sie für eine entspannte Aufmerksamkeit:** Geistesblitze kommen oft dann, wenn Ihr Geist entspannt und nicht auf die Erledigung einer bestimmten Aufgabe konzentriert ist, sodass er neue Verbindungen zwischen scheinbar nicht zusammenhängenden Ideen herstellen kann.

4. **Versetzen Sie sich in die Rolle des Endnutzers:** Sie kommen auf innovativere Ideen, wenn Sie Lösungen für die Menschen und ihren jeweiligen Kontext, für die Sie etwas entwickeln wollen, besser verstehen.

5. **Machen Sie Beobachtungen vor Ort:** Wenn Sie andere mit den Fähigkeiten eines Anthropologen beobachten, entdecken Sie vielleicht neue Möglichkeiten, die im Verborgenen liegen.

6. **Stellen Sie Fragen, beginnend mit „warum?":** Mit einer Reihe von „Warum?"-Fragen können Sie über oberflächliche Details hinwegsehen und zum Kern der Sache vordringen. Wenn Sie z. B. jemanden fragen, warum er eine auslaufende Technologie (z. B. Festnetztelefone) immer noch benutzt, hat die Antwort vielleicht mehr mit Psychologie als mit Praktikabilität zu tun.

7. **Formulieren Sie Herausforderungen auf eine neue Art und Weise:** Manchmal besteht der erste Schritt zu einer guten Lösung darin, die Frage neu zu formulieren. Von einem anderen Standpunkt aus zu beginnen, kann Ihnen helfen, zum Kern eines Problems vorzudringen.

8. **Bauen Sie ein kreatives Unterstützungsnetzwerk auf:** Kreativität kann leichter fließen und mehr Freude machen, wenn man andere hat, mit denen man zusammenarbeiten und an denen man Ideen abprallen lassen kann.

9.2.6 Mit Mut und Zuversicht Potenziale nutzen

Die Zusammenhänge von Denken und den folgenden Schritten bis zu den mitgestalteten Verhältnissen sollten im Bewusstsein gehalten werden. Denken ist ja kein theoretischer Prozess, sondern hat praktische Auswirkungen für das je eigene Leben und somit auf die eigene Selbstführung als auch das Zusammenwirken in jeder Organisation. Hat jemand Gedanken und bleiben diese unentschieden „im Kopf", so läuft man Gefahr, dass das Gedankenkarussell sich beginnt zu drehen. In der Logotherapie wird als Hyperreflexion bezeichnet, wenn jemand nicht beginnt etwas zu tun, sondern sich immer wieder mit sich selbst in Zusammenhang mit einem Problem oder einer Situation beschäftigt. Es ist eine Selbstbeobachtung, bei der immer wieder das Problem „durchgekaut" wird, ohne zu einer Entscheidung und Handlung zu kommen. Aus diesem „Teufelskreis" zu entkommen ist möglich. Die Ausführungen von Abschn. 9.2.2 weiterführend, können wir somit festhalten: Wenn Gedanken zu Taten werden sollen, brauchen wir Mut, um zur Tat zu schreiten. Dass mit jeder Entscheidung, jeder Handlung, ein Risiko, aber auch eine Chance verbunden ist, wird bei Selbstführung und Führung anderer Menschen mit einzubeziehen sein.

Häufig wird gefordert: „Sie brauchen eine optimistische Einstellung". Solche Aufforderungen sind zwecklos, denn es braucht einen Grund, um optimistisch zu sein. Allerdings, mit *optimistischen Einstellungen* (z. B. „Ich habe die Kraft, den anderen zu besiegen" oder „Alles wird gut") ist schon viel falsch gemacht worden.

Ulrich Schnabel, deutscher Journalist und Autor des Buches „Zuversicht", verdeutlicht den Unterschied zwischen Optimismus, Zuversicht und Pessimismus wie folgt (2018, location 126):

„Eingängig lassen sich die Unterschiede zwischen Optimismus, Pessimismus und Zuversicht anhand der berühmten Parabel von den drei Fröschen illustrieren, die in einen Topf Sahne fallen. Der Pessimist denkt: »O je, wir sind verloren, jetzt gibt es keine Rettung mehr.« Sagt's und ertrinkt. Der Optimist hingegen gibt sich unerschütterlich: »Keine Sorge, nichts ist verloren. Irgendjemand wird uns am Ende schon retten.« Er wartet und wartet und ertrinkt schließlich ebenso sang- und klanglos wie der erste. Der dritte, zuversichtliche Frosch hingegen sagt sich: »Schwierige Lage, da bleibt mir nichts anderes übrig, als zu strampeln.« Er reckt den Kopf über die Milchoberfläche und strampelt und strampelt – bis die Sahne zu Butter wird, und er sich mit einem Sprung aus dem Topf retten kann."

Besser als eine optimistische Einstellung ist daher eine *positive Einstellung* zu etwas, da in ihr das Vertrauen in die eigenen Potenziale und das Gemeinsame im Hinblick auf die Zukunft im Mittelpunkt stehen (der Mensch als „entscheidendes Sein", „sich-einbringendes Sein" und „zukunftsorientiertes Wesen"; vgl. Abschn. 5.2.3). Mit einer positiven Einstellung zu einer Aufgabe können auch Hürden oder Rückschläge leichter überwunden werden. Und eine positive Einstellung, die ein Mensch in den jeweils konkreten Augenblicken der Handlung zeigt, kann schließlich zu einer entsprechenden Haltung führen.

Wir leben in einer Zeit, wo schnell Negatives gesehen wird, wo das (Kleine), was nicht möglich ist, oder Risiken sofort in den Mittelpunkt der Kritik gestellt werden. So entstehen Blockaden, die ein konstruktives Entscheiden und Handeln unterbinden. Oder es wird ein anderer destruktiver Weg gewählt: Wenn ich nicht Druck, Drohung oder Gewalt anwende, werde ich platt gemacht, bin ich nicht mehr wichtig. Gespräche für Alternativen oder für neue Wege fehlen oder werden nur noch emotional geführt. Konflikte und sogar Krisen sind dann häufig die Folgen.

Führung auf festem Grund ist immer verbunden mit einem Denken, das Potenziale als Möglichkeiten mit einbezieht und davon ausgeht, dass andere Menschen auch besondere, unentdeckte Potenziale in sich bergen. Vertrauen in diese Potenziale haben, sie annehmen und selbst Vertrauen durch Mut und Tat schöpfen, bringt Wachstum – sowohl persönliches als auch gemeinschaftliches Wachstum. Betrachten wir diese Aspekte philosophisch, so können wir sagen: Die Wirklichkeit beinhaltet immer auch die Zukunft als Potenzialität. Sie besteht aus Möglichkeiten und Wahrscheinlichkeiten. Führung auf festem Grund zeigt Offenheit diesen Möglichkeiten und Optionen gegenüber, denn die Möglichkeit ist immer vor der Wirklichkeit.

9.3   Folgerungen für die Praxis

9.3.1   Selbstführung

- **Sich regelmäßig die drei „guten Fragen" in Anlehnung an Kline stellen, um Klarheit über gelingendes Miteinander und Erfolge zu erlangen.** Reflektieren Sie regelmäßig: Was gelingt gut in meiner Arbeit oder in meinem Leben?

Welche Erfolge haben ich seit meinem letzten Check-In erzielt? Was läuft gut in unserem Projekt? Nutzen Sie diese Fragen, um Ihre eigene Entwicklung und Ihre Interaktion mit anderen bewusst zu gestalten.

- **Denken als einen schöpferischen Prozess mit Wirkungen – auch auf andere – betrachten.** Machen Sie sich bewusst, dass Ihre Gedanken Auswirkungen auf Ihr Handeln und Ihre Umgebung haben. Fördern Sie eine positive Denkweise, indem Sie bewusst auf Lösungsansätze und Perspektivenwechsel setzen. Dazu gehört auch das Geist-Denken, was mehr als nur Nachdenken ist, indem es zu Entscheidungen führt und auch unsere Gefühle und Kommunikation gestaltet.
- **Reflektieren, wann es zuletzt gut gelungen ist, zuzuhören – und was dazu beigetragen hat.** Denken Sie über Situationen nach, in denen Sie besonders aufmerksam zugehört haben, und identifizieren Sie, was Sie dabei unterstützt hat. Nutzen Sie diese Erkenntnisse, um Ihre Fähigkeit zum aktiven Zuhören weiterzuentwickeln.
- **Sich trauen, neu und anders zu denken, um Innovationen zu fördern.** Experimentieren Sie mit neuen Perspektiven und hinterfragen Sie Routinen. Setzen Sie sich bewusst mit ungewöhnlichen Ansätzen auseinander, um kreative Lösungen zu entwickeln und Ihrem Denken neue Impulse zu geben.

9.3.2 Führung

- **Zuhören und passende Fragen als Schlüssel guter Kommunikation kultivieren.** Trainieren Sie aktives Zuhören und nutzen Sie gezielte Fragen, um Gespräche zu vertiefen und neue Perspektiven zu öffnen. Fördern Sie damit ein Klima des Verständnisses und der Zusammenarbeit im Team. Hierbei können auch die drei „guten Fragen" nach Kline behilflich sein, die Gelingendes in der Arbeit, Erfolge der letzten Zeit oder mit Blick auf ein aktuelles Projekt in den Fokus stellen.
- **Ein Klima der Fehlerfreundlichkeit etablieren.** Ermutigen Sie Ihr Team, Experimente zu wagen, und zeigen Sie, dass Fehler als Teil des Lernprozesses betrachtet werden. Reflektieren Sie gemeinsam, was aus Fehlern gelernt werden kann, um die Innovationskraft und Widerstandsfähigkeit des Teams zu stärken.
- **Kreativität als gestaltete Prozesse für Erneuerungen und Innovation einsetzen.** Implementieren Sie strukturierte Kreativitätsmethoden, um systematisch neue Lösungen zu entwickeln. Geben Sie Ihrem Team die Freiheit, neue Ideen auszuprobieren, und unterstützen Sie deren Umsetzung.

• **Agilität in der Kommunikation durch Wahrnehmen, Klären und Helfen durch verschiedene Fragetypen erhöhen.** Trainieren Sie den Einsatz von Fragetypen wie klärenden, explorativen oder kritischen Fragen, um Diskussionen flexibel zu lenken. Nutzen Sie diese Technik, um Missverständnisse zu vermeiden und zielgerichtete Entscheidungen zu fördern.

Literatur

Ahrendt B, Keding C (2022) Sinnorientierung und Tiefgangprinzip in Coaching und Beratung. Einfacher zum Wesentlichen gelangen. Weinheim: Beltz

Ahrendt B, Bürklin N, Ostberg PM (2024) Wege agiler Führung – mit Sinn. Praktische Grundlagen für lebendige Organisationen. Springer Gabler, Berlin

de Bono E (1972) Das spielerische Denken – Warum Logik dumm machen kann, und wie man sich dagegen wehrt. rororo, Hamburg

de Bono E (1973) In 15 Tagen Denken lernen. rororo, Hamburg

Kelley T, Kelley D (2014) Creative confidence: unleashing the creative potential within us all. YCS, New York

Kline N (1999) Time to think, listening to ignite the human mind. Cassell, London

Lukas E (1989) Psychologische Vorsorge, Krisenbewältigung und Innenweltschutz aus logotherapeutischer Sicht. Herder, Freiburg/Breisgau

Lukas E (1994) Psychotherapie in Würde. Quintessenz, Berlin und München

Schnabel U (2018) Zuversicht: Wie wir in Krisenzeiten die innere Freiheit bewahren, kindle Edition. Pantheon, München

Simonton DK (1999) Origins of genius: Darwinian perspectives on creativity. Oxford University Press, Oxford

Steiner S (1984) Praktische Ausbildung des Denkens. Rudolf Steiner, Dornach

Wisniewski R, Niehaus M (2016) Management by Sokrates: für Mitarbeiterführung, Beratung, Coaching und Training. Roger Wisniewski, Berlin

Neunter Impuls: Führung ist nachhaltig

10

Zusammenfassung

Wahre Nachhaltigkeit erfordert eine Führungskultur, die sich nicht nur auf kurzfristige Ergebnisse fokussiert, sondern die langfristige Gesundheit, Sinnfindung und Werteorientierung der Mitarbeitenden in den Mittelpunkt stellt. Lernen Sie in diesem Kapitel, wie verschiedene Arten der Erholung, die Balance von Werteorientierungen und die Berücksichtigung der Ganzheitlichkeit produktive und nachhaltige Führung fördern können.

10.1 Kernaussagen

- Nachhaltigkeit hat sich vom forstwirtschaftlichen Begriff hin zu einem integrativen Konzept entwickelt, das soziale, ökologische und ökonomische Ziele miteinander verknüpft. Die Brundtland-Kommission definiert Nachhaltigkeit als einen fortlaufenden Prozess, der Bedürfnisse der Gegenwart und Zukunft miteinander in Einklang bringt. Im Führungskontext bedeutet dies, dass neben äußeren auch innere Ressourcen wie Gesundheit oder Zuversicht der Mitarbeitenden langfristig zu erhalten sind.
- Sinnzentrierte Führung unterscheidet sich in Bezug auf Nachhaltigkeit stark von leistungsorientierter Führung, die auf kurzfristige Ziele und Ergebnisorientierung setzt. Laut der Philosophin Hannah Schragmann ist wahre Produktivität nur dann gegeben, wenn Arbeitsleistungen reproduzierbar sind und zu einer kontinuierlichen (Re-)Produktion von Ressourcen führen. Nachhaltigkeit im Führungskontext bedeutet, die Ganzheitlichkeit der Mitarbeitenden zu berücksichtigen, ihre persönlichen Werte und Interessen zu achten und ihnen

Raum für Erholung und Sinnverwirklichung zu bieten, um Entfremdung und Burn-out zu vermeiden.

- Wissenschaftliche Studien zeigen, dass Pausen die Produktivität und Kreativität fördern können, indem sie das Gehirn entlasten und die Konzentration auf lange Sicht verbessern. Kurzpausen und längere Erholungsphasen wie Urlaub haben positive Auswirkungen auf die Gesundheit und das Wohlbefinden. Saundra Dalton-Smith identifiziert sieben Arten der Erholung, darunter körperliche, mentale, spirituelle und kreative Erholung, die alle notwendig sind, um die Produktivität langfristig zu steigern und Entfremdung zu verhindern.

- Werte können in drei Kategorien unterteilt werden: schöpferische Werte, die mit kreativer Leistung und Gestaltung verbunden sind; Erlebniswerte, die sich auf intensive Erfahrungen und Beziehungen beziehen; und Einstellungswerte, die die Fähigkeit umfassen, schwierige Situationen mit innerer Stärke zu meistern. Eine parallele Werteorientierung, bei der mehrere Werte gleichzeitig angewendet werden, fördert Widerstandsfähigkeit. Im Gegensatz dazu führt eine pyramidale Orientierung, bei der ein Wert dominiert, zu Instabilität, wenn dieser verloren geht.

10.2 Basiswissen

Was auf Organisationen im Allgemeinen häufig zutrifft, greift auch im Führungskontext allzu oft: Nachhaltigkeit wird nach Außen als hoher Wert betitelt, aber innerhalb der Organisation nicht gelebt. Der Begriff Nachhaltigkeit ist heute weit verbreitet und wird auch von Organisationen oft verwendet, um ihr sozialökologisches Engagement zum Ausdruck zu bringen. Gleichzeitig birgt er aber immer öfter das Risiko, nicht konsequent umgesetzt zu werden. Ein Blick in die Geschichte des Begriffs kann erste Ansatzpunkte bieten.

10.2.1 Zur Entstehungsgeschichte des Nachhaltigkeitsbegriffs[1]

Im Jahr 1713 wurde der Begriff der Nachhaltigkeit erstmals in einem forstwirtschaftlichen Kontext formuliert, der besagt, dass nur so viel Holz geschlagen werden darf, wie durch Nachpflanzung wieder nachwachsen kann.

---

[1] In Anlehnung an Meindl und Bürklin (2014, S. 5 f.).

Die Veröffentlichung des Berichts „Die Grenzen des Wachstums" durch den Club of Rome im Jahr 1972 kann als Startpunkt der Diskussion um eine global nachhaltige Entwicklung angesehen werden. Im Mittelpunkt steht die Begrenzung der Entwicklungsmöglichkeiten der Menschheit durch knapper werdende Ressourcen. Die „Weltkommission für Umwelt und Entwicklung", besser bekannt als Brundtland-Kommission, bezeichnet in ihrem Abschlussbericht 1987 eine Entwicklung dann als nachhaltig, wenn „sie den Bedürfnissen der heutigen Generation entspricht, ohne die Möglichkeiten künftiger Generationen zu gefährden, ihre eigenen Bedürfnisse zu befriedigen", und definiert sie als „nicht einen fixen Zustand der Harmonie, sondern vielmehr einen Prozess des Wandels, in dem die Nutzung von Ressourcen, die Richtung von Investitionen, die Ausrichtung technologischer Entwicklung und institutioneller Wandel mit künftigen wie gegenwärtigen Bedürfnissen in Einklang gebracht werden" (S. 15,[2] eigene Übersetzung).

▶   Wichtig ist hierbei die Hervorhebung des Prozesscharakters von Nachhaltigkeit im Gegensatz zu einem statischen Verständnis. Es geht also um einen dauerhaften Veränderungsprozess, bei dem sich Bedürfnisse in der Zukunft und der Gegenwart nicht ausschließen, sondern in Einklang gebracht werden.

Die Enquete-Kommission des Deutschen Bundestages formuliert 1994 das Drei-Säulen-Modell der Nachhaltigkeit, in dem soziale, ökonomische und ökologische Ziele als Grundpfeiler einer zukunftsverträglichen Entwicklung angesehen werden. Diese drei Komponenten werden in der Folge nicht mehr als konkurrierende Gegensätze, sondern als Einheit verstanden. So wird 1998 festgestellt, dass es bei diesem integrativen Konzept „nicht um die Zusammenführung dreier nebeneinander stehender Säulen geht (…), sondern um die Entwicklung einer dreidimensionalen Perspektive aus der Erfahrungswirklichkeit" (Deutscher Bundestag 1998, S. 32). Diese Verknüpfung erlaubt es, im Folgenden von einer Mehrdimensionalität des Nachhaltigkeitsbegriffs auszugehen. Eine allgemeingültige Definition

---

[2] Originaltext: Die „Weltkommission für Umwelt und Entwicklung", besser bekannt als Brundtland-Kommission, bezeichnet in ihrem Abschlussbericht 1987 eine Entwicklung dann als nachhaltig, wenn „it meets the needs of the present without compromising the ability of future generations to meet their own needs." und wird definiert als „not a fixed state of harmony, but rather a process of change in which the exploitation of resources, the direction of investments, the orientation of technological development, and institutional change are made consistent with future as well as present needs".

des Nachhaltigkeitsbegriffs gibt es jedoch trotz seiner zunehmenden Bedeutung derzeit nicht.

Folgt man der Mehrdimensionalität dieser Definition, so gilt es auch im Führungskontext, Nachhaltigkeit nicht als eindimensional zu betrachten. Anstatt lediglich auf das dauerhafte Vorhandensein von eher äußeren Ressourcen wie finanziellen Mitteln, Produktionsmöglichkeiten oder Marktzugängen zu schauen, sind die Erhaltung der inneren Ressourcen sowohl bei einem selbst als auch bei den Mitarbeitenden wie Gesundheit und Ausgeglichenheit mindestens genauso wichtig.

10.2.2 (Re-)Produktivität als konstanter Prozess für Arbeitsleistung

Wenn nachhaltige Führung durch Prozesscharakter und Mehrdimensionalität gekennzeichnet ist, steht sie im krassen Gegensatz zu einer – heute weit verbreiteten – leistungsorientierten Führung, die kurzfristige Ziele und eine einseitige Ergebnisorientierung in den Vordergrund stellt, ganz nach dem Motto: „Produktivität über alles" (vgl. zum individuellen Leistungsbegriff Abschn. 3.2.3). In einem Podcast-Interview („Raus aus der Produktivitätsfalle! Oder: Leistung neu denken"; Sternstunde Philosophie vom 13.04.2024) prägt die Philosophin Hannah Schragmann einen humanistischen Produktivitätsbegriff: Produktiv ist nur, was reproduktiv ist. Wirklich produktiv, also auch leistungsfähig, ist demnach nur jenes Verhalten, das eine Re-Produktion von Kräften bzw. Arbeitsleistungen zur Folge hat. Dies impliziert auch eine ständige (Re-)Produktion von Ressourcen, die nicht mit dem Erreichen eines Ziels abgeschlossen ist. Man könnte auch sagen: Wirklich produktiv ist nur, was nachhaltig ist.

Statt eine Trennung der Lebensbereiche anzustreben, ist es auch und gerade in Organisationen für ein erfolgreiches Miteinander wichtig, die Ganzheitlichkeit des Menschen anzuerkennen. Nachhaltigkeit bedeutet in diesem Kontext somit, die unterschiedlichen Facetten eines Menschenlebens anzuerkennen, ebenso wie die verschiedenen Werte: von persönlichen Interessen über Beziehungen bis hin zu spezifischen Fähigkeiten im beruflichen Kontext darf und sollte alles von der Führungsperson berücksichtig werden (zum Werte-Begriff vgl. Abschn. 5.2.5; ferner Ahrendt et al. 2024, S. 20 f.).

„Wir sollten auch bei der Arbeit mit uns selbst in Kontakt bleiben", so Schragmann in dem Podcast-Interview. Sonst können wir uns von uns selbst (und von anderen) entfremden. Im schlimmsten Fall führt dies zu einem Burn-out-Syndrom, das gerade durch Entfremdung und Sinnlosigkeitsgefühl des eigenen

Tuns gekennzeichnet ist (Fuchs et al. 2018). Während manche Führungsperson Sinnfindung im organisationalen Kontext noch immer als „überflüssig" oder gar „unnötig" beschreibt, stellt Schragmann im Podcast-Interview klar: „Kreativität und Sinn ist kein nice-to-have, sondern für die Unternehmen, die ich berate, eine Notwendigkeit." Was aber kann helfen, mit uns selbst in Kontakt zu bleiben, wenn wir durch äußere Anforderungen, enge Deadlines und hohen Leistungsdruck stehen? Pausen. Und Erholung.

10.2.3 Ein Blick in die Wissenschaft: (Erholungs-)Pausen als Produktivitätsbooster

Wenn Sie jetzt beim Lesen kurz die Augenbraue hochgezogen haben, ist das nachvollziehbar. Gemeinhin gelten jene Personen als besonders produktiv, die frühmorgens als erste am Arbeitsplatz sind, „durchackern" und als letzte den Arbeitsplatz (oder den heimischen Schreibtisch) wieder verlassen. Wer sich schon mal gefragt hat, ob das wirklich nachhaltig ist, bekommt Zuspruch aus der Forschung. Wissenschaftliche Erkenntnisse zeigen nämlich genau das Gegenteil: gezielte Pausen können uns helfen, produktiver und kreativer zu werden.

Ein Grund für die wertvolle Wirkung von Pausen ist, dass unser Gehirn regelmäßig Pausen braucht, um die aufgenommenen Informationen zu verarbeiten, zu verknüpfen und ins Langzeitgedächtnis zu übernehmen (vgl. Tambini et al. 2010). In einer Meta-Analyse konnten Psychologen rund um Forscherin Albulescu zeigen, dass Pausen gar der Schlüssel zur Produktivität sein können. In Versuchen wurde wiederholt nachgewiesen, dass sie die Vitalität steigern und die Müdigkeit verringern (vgl. Albulescu et al. 2022). Insbesondere kurze Pausen, auch Micro-Breaks genannt, zeigen diesen Effekt, welchen der Psychologe Alejandro Lleras erforschte: Selbst kurze Ablenkungen von einer Aufgabe konnten die Fähigkeit, sich über einen längeren Zeitraum auf diese Aufgabe zu konzentrieren, drastisch verbessern (vgl. Ariga und Lleras 2011).

Die Philosophin Ariadne von Schirach bringt es in ihrem Buch „Glücksversuche: Von der Kunst, mit seiner Seele zu sprechen" wie folgt auf den Punkt (2021, location 1317):

> „Nur wer Pausen macht, kann inspiriert weiterarbeiten. Und nur wer Zeit für Zweckloses hat, kann sich und seine Fähigkeiten auf Dauer einbringen. Denn Tätigsein macht vielleicht glücklich, aber nur Muße macht produktiv."

In ähnlichem Maß, wie kurze Pausen im Alltag die Konzentration fördern, fördern übrigens längere Pausen – auch Ferien oder Urlaub genannt – die Gesundheit. In einer 9-Jahres-Studie mit 12.000 Männern mittleren Alters wurde festgestellt, dass ein jährlicher Urlaub mit einem geringeren Risiko für alle Todesursachen, einschließlich Herzinfarkten, verbunden ist (vgl. Gump und Matthews 2000). Während die Wahl des Reiseziels oder die spezifische Gestaltung eines Urlaubstages höchst individuell ist, zeigen sich mit Blick auf Pausen und Erholung konkrete Muster.

Die amerikanische Ärztin Saundra Dalton-Smith (2017) begann aufgrund eigener Erschöpfungssymptome, sich mehr mit dem Thema Erholung auseinanderzusetzen. Durch ihre persönliche Erfahrung und die Beobachtung von Menschen, denen sie in ihrer klinischen Praxis und Forschung begegnete, identifizierte sie sieben Arten von Erholung: körperliche, mentale, spirituelle, emotionale, sensorische, soziale und kreative:

1. **Körperliche Erholung:** Diese Art der Erholung umfasst sowohl passive Maßnahmen wie Schlaf und Nickerchen als auch aktive Maßnahmen wie Yoga, Stretching und Massage, die helfen, den Körper zu entspannen und zu regenerieren.
2. **Mentale Erholung:** Diese Erholung zielt darauf ab, die Psyche zu beruhigen und zu entlasten. Techniken wie Meditation, Pausen während der Arbeit und Aktivitäten, die den Kopf entspannen, sind hier hilfreich.
3. **Spirituelle Erholung:** Diese Erholung betrifft die geistige Dimension des Menschen, die Suche nach Sinn und lebenswerten Perspektiven. Aktivitäten, die die Selbst-Transzendenz fördern (siehe auch Abschn. 6.2.4), bspw. Gebet, Meditation, Freiwilligenarbeit und das Verbinden mit einer größeren Gemeinschaft oder einem höheren Ziel tragen dazu bei.
4. **Emotionale Erholung:** Diese Erholung umfasst das Erkennen und Ausdrücken von Emotionen sowie den Umgang mit emotionalem Stress. Ehrliche Gespräche, Tagebuchschreiben und das Finden von emotionaler Unterstützung sind hier essenziell.
5. **Sensorische Erholung:** Diese Erholung reduziert die Überlastung der Sinne durch Licht, Lärm und Bildschirme. Maßnahmen wie das Vermeiden von Bildschirmzeit vor dem Schlafengehen und das Verbringen von Zeit in ruhigen, eher dunklen Umgebungen sind hier wichtig.
6. **Kreative Erholung:** Diese Form der Erholung fördert die Wiederherstellung der Kreativität durch inspirierende und stimulierende Aktivitäten. Kunstbetrachtung, Naturerlebnisse und kreative Hobbys wie Malen oder Musizieren gehören dazu.

7. **Soziale Erholung:** Diese Art der Erholung betont die Bedeutung von erfüllenden sozialen Interaktionen und Beziehungen. Es geht darum, Zeit mit Menschen zu verbringen, die einen unterstützen und positiv beeinflussen, und weniger Zeit mit solchen, die Energie rauben.

Ein Mangel an schon einer dieser Arten von Erholung kann ungünstige Auswirkungen auf unsere Gesundheit, unsere Beziehungen und – natürlich – unsere Produktivität haben. Und je nachdem, welchen Belastungen wir im Berufsleben (oder auch in anderen Lebensbereichen) ausgesetzt sind, könnte es gar kontraproduktiv sein, ein Nickerchen am Nachmittag zu machen – vielmehr kann es im Einzelfall helfen, sich etwas zu bewegen oder das Gespräch mit einer Kollegin oder einem guten Freund zu suchen. Führung ist dann nachhaltig, wenn sie sowohl den Prozesscharakter von Produktivität und Leistungserbringung als auch die Mehrdimensionalität von Belastungen und entsprechenden Arten von Erholungen anerkennt.

Besonders interessant erscheint vor dem Hintergrund des Frankl'schen Menschenbildes außerdem, dass sich die unterschiedlichen Arten von Erholung auf verschiedene Wertekategorien beziehen.

10.2.4 Vielfalt statt Fokus: Nachhaltigkeit durch Verwirklichung von unterschiedlichen Werten im Alltag

Dadurch, dass Werte als Möglichkeiten zur Sinnverwirklichung angesehen werden, stellt sich die Frage, welche Arten von Werten es gibt. Es können drei Kategorien von Werten unterschieden werden: schöpferische Werte, Erlebniswerte und Einstellungswerte (vgl. Abb. 10.1; vgl. Frankl 2015, S. 91–95):

1. **Schöpferische Werte** umfassen die aktive Gestaltung und das Schaffen – sei es durch das Erstellen eines Kunstwerks, das Schreiben eines Artikels oder das Organisieren eines Events. Im Mittelpunkt steht hier die kreative Leistung für die Mitwelt, verbunden mit der Fähigkeit, etwas zu erschaffen. Entscheidend ist nicht nur das „Was" (also das Ergebnis), sondern vor allem das „Wie" – also die Art und Weise, auf welche Weise jemand seine Aufgabe erfüllt.
2. **Erlebniswerte** beziehen sich auf das Eintauchen in besondere Erfahrungen wie das Erleben der Natur, eines Konzerts oder die Tiefe einer Beziehung. Hier steht die Fähigkeit zur intensiven Wahrnehmung und Liebe im Vordergrund,

Werte-Kategorien	Beispiele	Fähigkeiten	Essenz
Schöpferische Werte	Werke, Produkte, Dienstleistungen, Innovationen, Aufgabe, Produktivität	Leistungs- / Arbeitsfähigkeit	Nicht das WAS ist entscheidend, sondern WIE der Mensch seine Aufgabe erfüllt
Erlebniswerte	Ästhetik, Kunst, Team, Gruppe, Gemeinschaft, Liebe, Wahrheit, Naturerlebnis, Hingabe an eine Aufgabe	Erlebnis- / Liebesfähigkeit	Etwas oder jemanden Erleben in seiner ganzen Einmaligkeit und Einzigartigkeit
Einstellungswerte	Haltung und Einstellung zu unausweichlichen Schicksalsschlägen, Würde im Ertragen von Unabänder-lichkeiten, Haltung der Tapferkeit	Leidensfähigkeit	Transformation von Leid in Leistung durch das WIE des Ertragens

Abb. 10.1 Die Werte-Kategorien. (Quelle: Ahrendt et al. 2024, S. 24)

die aus der Mitwelt kommt. Es geht darum, etwas oder jemanden in seiner gesamten Einzigartigkeit und Einmaligkeit wahrzunehmen und zu schätzen.

3. **Einstellungswerte** gewinnen an Bedeutung, wenn die anderen beiden Werte in einem Augenblick nicht anwendbar sind. Hier geht es um die Freiheit des Einzelnen, die persönliche Haltung zu einer Situation zu verändern. Diese Werte spiegeln die Fähigkeit wider, Leiden zu ertragen und dabei innere Würde zu bewahren. Der Kern liegt in der Wandlung des Leids in eine Haltung und somit um die Art und Weise, wie der Mensch das Unvermeidliche trägt.

Es ist wichtig zu betonen, dass Stabilität und mentale Widerstandsfähigkeit im Alltag durch eine sogenannte **parallele Werteorientierung** entstehen. Das bedeutet, dass wir mehr als einen Wert als wichtig empfinden und ihn aktiv in unserem Leben umsetzen, also bspw. die Erstellung der nächsten Projektpräsentation oder die Gartenarbeit am Feierabend (schöpferische Werte), der Austausch mit einer Kollegin oder das tiefe Gespräch mit einem guten Freund (Erlebniswerte) oder die Akzeptanz von äußeren, nicht änderbaren Rahmenbedingungen (Einstellungswerte). Sollte einer dieser Werte (temporär) wegfallen, dienen die anderen Werte weiterhin als Möglichkeiten zu Sinnverwirklichung und können Quellen für Kraft, Glück und Zuversicht bieten.

Im Gegensatz dazu steht die **pyramidale Werteorientierung**, bei der ein einzelner Wert das gesamte Leben dominiert. In manchen Fällen mag das die Hingabe an die eigenen Kinder oder die reine Fokussierung auf die Berufstätigkeit sein. Wenn nun dieser einzelne Wert (temporär) wegbricht, gibt es keine anderen werte-vollen Säulen im Leben mehr. Die Grundlage für Resilienz und Widerstandsfähigkeit ist nicht gegeben.

Ähnliche Schlüsse können wir aus den verschiedenen Typen von Erholung ableiten, die im Rahmen einer sinnzentrierten Führung berücksichtigt werden sollten. Ist ein Teammitglied durch die laute Umgebung und zahlreichen Impulse in der eigenen E-Mail-Inbox überfordert, ist eine sensorische Erholung mit einer Auszeit vom Bildschirm wohl am wirkungsvollsten (nicht aber das Schauen einer Netflix-Serie an eben jenem). Ein Mangel an Erfahrung von schöpferischen und Erlebniswerten kann zu einem Mangel an Kreativität (und ggf. auch Produktivität) führen. Ein werteorientierter Lösungsansatz würde hier nicht das Verharren im neutralen Büroraum mit noch mehr Brainstorming-Techniken beinhalten, sondern einen aktiven Ortswechsel und bspw. das bewusste Erleben in der Natur.

Sinnzentrierte Führung ist dann nachhaltig, wenn verschiedene Werte im alltäglichen Miteinander wie auch in der Stressbewältigung umgesetzt werden. Immer wieder gemeinsam mit den Mitarbeitenden auszuloten, welche Werte jetzt förderlich und in dem Augenblick sinnvoll sind umgesetzt zu werden, gehört zu den Aufgaben einer sinnzentrierten Führungsperson.

▶ Im Sinne Frankls stellen Werte „Sinnuniversalien" dar, die das Positive in der Welt mehren (vgl. hierzu auch die Definition der sinnvollen Möglichkeit, Abschn. 4.2.2). Wenn dagegen das Positive verringert oder Negatives vermehrt wird, sprechen wir von „Unwerten". Werte geben den Menschen eine grundlegende, langfristige Orientierung und helfen ihnen bei Entscheidungen über einen längeren Zeitraum hinweg. Sinn hingegen wird immer nur in einem spezifischen Moment durch die Umsetzung eines Wertes verwirklicht.

10.3 Folgerungen für die Praxis

10.3.1 Selbstführung

- **Produktivität als kontinuierlichen Prozess verstehen.** Akzeptieren Sie, dass Produktivität nicht nur im Erreichen kurzfristiger Ziele liegt, sondern ein stetiger, dynamischer Prozess ist, der Ihre (persönlichen) Ressourcen erhalten soll. Planen Sie Ihre Arbeit in Etappen mit kleinen Fortschritten und reflektieren Sie am Ende des Tages, wie Ihre Arbeit zur nachhaltigen Zielerreichung beigetragen hat.

- **Ressourcen achtsam und re-produktiv nutzen.** Achten Sie darauf, sowohl Ihre persönlichen als auch die organisatorischen Ressourcen bewusst und regenerativ einzusetzen. Legen Sie beispielsweise regelmäßige Micro-Breaks ein, um Ihre mentale Energie aufzuladen und langfristig leistungsfähig zu bleiben.
- **Vielfältige Erholungsarten im Alltag integrieren.** Identifizieren Sie, welche Art der Erholung Ihnen besonders hilft – sei es körperlich, mental, emotional oder kreativ – und schaffen Sie feste Zeiten dafür. Probieren Sie verschiedene Ansätze wie Spaziergänge in der Natur, Journaling oder kreative Hobbys aus, um Ihren Alltag zu bereichern.
- **Nachhaltigkeit als persönliche Haltung etablieren.** Entwickeln Sie eine Haltung, die darauf abzielt, Ihre Handlungen und Entscheidungen langfristig sinnzentriert zu gestalten. Fragen Sie sich vor wichtigen Entscheidungen: „Ist dies auch sinnvoll?" – und leiten Sie entsprechend Ihre nächsten Schritte ab.

10.3.2 Führung

- **Ganzheitlichkeit der Mitarbeitenden wertschätzen.** Begegnen Sie Mitarbeitenden als ganzheitlichen Menschen, indem Sie sie vor allem als geistige Personen erkennen und anerkennen.
- **Den Wert von Pausen betonen und vorleben.** Schaffen Sie eine Organisationskultur, die Pausen als Teil der Arbeitsproduktivität anerkennt, indem Sie selbst achtsame Pausen einlegen und diese aktiv kommunizieren. Setzen Sie sich beispielsweise als Führungsperson bewusst für Pausenräume oder Ruhezonen im Büro ein.
- **Regelmäßige Reflexionsrunden im Team etablieren.** Führen Sie regelmäßig Meetings ein, bei denen nicht nur Arbeitsprozesse, sondern auch der Umgang miteinander und die persönliche Entwicklung der Teammitglieder reflektiert werden. Nutzen Sie diese Gelegenheit, um gemeinsam Verbesserungsmöglichkeiten zu identifizieren und positive Entwicklungen zu feiern.
- **Nachhaltigkeitsziele in Leistungskennzahlen integrieren.** Ergänzen Sie klassische Leistungskennzahlen um Nachhaltigkeitsaspekte, wie Mitarbeitendenzufriedenheit, langfristige Ressourcenplanung oder Umweltziele. Kommunizieren Sie diese Werte klar, sodass das Team versteht, wie nachhaltiges Handeln aktiv zur Zielerreichung beiträgt.

Literatur

Ahrendt B, Bürklin N, Ostberg PM (2024) Wege agiler Führung – mit Sinn. Praktische Grundlagen für lebendige Organisationen. Springer Gabler, Berlin

Albulescu P, Macsinga I, Rusu A, Sulea C, Bodnaru A, Tulbure BT (2022) „ Give me a break!" A systematic review and meta-analysis on the efficacy of micro-breaks for increasing well-being and performance. PLoS ONE 17(8):e0272460

Ariga A, Lleras A (2011) Brief and rare mental "breaks" keep you focused: deactivation and reactivation of task goals preempt vigilance decrements. Cognition 118(3):439–443

Dalton-Smith S (2017) Sacred rest: recover your life, renew your energy, restore your sanita. FaithWords, New York

Deutscher Bundestag (1998) Konzept Nachhaltigkeit. Vom Leitbild zur Umsetzung. Abschlussbericht der Enquete-Kommission „Schutz des Menschen und der Umwelt – Ziele und Rahmenbedingungen einer nachhaltig zukunftsverträglichen Entwicklung" des 13. Deutschen Bundestages. Deutscher Bundestag, Bonn

Frankl VE (2015) Ärztliche Seelsorge, Grundlagen der Logotherapie und Existenzanalyse. 6. Aufl. Deutscher Taschenbuch Verlag, München

Fuchs T, Iwer L, Micali S (2018) Das überforderte Subjekt: Zeitdiagnosen einer beschleunigten Gesellschaft. Suhrkamp

Gump BB, Matthews KA (2000) Are vacations good for your health? The 9-year mortality experience after the multiple risk factor intervention trial. Psychosom Med 62(5):608–612

Meindl A, Bürklin N (2014) When to Trust Green? Was macht Nachhaltigkeitskommunikation glaubwürdig. FGM Fördergesellschaft Marketing e. V., München

Schirach AV (2021) Glücksversuche: Von der Kunst, mit seiner Seele zu sprechen, kindle. Tropen Sachbuch, Stuttgart

Schragmann H (2024) Raus aus der Produktivitätsfalle! Oder: Leistung neu denken. Podcast Sternstunde Philosophie vom 13.04.2024

Tambini A, Ketz N, Davachi L (2010) Enhanced brain correlations during rest are related to memory for recent experiences. Neuron 65(2):280–290

Zehnter Impuls: Führung ist resilienzfördernd

11

Zusammenfassung

Resilienz entsteht aus einer sinnoffenen Haltung, die es Menschen ermöglicht, auch in schwierigen Zeiten den (verbleibenden) Sinn zu erkennen und ihn als Grundlage für ihr Handeln zu nutzen. Dieses Kapitel zeigt, wie individuelle Resilienz durch Kohärenz und eine achtsame Haltung unterstützt wird und wie diese Eigenschaften die organisationale Resilienz und somit etwa eine Kultur der Anpassungsfähigkeit und des kontinuierlichen Lernens fördern.

11.1 Kernaussagen

- Resilienz entsteht als Folge einer sinnoffenen Haltung, bei der Menschen in schwierigen Situationen den (verbleibenden) Sinn erkennen und darauf aufbauend handeln. Frankl betont die Rolle der Selbst-Distanzierung und Selbst-Transzendenz, die es erlauben, sowohl inneren Freiraum als auch eine Ausrichtung auf Werte und Mitwelt zu schaffen. Resilienz wird so nicht zum Ziel, sondern zur natürlichen Konsequenz eines Lebensstils, der auf Sinnorientierung und die aktive Beantwortung von Lebensfragen ausgerichtet ist.

- Resilienz wird durch Kohärenz und Achtsamkeit unterstützt: Kohärenz gibt Menschen die Gewissheit, dass sie ihr Leben verstehen, bewältigen und als sinnvoll erleben können. Achtsamkeit hilft, durch bewusste Wahrnehmung der Gegenwart und klare Reflexion Herausforderungen aktiv anzugehen. Beide Fähigkeiten fördern persönliche und organisationale Widerstandskraft und eine Kultur des respektvollen, wertebasierten Umgangs.

© Der/die Autor(en), exklusiv lizenziert an Springer-Verlag GmbH, DE, ein Teil von Springer Nature 2025
B. Ahrendt et al., *Führung auf festem Grund – mit Sinn*,
https://doi.org/10.1007/978-3-662-71109-5_11

• Organisationale Resilienz entsteht durch das Zusammenspiel individueller Resilienz und struktureller Anpassungsfähigkeit. Individuen, die ihre persönliche Resilienz in die Organisation einbringen, fördern eine Kultur des Lernens, der Flexibilität und Zusammenarbeit. Dies ermöglicht es Organisationen, Stabilität zu bewahren, sich proaktiv an Veränderungen anzupassen und langfristig erfolgreich zu sein.

11.2   Basiswissen

11.2.1   Resilienz als Nebenprodukt von Sinnoffenheit

Resilienz hat sich in den letzten Jahren zu einem zentralen Thema in Organisationen entwickelt. Die Frage drängt sich auf, ob es einen weiteren, zehnten Impuls gibt, der Führung stärkt, weil er diese Widerstandskraft fördert.

Der Begriff Resilienz stammt ursprünglich aus der Werkstoffphysik. Dort beschreibt er die Fähigkeit eines Materials, nach einer Verformung wieder in seine ursprüngliche Form zurückzukehren (vgl. Bröckling 2017, S. 1 f.). Übertragen auf den Menschen bedeutet Resilienz jedoch mehr: Es geht um die Fähigkeit, schwierige Umstände nicht nur auszuhalten, sondern ihnen angemessen zu begegnen, sich anzupassen und daraus zu wachsen. Resilienz ist daher kein statischer Zustand, sondern ein dynamischer Prozess, der sich im Zusammenspiel mit den jeweiligen Lebensumständen entfaltet (vgl. Tokarski et al. 2022, S. 2; Heller und Gallenmüller 2019, S. 8 f.).

▸   Menschen entwickeln Resilienz, indem sie Herausforderungen wie Krisen oder Belastungen erfolgreich bewältigen und daraus Kompetenzen entwickeln, die sie zukünftig stärken. Dieser Prozess verbindet Widerstandsfähigkeit mit persönlicher Weiterentwicklung. Resilienz entsteht also nicht von selbst, sondern als indirekte Folge einer aktiven Selbstführung in schwierigen Situationen.

Frankl selbst verwendet den Begriff Resilienz nicht (vgl. Batthyány und Lukas 2020, S. 182). Er spricht von der „Trotzmacht des Geistes", um die innere Stärke des Menschen zu beschreiben. Auf Basis seiner Überlegungen lässt sich jedoch schließen, dass Resilienz für Frankl mit den Fähigkeiten der Selbst-Distanzierung und Selbst-Transzendenz verbunden ist (vgl. Abschn. 6.2.4). Diese beiden Fähigkeiten spielen eine Schlüsselrolle in der Resilienzförderung: Selbst-Distanzierung ermöglicht es, Abstand zu den eigenen Gefühlen und Reaktionen zu bekommen, um sie klarer zu betrachten und eine innere Kontrolle gewinnen zu können. Selbst-Transzendenz befähigt den Menschen, sich auf seine Mitwelt zu fokussieren und sich an Werten zu orientieren, die größer sind als seine momentanen Bedürfnisse. Laut Lukas (2014, S. 61) entsteht aus dieser Haltung inneres Wachstum, das wie eine Schutzschicht aus der geistigen Dimension heraus wirkt und den Menschen stärkt. Insofern kommt der noetischen Dimension des Menschen die entscheidende Bedeutung bei der Resilienzförderung zu: Der Mensch, der geistige Person *ist*, kann aufgrund der Selbst-Distanzierung einen Raum zwischen sich als Humanum und seinem Psychophysikum (den er als Instrument *hat*) schaffen, wodurch für ihn ein Freiraum entsteht, sein Instrument zu begutachten und zu trainieren (vgl. entsprechend auch Frankl und Kreuzer 1986, S. 54 f.). Auf diese Weise wird es möglich, auch in schwierigen Situationen sinnzentriert zu handeln.

„Der Weg zu innerer Stärke angesichts schwerer Lebensumstände läuft also nicht alleine über das zu stärkende Selbst, sondern über den zu verwirklichenden Sinn" (Batthyány 2019, S. 20). Ahrendt et al. (2023, S. 80) drücken es wie folgt aus:

„Damit wird deutlich: Selbst-Distanzierung und Selbst-Transzendenz ermöglichen es dem Menschen, sich in einem Augenblick auf den Sinn auszurichten und diesen umzusetzen. Dies verweist auch auf die Bedeutung jedes einzelnen Menschen, der aufgerufen ist, seine Beiträge zu einer positiven Gestaltung der Welt einzubringen. Hieraus folgt ein inneres Wachstum, aus dem heraus der Mensch reift, stabil wird und bleibt: Aus der Selbsterfahrung (Erfahrung des So-Seins: „Ich bin jener Mensch, der ich geworden bin") erwächst eine Selbstbesinnung (Freiheit vom So-Sein: „Ich bin in Bezug auf mein So-Sein frei"). Diese kann sich zu einer Selbstbestimmung weiterentwickeln (Freiheit zum Anders-Werden: „Ich bin frei, anders zu werden") und schließlich zu einem Umgang mit sich selbst (Entscheidung zum Anders-Werden: „Ich will anders werden") reifen."

▶ Resilienz selbst ist also nicht als eine Kompetenz verstehen, die gezielt entwickelt werden kann. Vielmehr ist sie das Ergebnis einer ausgeprägten Sinnoffenheit, die über das menschliche Sinn-Organ – das Gewissen – trainiert werden kann (zum Gewissen vgl. auch Abschn. 5.2.2). Eine solche Sinnoffenheit stärkt die geistigen Fähigkeiten der Selbst-Distanzierung und Selbst-Transzendenz – und somit als Nebenprodukt auch die individuelle Resilienz.

Frankl hebt hervor, dass das menschliche Leben untrennbar mit Leid, Schuld und Tod verbunden ist – der sogenannten „tragischen Trias" (vgl. etwa Frankl 1998, S. 32). Diese Aspekte sind keine Mängel eines idealisierten Lebens, sondern wesentliche Bestandteile des Mensch-Seins. Ein solcher „bedingungsloser Realismus" (Batthyány 2019, S. 15) erkennt an, dass Freude und Leid gleichermaßen zum Leben gehören. Er lenkt den Blick auf die verbleibenden Möglichkeiten, die trotz Schmerz und Widrigkeiten vorhanden sind. Sinnorientierung verleiht dem Menschen eine Haltung, die Leidenskompetenz (ergänzend zur Leistungs- und Liebeskompetenz; vgl. Abschn. 8.2.2) nicht nur toleriert, sondern sie als Ausdruck seelisch-geistiger Reife begreift. Sie wird damit zur Quelle menschlicher Lebensfähigkeit. Denn werden auch die schwierigen Herausforderungen, die es in jedem menschlichen Leben gibt, nicht verdrängt, sondern sich aktiv mit ihnen auseinandergesetzt, so besteht die Chance, „auch das verbleibende Gute im Leid nicht zu vergessen oder zu übersehen und den Blick auf noch verbleibende oder neu sich öffnende Freiräume zu wenden und darin nach verborgenen Sinnmöglichkeiten zu suchen" (Batthyány 2019, S. 16).

Entsprechend ist Frankl überzeugt, dass es keine Lebenssituation gibt, „die wirklich sinnlos wäre. Dies ist darauf zurückzuführen, daß die scheinbar negativen Seiten der menschlichen Existenz, insbesondere jene tragische Trias, zu der sich Leid, Schuld und Tod zusammenfügen, auch in etwas Positives, in eine Leistung gestaltet werden können, wenn ihnen nur mit der rechten Haltung und Einstellung begegnet wird" (1998, S. 32). Es wird deutlich: Frankls Konzept geht über das heutige Verständnis von Resilienz hinaus. Anders als die gängige Sichtweise sieht Frankl Resilienz nicht als direktes Ziel, sondern als natürliche Folge einer offenen Haltung gegenüber dem Sinn des Lebens. Zudem basiert sein Ansatz auf der Fähigkeit des Menschen, auch in Situationen von unvermeidlichem Leid persönliche Sinnmöglichkeiten zu finden und dadurch seine inneren Selbstheilungskräfte zu aktivieren (vgl. hierzu auch Batthyány und Lukas 2020, S. 187).

Es sei erinnert, dass es nicht der Mensch ist, der die Fragen (an das Leben) stellen soll, sondern das Leben ihn befragt und er passende Antworten zu den jeweils individuellen und konkreten Situationen zu finden hat (vgl. auch Abschn. 3.2.5.5). Lukas drückt es entsprechend aus, wenn sie schreibt (1984, S. 132 f.):

„So gesehen ist die Tragik der Menschheit auch die Tragik des Einzelnen: die geistige Auseinandersetzung mit dem Schicksal ist die Tragödie des Menschen schlechthin. Und immer ist das Schicksal das Unbegreifliche, das Unwahrscheinliche, das ewig Schweigsame, der Ort, an dem unsere bangen Fragen ungehört verhallen. Warum so viel Böses in der Welt? Warum so viel Leid ringsum? Wir wissen es nicht, wir verstehen es nicht. So bleibt uns denn nur eines: zu bedenken, was Viktor Frankl zum Angelpunkt seiner Philosophie gemacht hat, nämlich daß nicht wir die Fragenden sind – nicht wir sind diejenigen, denen das Fragen zusteht; sondern unsere Aufgabe ist es umgekehrt, Antwort zu geben auf die Fragen, die das Schicksal uns stellt. Krankheit, Not, Leid und Gefahr sind die Fragezeichen unseres Lebens, nicht unbedingt mit eigener Hand geschrieben, aber in eigener Handschrift zu beantworten durch die Art, wie wir darauf reagieren. Alles, was wir tun und lassen, sind Antworten auf Schicksalsfragen."

Und diese Antworten können umso besser geben werden, je stärker ein Mensch seine Fähigkeiten von Selbst-Distanzierung und Selbst-Transzendenz entwickelt.

11.2.2 Kohärenz und Achtsamkeit als wichtige Aspekte für einen gelingenden Umgang mit herausfordernden Situationen

In der wissenschaftlichen Literatur existieren inzwischen eine Reihe von Modellen, die sich mit Resilienzfaktoren auseinandersetzen (vgl. etwa Heller und Gallenmüller 2019, S. 9; Reichhardt und Pusch 2023, S. 31). Im Folgenden stellen wir zwei Fähigkeiten vor, die aus unserer Sicht im Kontext von Resilienz wichtig sind, da sie die individuelle Selbst-Distanzierung und Selbst-Transzendenz stärken: Kohärenz und Achtsamkeit.

11.2.2.1 Kohärenz als Grundlage für Widerstandsfähigkeit

Das Kohärenzgefühl steht im Fokus der Salutogenese von Antonovsky zur Erklärung von Gesundheit und beschreibt einen Hauptfaktor von Resilienz. Es umfasst die eigenen Ressourcen, welche sich über das Leben hinweg aufbauen und Einfluss darauf haben, wie widerstandsfähig Menschen in Anbetracht äußerer (exogener) und innerer (endogener) Stressoren sind. Konkret stellt sich ein Gefühl von Kohärenz dann ein, wenn ein Mensch das eigene Leben als a) verstehbar, b) bewältigbar und c) sinnhaft erlebt[1] (Antonovsky 1979, S. 184 f. nach Faltermaier 2023, S. 80). Damit knüpft es direkt an eine sinnzentrierte Führung an.

Das Gefühl der Verstehbarkeit (sense of comprehensibility) beschreibt die Überzeugung, dass das eigene Leben verstehbar, kognitiv klar und strukturiert,

---

[1] Es sei angemerkt, dass im Unterschied zu Frankl Antonovsky die Sinnorientierung als einen gleichberechtigen Aspekt zu den anderen beiden sieht und ihr auch nicht einer separaten menschlichen Dimension zuordnet.

also nicht chaotisch, ist. Das Gefühl der Bewältigbarkeit (sense of manageabi-
lity) ist zurückzuführen auf die Zuversicht, dass Anforderungen und Belastungen
im Leben im Wesentlichen gut zu bewältigen sind. Schließlich bezieht sich das
Gefühl von Sinnhaftigkeit (sense of meaningfulness) auf die Grundempfindung,
dass das eigene Leben sinnvoll ist und die gestellten Anforderungen es wert sind,
dafür Energie zu investieren.

Im organisationalen Kontext können diese drei Aspekte helfen, Mitarbeitende vor dem Hintergrund ihrer individuellen Potenziale zu sehen und Teams
auf ein gemeinsames Ziel auszurichten, Kräfte zu bündeln und Räume für
Sinnorientierung zu schaffen. Um dauerhaft eine gesunde Kultur und Zusammenarbeit aufrechtzuerhalten, sind insbesondere Führungspersonen immer wieder
dazu eingeladen zu prüfen, inwiefern Projekte oder einzelne Teilaufgaben für die
jeweiligen Mitarbeitenden verstehbar, bewältigbar und sinnhaft sind. Wenn alle
drei Aspekte dauerhaft erfüllt sind, folgt eine gesunde Widerstandsfähigkeit (fast)
ganz von selbst. Auf den Punkt gebracht:

• Gesundheit entsteht aus dem Gefühl des Vertrauens, dass die Reize (Sti-
  muli), die sich im Verlauf des Lebens aus der inneren und äußeren Umgebung
  ergeben, strukturiert, vorhersehbar und erklärbar sind;
• einem die Ressourcen zur Verfügung stehen, um den Anforderungen, die diese
  Reize stellen, zu begegnen;
• diese Anforderungen Herausforderungen sind, die Anstrengung und Engagement lohnen, verbunden mit dem Bewusstsein, sich selbst bestimmen zu
  können und Beziehungen zu haben, die gelingen.

11.2.2.2 Achtsamkeit als Weg zu Akzeptanz und Entscheidungsgrundlage

Oftmals falsch als Mittel zur Selbstoptimierung verstanden, trägt Achtsamkeit im Sinne einer inneren Haltung in hohem Maße zu einer gelingenden
(Selbst)Führung bei. Geprägt durch die Pionierarbeit von Jon Kabat-Zinn, wurde
Achtsamkeit im Westen vor allem als Mittel zur Stressreduktion bekannt.
Grundlage hierfür war seine Entwicklung des acht-wöchigen MBSR-Programms
(mindfulness based stress reduction), das einen säkularen Ansatz für Elemente
aus Meditation und Yoga umfasst. Im Kern bedeutet Achtsamkeit die absichts-
volle, bewusste und nicht wertende Lenkung der Aufmerksamkeit auf den
gegenwärtigen Augenblick (vgl. Kabat-Zinn 1990).

Achtsamkeitspraktiken wie das MBSR-Programm können nachweislich die
eigene Emotionsregulation, Steigerung von Empathie und Mitgefühl, Reduktion

negativer Affekte wie auch eine Verbesserung von Mechanismen zur Stressbe-wältigung fördern (vgl. Grossman et al. 2004; Davis und Hayes 2011). Gelebte Achtsamkeit im Alltag führt überdies zu einer klaren inneren Haltung und einem fürsorglichen Umgang miteinander, beruflich und auch privat. Zugänge können über geleitete Meditationen oder spezielle Atemübungen sein. Falsch hingegen ist die Annahme, eine achtsame Haltung würde dazu führen, dass einem alles egal wäre. Das Gegenteil ist der Fall: gelebte Achtsamkeit ermöglicht Menschen, ruhig und bewusst auf eine aktuelle Situation zu blicken und diese im ersten Schritt so anzunehmen, wie sie ist. Das bedeutet auch, deutlich zu erkennen, welche Aspekte im jeweiligen Moment im freien oder im schicksalhaften Bereich liegen und welche Handlungsoptionen vorhanden sind. Auf Basis dieser Annahme können dann klare Entscheidungen getroffen werden. Achtsamkeitsübungen können dabei helfen, diese Fähigkeit aufzubauen und zu erhalten.

Gerade in Zeiten von einer Flut an Informationen und einer stetigen Beschleunigung unseres Lebensrhythmus kann Achtsamkeit dabei helfen, besser mit den Herausforderungen des Lebens umzugehen, insbesondere auch im organisationalen Kontext. So zeigen Studien eine Reihe von Vorteilen von Achtsamkeit bei der Arbeit auf, unter anderem Reduktion von emotionaler Erschöpfung und Steigerung der Jobzufriedenheit (beispielhaft Hülsheger et al. 2013). Schon kleine Interventionen wie eine bewusste Fokussierung auf die Atmung oder ein kurzer Bodyscan können dabei unterstützen, einen Moment innezuhalten, sich besser mit sich selbst und anderen zu verbinden und Klarheit über die jeweilige Situation zu erlangen. Aus diesem Zustand heraus kann (Selbst)Führung noch besser gelingen.

> **Tipp**
> Ein bewusster Umgang mit der „Achtsamkeit" wird viel propagiert, aber wenig realisiert. Achtsamkeit braucht eine aufrichtige Meinung, braucht Wahrhaftigkeit, braucht weder eine „betuliche Beschönigungssprache, noch radikale Direktheit" (Bauer 2024, Seite 47). Sie ist in einem konstruktiven „Feedback" zu finden. In diesem Begriff „Feedback" steckt ja das englische „Füttern". Es kann in diesem Zusammenhang als das beschrieben werden, was dem, der das Feedback erhält, „gesunde Nahrung" für seine aktuelle oder künftige Situation gibt. Es geht um eine kommunikative Rückkoppelung, die für den Betroffenen wertvoll und hilfreich ist. In einer wertschätzenden Offenheit wirken dabei immer Integrität, Empathie und Transparenz. Man sollte also Menschen nicht nur aufrichtig sagen, was man denkt, sondern auch einbinden in ein „Warum und Wozu" dieses Feedback

gegeben wird. Es mag nicht immer als angenehm vom Empfänger empfunden werden, aber konstruktive Begründungen helfen, die Inhalte des Feedbacks annehmen zu können. Glaubwürdigkeit sich selbst und anderen gegenüber ist die Bedingung, um Respekt und Wertschätzung anderer nicht zu verlieren.

Achtsamkeit bedeutet nicht, wegen falsch verstandener Rücksichtnahme nichts mehr zu sagen, die Meinung für sich zu behalten. Es bedeutet, eine Kultur der persönlichen Wertschätzung sowie der konstruktiven Kritik zu pflegen. Aus solch einem Verhalten wird auch Zuversicht entstehen und das Gemeinsame, sinnvolle Zukünftige anzusteuern sein.

Beim Umgang mit der Achtsamkeit kann noch ein weiterer Gedanke Beziehungen verbessern. Der Psychologe Robert Cialdini hat einmal verraten: „Fragen Sie nie jemanden nach einer Meinung, sondern immer nach einem Rat" (2024, S. 47). Er meint weiter, dass, wer nach einer Meinung fragt („Was halten sie von meiner Idee, was sagen sie zu meinem Vorschlag"), automatisch eine Kritik bekommt, oder, wie oben vermerkt, Beschönigungsworte. Bringt man die Bitte um einen Rat vor, so sucht man – sozusagen – einen anderen Menschen als Partner für etwas Gemeinsames zu gewinnen, etwas, welches das Miteinander und Füreinander trägt.

11.2.3 Individuelle Resilienz führt zu organisationaler Resilienz

Aus den bisherigen Überlegungen wird auch deutlich, dass ein Organisationsmitglied, welches über eine entsprechende Resilienz verfügt und bereit ist, sich für „seine" Organisation zu engagieren, auch dazu bereit ist, diese Resilienz in die Organisation zu „investieren", was sich wiederum positiv auf die organisationale Resilienz auswirkt.

▶   Je lebendiger eine Organisation im Sinne dieses Buches ist und je intensiver der Werteaustausch zwischen einer Organisation und seinen Mitgliedern sich gestaltet, desto resilienter werden sowohl die Individuen als auch die Organisation sein.

Organisationale Resilienz, die inzwischen auch in der ISO 22316 beschrieben wird (vgl. hier etwa dinmedia (o. J.), beschreibt die Fähigkeit von Organisationen, sowohl Stabilität zu bewahren als auch flexibel auf Störungen, Krisen oder disruptive Ereignisse zu reagieren (vgl. Hoffmann 2017, S. 98; Christopher und Peck 2004, S. 2). Dabei geht es nicht nur darum, Herausforderungen zu überstehen, sondern auch darum, sich proaktiv weiterzuentwickeln und zu transformieren, um auf zukünftige Veränderungen besser vorbereitet zu sein. Dieses Konzept umfasst einerseits die strukturelle Festigkeit, die es Organisationen ermöglicht, betriebliche Abläufe auch in Zeiten großer Veränderungen aufrechtzuerhalten, und andererseits die Anpassungsfähigkeit, die es erlaubt, sich an neue Gegebenheiten anzupassen. Diese beiden Dimensionen lassen sich somit in eine aktive sowie passive Resilienz unterscheiden (vgl. zur Unterscheidung Burnard und Bhamra 2019, S. 17 f.)

Um organisationale Resilienz zu gewährleisten, bedarf es nach Danner-Schröder und Geiger (2016, S. 204 ff.) vier spezifischer Kompetenzen:

1. **Schnelle Strukturbildung:** Um auch in Krisensituationen handlungsfähig zu bleiben, ist es entscheidend, auf vorhandenen Routinen aufzubauen und passende Strukturen zu entwickeln, die ein schnelles und angemessenes Handeln ermöglichen.
2. **Komplexitätsreduktion:** Eine schnelle Reaktion erfordert die Fähigkeit, die zentralen Aspekte zu erkennen und klare Prioritäten zu setzen.
3. **Flexibler Einsatz von Routinen:** Da Krisensituationen unterschiedlich sind, ist es wichtig, dass die Beteiligten flexibel bleiben und sich auf Abweichungen sowie unvorhergesehene Ereignisse einstellen können.
4. **Lernen:** Um neue, komplexe Situationen zu bewältigen, ist es essenziell, die bestehenden Kompetenzen regelmäßig zu überprüfen und bei Bedarf weiterzuentwickeln. Lernen wird dabei zu einer zentralen Kernkompetenz.

▶ Da Organisationen soziale Systeme sind, hängt ihre Resilienz entscheidend von den Interaktionen und der Bereitschaft ihrer Mitglieder ab. Insofern wird die individuelle Resilienz zur Basis organisationaler Resilienz (vgl. auch Ahrendt, Zilinksi und Nikolaus 2024, S. 358).

Die Fähigkeit, die genannten Kompetenzen zu entwickeln, setzt ein hohes Maß an Engagement der Mitarbeitenden voraus (vgl. Ahrendt et al. 2023, S. 138). Die Organisation geht davon aus, dass sie sich aktiv für ihre Organisation einsetzen und sich kontinuierlich weiterentwickeln, um deren Resilienz zu stärken.

Gleichzeitig sind Führungspersonen gefordert, eine Kultur zu fördern, die Lernen, Flexibilität und Zusammenarbeit begünstigt und die Mitarbeitenden dabei unterstützt, die erforderlichen Kompetenzen nachhaltig zu entwickeln. Organisationale Resilienz ist somit ein dynamisches Prozessmodell, das Stabilität und Anpassungsfähigkeit vereint und im Zusammenspiel von Strukturen, individueller Bereitschaft und kollektiver Kompetenz entsteht. Somit bildet die individuelle Sinnzentrierung – und damit das Hören auf das eigene Gewissen – zum Ausgangspunkt organisationaler Resilienz, die einen entscheidenden Faktor für den langfristigen Erfolg von Organisationen in einer sich stetig wandelnden Welt bildet.

11.3   Folgerungen für die Praxis

11.3.1 Selbstführung

- **Die eigene Resilienz stärken durch Sinnoffenheit.** Fokussieren Sie sich – auch in schwierigen Situationen – auf die sinnvolle Möglichkeit, die im konkreten Augenblick erkennbar ist, und überlegen Sie, welchen Beitrag Sie leisten können. Schreiben Sie beispielsweise drei Aspekte auf, die in einer aktuellen Herausforderung positiv oder entwicklungsfähig sind.
- **Kohärenz durch Selbstreflexion fördern.** Hinterfragen Sie regelmäßig, ob Ihre aktuellen Aufgaben verstehbar, bewältigbar und sinnvoll sind. Nutzen Sie ein einfaches Tagebuch oder eine Handy-App, um eine Aufgabe zu reflektieren: Was habe ich verstanden, was war herausfordernd und wozu war es sinnvoll?
- **Achtsamkeit als tägliche Praxis integrieren.** Schaffen Sie kurze Momente der Achtsamkeit im Alltag, etwa durch einen kurzen Bodyscan vor wichtigen Terminen oder eine bewusste Atmung für zwei Minuten. Dies hilft, Ihre Aufmerksamkeit bewusst auf den Moment zu lenken und klarer zu handeln.
- **Hoffnung bewusst stärken und konkretisieren.** Visualisieren Sie Ihre Zukunft und überlegen Sie sich jede Woche einen kleinen Schritt, der Sie näher an ein langfristiges Ziel bringt. Halten Sie fest, was Sie konkret „hoffen" und wie Sie aktiv darauf hinarbeiten können.

11.3.2 Führung

- **Individuelle Resilienz der Mitarbeitenden fördern, um organisationale Resilienz zu stärken.** Schaffen Sie eine Kultur, die Flexibilität und Lernen ermöglicht, indem Sie regelmäßige Team-Workshops einplanen, in denen Mitarbeitende neue Ansätze ausprobieren können. Diese stärken die Anpassungsfähigkeit und die persönliche Widerstandsfähigkeit jedes Einzelnen.
- **Kohärenz in den Arbeitskontext bringen.** Stellen Sie sicher, dass Projekte für die Mitarbeitenden verstehbar, bewältigbar und sinnvoll sind, indem Sie diese drei Aspekte im Rahmen von Mitarbeitergesprächen gezielt ansprechen. Fragen Sie konkret, welche Herausforderungen aktuell präsent sind und welche Unterstützung benötigt wird.
- **Achtsamkeit gezielt in die Führungsarbeit einbauen.** Fördern Sie achtsame Meetings, in denen bewusst Raum für klare, nicht wertende Kommunikation gegeben wird. Beginnen Sie Meetings beispielsweise mit einer kurzen Atemübung oder einer Minute der Stille, um den Fokus auf die anstehenden Themen zu lenken.
- **Zukunftsvisionen mit Hoffnung und Realismus gestalten.** Entwickeln Sie mit Ihrem Team gemeinsam eine klare Vision für die Zukunft und benennen Sie konkrete Schritte, die Hoffnung schaffen. Bieten Sie zum Beispiel regelmäßige Reflexionsrunden an, in denen Fortschritte evaluiert und zukünftige Ziele besprochen werden.

Literatur

Ahrendt B, Nikolaus RS, Zilinski J (2023) Organisationale Resilienz. Wie sie durch Sinnorientierung und Selbstführung gestärkt werden kann. zfo 3:138–143

Ahrendt B, Zilinski J, Nikolaus RS (2024) Intentionale Selbstführung als individuelle Kernkompetenz zur Förderung organisationaler Resilienz. Selbstführung dient der Mitwelt des Menschen. In: Fichtner-Rosada S, Heupel T, Hohoff C, Heuwing-Eckerland J (Hrsg) Kompetenzen für die Arbeitswelten der Zukunft. Impulse des European Year of Skills für Wirtschaft, Bildung und Personalwesen. Springer Gabler, Wiesbaden, S 357–371

Batthyány A (2019) Vorwort zur Neuausgabe. In: Frankl VE (Hrsg) Wer ein Warum zu leben hat. Lebenssinn und Resilienz, 2. Aufl. Beltz, Weinheim

Batthyány A, Lukas E (2020) Logotherapie und Existenzanalyse heute. Eine Standortbestimmung. Tyrolia, Innsbruck und Wien

Bauer J (2024) Voll super! In: Süddeutsche Zeitung, München, vom 09./10.11.2024, S 47

Bröckling U (2017) Resilienz: Über einen Schlüsselbegriff des 21. Jahrhunderts. Soziopolis: Gesellschaft beobachten. https://nbn-resolving.org/urn:nbn:de:0168-ssoar-80731-7

Burnard KJ, Bhamra R (2019) Challenges for organisational resilience. Contin Resil Rev 1:17–25

Christopher M, Peck H (2004) Building the resilient supply chain. Int J Logist Manag 15(2):1–13

Cialdini R (2024) Voll super! In: Süddeutsche Zeitung, München vom 09./10.11.2024, S 47

Danner-Schröder A, Geiger D (2016) Organisationale Resilienz. Wie Unternehmen Krisen erfolgreich bewältigen können. zfo 3:201–208

Davis DM, Hayes JA (2011) What are the benefits of mindfulness? A practice review of psychotherapy-related research. Psychotherapy 48(2):198–208

dinmedia (o. J.) Resilienz in Unternehmen: Gut aufgestellt – auch in schwierigen Zeiten. https://www.dinmedia.de/de/themenseiten/resilienz-in-unternehmen. Zugegriffen: 24. Nov. 2024

Faltermaier T (2023) Salutogenese. In: Bundeszentrale für gesundheitliche Aufklärung (BZgA) (Hrsg) Leitbegriffe der Gesundheitsförderung und Prävention. Glossar zu Konzepten, Strategien und Methoden. https://leitbegriffe.bzga.de/alphabetisches-verzeichnis/salutogenese/. Zugegriffen: 14. Nov. 2024

Frankl VE, Kreuzer F (1986) Im Anfang war der Sinn. Von der Psychoanalyse zur Logotherapie. Ein Gespräch. München: Piper

Frankl VE (1998) Das Leiden am sinnlosen Leben. Psychotherapie für heute, 9. Aufl. Herder, Freiburg/Breisgau

Grossman P, Niemann L, Schmidt S, Walach H (2004) Mindfulness-based stress reduction and health benefits: a meta-analysis. J Psychosom Res 57(1):35–43

Heller J, Gallenmüller N (2019) Resilienz-Coaching: Zwischen „Händchenhalten" für Einzelne und Kulturentwicklung für Organisationen. In: Heller J (Hrsg) Resilienz für die VUCA-Welt: Individuelle und organisationale Resilienz entwickeln. Springer Fachmedien, Wiesbaden, S 3–18

Hoffmann GP (2017) Organisationale Resilienz. Kernressource moderner Organisationen. Springer, Berlin

Hülsheger UR, Alberts HJ, Feinholdt A, Lang JW (2013) Benefits of mindfulness at work: the role of mindfulness in emotion regulation, emotional exhaustion, and job satisfaction. J Appl Psychol 98(2):310–325

Kabat-Zinn J (1990) Full catastrophe living: the program of the stress reduction clinic at the University of Massachusetts Medical Center

Lukas E (1984) Überleben – wozu? Antworten auf Schicksalsfragen. In: o. (Hrsg) Sinnvoll heilen. Viktor E. Frankls Logotherapie – Seelenheilkunde auf neuen Wegen. Herder, Freiburg/Breisgau, S 118–135

Lukas E (2014) Lehrbuch der Logotherapie. Menschenbild und Methoden. 4. Aufl. Wien: Profil

Reichhardt T, Pusch C (2023) Resilienz-Coaching. Ein Praxismanual zur Unterstützung von Menschen in herausfordernden Zeiten. Springer Fachmedien, Wiesbaden

Tokarski KO, Kissling-Näf I, Schellinger J (2022) Resilienz und Organisationsentwicklung. In: Schellinger J, Tokarski KO, Kissling-Näf I (Hrsg) Resilienz durch Organisationsentwicklung. Forschung und Praxis. Springer Gabler, Wiesbaden, S 1–15

Epilog: Führung auf festem Grund – eine Geschichte über Sinn und Werte

12

Zusammenfassung

Führung ist mehr als Techniken und Strategien – sie ist ein Ausdruck von Haltung. Die zehn Impulse zeigen, dass nachhaltige Führung immer bei der Selbstführung beginnt. Wer sich selbst führen kann, schafft Orientierung für andere. Führung auf festem Grund bedeutet, nicht nur kurzfristige Ziele zu verfolgen, sondern eine sinnzentrierte Führungskultur zu entwickeln, die Menschen inspiriert und Organisationen stärkt.

…zunächst ein Blick zurück: Führung auf festem Grund als Weg

Stellen Sie sich eine Führungsperson vor, die inmitten einer sich wandelnden Welt steht. Geopolitische Spannungen, komplexe Lieferketten und der Klimawandel sind längst keine abstrakten Nachrichten mehr, sondern prägen den Berufsalltag. Jeden Tag begegnet sie Herausforderungen, die über bloße Zielerreichung hinausgehen. Wie bleibt sie in all dem standhaft und trotzdem agil? Wie schafft es diese Führungsperson, Entscheidungen zu treffen, die nicht nur Ergebnisse bringen, sondern auch die Menschen um sie herum inspirieren und zu freiwilligem Engagement anregen? Wie kann sie Mitarbeitenden auch gerade in schwierigen Zeiten Freiräume bieten, um ihrer Verantwortung gerecht zu werden?

Hier beginnt die *Führung auf festem Grund*. Es ist mehr als nur ein Konzept – es ist ein Weg, der Führung neu denkt und sich auf die tiefen, zeitlosen Prinzipien der Logotherapie nach Viktor E. Frankl stützt. Diese Art der Führung erinnert daran, dass Sinn und Werte keine abstrakten Ideen sind, sondern im Alltag greifbar und erlebbar werden. Sie zeigt, dass Führung nicht nur die Organisation von Prozessen bedeutet, sondern vor allem die Gestaltung von Beziehungen. Beziehungen, die auf Vertrauen, Integrität und Wertschätzung aufbauen.

B. Ahrendt et al., *Führung auf festem Grund – mit Sinn*,
https://doi.org/10.1007/978-3-662-71109-5_12

Wer auf festem Grund führt, weiß: Nachhaltiger Erfolg entsteht nicht allein durch Kennzahlen oder Effizienz. Er entsteht durch Entscheidungen, die sowohl die Organisation als auch die Menschen darin stärken. Es ist eine Führung, die fragt: *Wozu dient diese Handlung? Welche Werte bringen wir zum Ausdruck?*

Ein zentraler Baustein dieser Perspektive ist das zugrunde liegende Menschenbild. Der Mensch – mit all seinen Stärken, Herausforderungen und seinem Streben nach Sinn – steht im Mittelpunkt. Hier unterscheidet sich Leitung von Führung: Während Leitung Prozesse organisiert, geht Führung tiefer. Sie schafft eine Atmosphäre, in der Werte nicht nur postuliert, sondern auch gelebt werden.

▶ Führung auf festem Grund zeichnet sich – inspiriert von Frankls Logotherapie – durch eine konsequente Orientierung an Sinn und Werten aus. Sie verbindet theoretisches Wissen mit praktischen Ansätzen, um eine nachhaltige und wirksame Führung zu ermöglichen. Diese Führung basiert auf der Einsicht, dass Erfolg nicht durch bloße Effizienz oder Macht erreicht wird, sondern durch die bewusste Gestaltung von Beziehungen, die persönliche und organisationale Werte verwirklichen. Sinnzentrierte Führung wird als dynamischer, dialogischer Prozess verstanden, der Menschen in ihrer Ganzheit einbezieht.

Aber wie sieht das in der Praxis aus? Beginnen wir mit der Person, die führt. Es beginnt mit *Selbstführung* – dem Herzstück einer Führung auf festem Grund. Selbstführung bedeutet, innezuhalten und ehrlich über sich selbst nachzudenken. Es bedeutet, die objektiven Werte zu erkennen, klar zu kommunizieren und danach zu handeln. Hier treten zwei besondere Fähigkeiten hervor: *Selbst-Distanzierung* und *Selbst-Transzendenz.* Die erste befähigt, die eigenen Emotionen und Impulse zu beobachten und bewusst zu steuern. Die zweite richtet den Blick auf das Größere in der Mitwelt – den Beitrag für die Gemeinschaft und die Gesellschaft.

▶ Selbstführung ist kein Selbstzweck. Im Rahmen der Führung auf festem Grund dient sie einem größeren Ziel: der Führung anderer. Eine starke Selbstführung schafft Integrität und Glaubwürdigkeit. Mitarbeitende spüren, ob eine Führungsperson objektive Werte lebt oder nur vorgibt, sie zu vertreten. Nur wer sich selbst sinnzentriert führt, kann auch andere dazu inspirieren, ihr volles Potenzial zu entfalten.

Insofern wirkt eine sinnzentrierte Selbstführung auch in dem Sinne „werte-klärend", dass sie zu einer klareren Orientierung für das eigene Handeln beiträgt. Sie hinterfragt das eigene individuell konstruierte Wertesystem und richtet den Blick auf dessen Kompatibilität mit den objektiven resp. transsubjektiven Werten, wie sie in den Frankl'schen Wertekategorien zum Ausdruck kommen (vgl. hierzu Lukas 2003, S. 99–133, insbesondere S. 101). Dabei bieten für eine solche Betrachtung die folgenden Fragen immer wieder eine hervorragende Möglichkeit, den eigenen Status quo zu bestimmen, konstruktiv zu hinterfragen und von dort aus im Leben weiterzugehen (in Anlehnung an Lukas und Ostberg (2022, S. 163):

a) **Fragen zur Vergangenheit**
   - Welche Erlebnisse zählen zu den Höhepunkten in Ihrem bisherigen Leben, insbesondere in Ihrem beruflichen Wirken?
   - An welche Momente erinnern Sie sich, in denen Sie von einem Gefühl der Erfüllung und Bedeutung getragen wurden? Wann hatten Sie das Bewusstsein, dass Ihre Existenz nicht nur für Sie selbst, sondern auch für andere Menschen wertvoll ist?

b) **Fragen zur Gegenwart**
   - Welche besonderen Fähigkeiten und Stärken zeichnen Sie aus?
   - Welche Herausforderungen oder unproduktiven Strukturen in Ihrer Branche oder Ihrem Arbeitsfeld verlangen nach Veränderung und Verbesserung?
   - Gibt es dabei Aspekte, die Sie mit Ihrem Wissen, Ihren Erfahrungen und Ihren Kompetenzen aktiv gestalten oder überwinden können?
   - Welche Ihrer Talente und Kompetenzen können Sie sowohl zum Nutzen einer Organisation als auch zu Ihrer persönlichen Zufriedenheit einbringen?

c) **Fragen zur Zukunft**
   - Was wäre für Sie so bedeutsam und sinnvoll, dass Sie sich mit Nachdruck und Klarheit für dessen Verwirklichung einsetzen möchten?
   - Welche konkreten Schritte könnten Sie unternehmen, um diesem Ziel näherzukommen? Und wer könnte Sie auf diesem Weg unterstützen und als verlässliche Partnerin oder verlässlicher Partner begleiten?

Sofern auf dieser Basis eine innere Stabilität erreicht ist, kann die Führungsperson den nächsten Schritt gehen: Die Beziehungsgestaltung zu anderen Menschen. Mitarbeitende (und überhaupt alle Menschen) sind mehr als Zahlen in einer Tabelle; sie sind Menschen mit ihrer Sinnorientierung als Grundmotivation und mit einzigartigen und einmaligen Potenzialen. Eine sinnzentrierte Führung versteht dies und schafft Räume, in denen sich Menschen entfalten können. Sie erkennt individuelle Stärken und gibt Freiräume zur Eigenverantwortung. Und sie weiß: Motivation entsteht dort, wo Mitarbeitende Sinn in ihrer Arbeit erkennen.

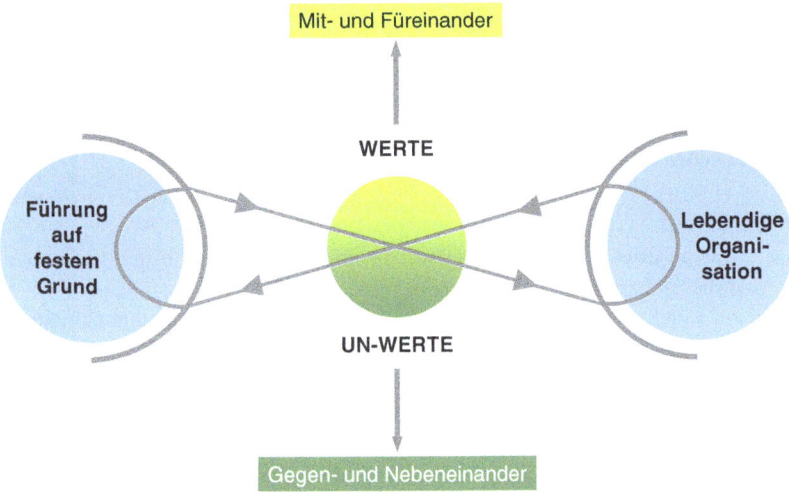

Abb. 12.1 Der Zusammenhang zwischen Führung auf festem Grund und einer lebendigen Organisation. (Quelle: eigene Darstellung in Orientierung an Ahrendt et al. 2024, S. 21)

Diese Art der Führung fördert eine lebendige Organisation – ein Ort, an dem Menschen in Freiheit und Verantwortung handeln. Werte sind hier wie das Fundament eines Hauses: Sie geben Halt, Orientierung und schaffen Vertrauen. Wo Werte gelebt werden, entstehen Resonanz, Zusammenarbeit und Kreativität. Wo sie fehlen, drohen Konflikte und Isolation.

Damit wird jedoch auch deutlich, dass Führung auf festem Grund auf der Annahme beruht, dass Werte keine abstrakten Konzepte bleiben, sondern aktiv gelebt und in Entscheidungen umgesetzt werden müssen. Dies stärkt die Integrität der Führungsperson und schafft Vertrauen in die und innerhalb der Organisation. Gelebte Werte werden in diesem Sinne zum Bindeglied zwischen der Führungsperson und der Organisation und führen dazu, dass sich die Organisation zu einer lebendigen Organisation entwickeln kann, was sich wiederum positiv auf die Führung auf festem Grund auswirkt, sodass – die Abbildung aus dem Prolog aufgreifend – ein stetiger Strom zwischen diesen beiden Polen entsteht (vgl. Abb. 12.1).

Eine lebendige Organisation zeichnet sich dadurch aus, dass die Mitglieder in Freiheit und Verantwortung handeln, auf Grundlage objektiver Werte und im Bewusstsein ihres Beitrags zum Gesamterfolg. Solche Werte schaffen die notwendige Grundlage für diese Freiheit, indem sie Orientierung geben und den gemeinsamen Zweck verdeutlichen. Führung auf festem Grund ermöglicht durch die Umsetzung von Werten eine Kultur des Mit- und Füreinander. Im Gegensatz dazu führt die Missachtung von Werten – die Realisierung von Unwerten – zu einem Neben- und Gegeneinander. Dies äußert sich in konfliktbeladenen Strukturen, in denen Mitarbeitende isoliert agieren und die organisationale Gesamtaufgabe aus dem Blick gerät. Eine solche Kultur ist das Gegenteil einer lebendigen Organisation und hemmt sowohl die individuelle als auch die kollektive Leistung.

▶   Gelebte Werte sind der Schlüssel zur Verbindung von Führung
      auf festem Grund mit einer lebendigen Organisation. Sie ermögli-
      chen Resonanz, fördern das Mit- und Füreinander und schaffen die
      Grundlage für Sinnorientierung und gemeinschaftliche Leistung. Füh-
      rungspersonen spielen eine zentrale Rolle, indem sie diese Werte leben
      und somit auch vorleben, eine Kultur der Wertschätzung fördern und
      die Organisation als Gemeinschaft gestalten. Eine lebendige Organisa-
      tion ist somit nicht nur ein Ziel, sondern ein Ausdruck gelebter Werte,
      die sowohl den Einzelnen als auch die Gemeinschaft stärken.

...und dann noch ein Blick nach vorn: Sinn- und Werteorientierung als Wegweiser
Doch die Geschichte endet nicht hier. Führung auf festem Grund schaut immer auch nach vorn. Sie fragt: *Wie können wir uns weiterentwickeln?* Die Antworten liegen in einer Haltung, die flexibel bleibt, ohne ihre Prinzipien zu verlieren. In Beziehungen, die über Technik und Zahlen hinausgehen. Und in der Bereitschaft, Verantwortung zu übernehmen – nicht nur für das Heute, sondern auch für das Morgen – indem Sie sich immer wieder bewusst machen:

1. **Sinn als zentrale Orientierung nutzen:** Eine Führungsperson sollte stets den Sinn im Blick behalten. Das bedeutet, jede Entscheidung und jede Handlung im Licht ihrer langfristigen Bedeutung und ihres Beitrags für das Wohl aller Beteiligten zu betrachten. Fragen wie „Wozu tun wir das?" oder „Welche Werte verwirklichen wir?" dienen hierbei als zentrale Leitplanken.
2. **Flexibilität und Stabilität verbinden:** In einer Welt, die sich ständig wandelt, müssen Führungspersonen flexibel bleiben, ohne ihre eigenen Werte und Prinzipien aus den Augen zu verlieren. Die Fähigkeit, sich an neue Gegebenheiten anzupassen und gleichzeitig eine klare innere Haltung zu bewahren, wird zu einem entscheidenden Erfolgsfaktor.
3. **Beziehungsqualität priorisieren:** Technologische Fortschritte und Globalisierung haben die Arbeitswelt revolutioniert, doch der Kern jeder erfolgreichen

Organisation bleibt die Qualität der zwischenmenschlichen Beziehungen. Investieren Sie Zeit und Energie in den Aufbau und die Pflege vertrauensvoller, integer Beziehungen zu Ihren Mitarbeitenden und Stakeholdern.

4. **Potenzialentfaltung als Ziel festlegen:** Sehen Sie sich selbst als Ermöglicherin oder Ermöglicher. Ihre Aufgabe als Führungsperson ist es, Rahmenbedingungen zu schaffen, in denen andere wachsen und ihr Potenzial entfalten können. Dies erfordert sowohl ein offenes Ohr und gute Fragen als auch die Bereitschaft, Verantwortung zu teilen und anderen Freiräume für eigenverantwortliches Handeln zu geben.

5. **Nachhaltigkeit leben und Verantwortung tragen:** Nachhaltigkeit sollte als Prozess gedacht werden, der die (Re-)Produktion von Ressourcen fördert und somit ein integraler Bestandteil Ihrer Führungsarbeit wird. Denken Sie darüber nach, wie Ihre Entscheidungen nicht nur kurzfristig, sondern auch langfristig wirken – auf Menschen, Ressourcen und die Gesellschaft.

Führung auf festem Grund ist ein Lerngeschenk an alle, die an der eigenen Haltung arbeiten möchten.

Lassen Sie uns gemeinsam an einer Führung arbeiten, die individuelle Sinnfindung auch im Arbeitskontext ermöglicht, Werte verkörpert und Menschen verbindet. Es ist eine Haltung, die nicht nur Organisationen stärkt, sondern auch das Leben der Menschen, die darin wirken. Und es ist ein Weg, den wir jeden Tag neu beginnen können.

Und der Weg beginnt jetzt.

Literatur

Ahrendt B, Bürklin N, Ostberg PM (2024) Wege agiler Führung – mit Sinn. Praktische Grundlagen für lebendige Organisationen. Springer Gabler, Berlin

Lukas E (2003) Psychotherapie in Würde. Sinnorientierte Lebenshilfe nach Viktor E. Frankl. Beltz, Weinheim et al.

Lukas E, Ostberg PM (2022) Arbeit heute – Last oder Freude? Strategien sinnzentrierter Unternehmenskultur. Profil, München und Wien

.

The manufacturer's authorised representative in the EU is Springer
Nature Customer Service Centre GmbH, Europaplatz 3, 69115 Heidelberg,
Germany. If you have any concerns regarding our products, please
contact ProductSafety@springernature.com

Printed and bound by CPI Group (UK) Ltd, Croydon, CR0 4YY
28/04/2026
02098516-0001